Python

Einführung in die Programmierung und mathematische Anwendungen

Von Professor Dr.-Ing. Hans-Bernhard Woyand
Bergische Universität Wuppertal

Mit zahlreichen Abbildungen und Tabellen
sowie über 90 Aufgabenstellungen
mit ausführlichen Lösungen

J. Schlembach Fachverlag

Die Deutsche Bibliothek – CIP-Einheitsaufnahme
Die Deutsche Bibliothek verzeichnet diese Publikation in der Deutschen Nationalbibliographie; detaillierte bibliographische Daten sind im Internet über http://dnb.ddb.de abrufbar.

ISBN 978-3-935340-73-1

Printed in Germany

Vorwort

Seit vielen Jahren halte ich an der Bergischen Universität Wuppertal die Lehrveranstaltung „Informatik“ im Grundstudium Maschinenbau. Mehr als 10 Jahre haben wir in diesen Kursen die Programmiersprache C/C++ eingesetzt. Seit drei Jahren verwenden wir stattdessen *Python* als erste Programmiersprache und das mit großem Erfolg. Es zeigte sich, dass gerade bei Ingenieuren, die oftmals Schwierigkeiten mit dem algorithmischen Denken haben, Python einen leichteren Zugang ermöglicht.

Im Studiengang Maschinenbau wie auch in vielen anderen Studiengängen spielt das wissenschaftliche Rechnen und Visualisieren eine große Rolle. In der Literatur zu Python ist das nicht so: entweder werden die wissenschaftlichen Anwendungen gar nicht bzw. nur am Rande behandelt, oder die Bücher sind so umfangreich, dass sie als vorlesungsbegleitender Text ungeeignet sind. So entstand die Idee, das Skript zur Vorlesung zu diesem Buch auszuarbeiten.

Zielgruppe
Das Buch richtet sich an *Programmieranfänger*, die Python als erste Programmiersprache lernen möchten. Es wird also zuerst in Python eingeführt und dann werden die Grundlagen erläutert. Es folgen Vertiefungen und ein eigenes Kapitel über die objektorientierte Programmierung. Dann beginnt das wissenschaftliche Rechnen. Hauptzielgruppe sind also Studierende wissenschaftlicher Studiengänge, die Python erlernen wollen und bei denen die mathematischen Anwendungen eine wichtige Rolle spielen. Hierzu gehören numerische Berechnungen, graphische Darstellungen, Computeralgebra und 3D-Grafik, die im Buch behandelt werden. Vorausgesetzt wird nur mathematisch-naturwissenschaftliches Wissen, wie es an höheren Schulen vermittelt wird.

Aufgabenorientierte Lehre
Mehr als 90 Aufgabenstellungen mit fast immer kommentierten Lösungen werden im Buch behandelt. Nach meiner Erfahrung lernen Studierende am meisten durch das Lösen von Aufgaben.

Software
Die Software, die benötigt wird, um mit diesem Buch zu arbeiten, ist kostenfrei erhältlich. Es handelt sich dabei um die neueste Variante 3.2 der Programmiersprache Python, sowie deren Vorgängerversionen 2.6 und 2.7. Die wissenschaftlichen Anwendungspakete sind nämlich *noch nicht alle* mit der neuen Python-Version kompatibel. Es ist zu erwarten, dass es auch noch einige Zeit dauern wird, bis die wissenschaftlichen Pakete unter der neuesten Version laufen. Für Programmieranfänger ist der Unterschied zwischen diesen Versionen sowieso nicht sehr bedeutsam.

Web-Seite zum Buch
Zu dem vorliegenden Buch existiert eine Web-Seite, auf der in loser Folge Ergänzungen, Fehlerberichtigungen usw. bereitgestellt werden. Weiterhin können alle Beispiele aus diesem Buch dort abgerufen werden. Für Nutzer des Betriebssystems MS-Windows sind auch alle Installationsdateien für die benötigte Software einschließlich der Anwendungspakete dort verfügbar. Die Web-Adresse ist

http://mbi-wiki.uni-wuppertal.de/python/python-buch/

Falls sich diese Adresse einmal ändern sollte, so kann der Leser den neuen Standort über die Web-Seiten des Verlages *www.schlembach-verlag.de* erfahren. Dort bestehen die gleichen Download-Möglichkeiten.

Hinweise, Fehlermeldungen und Anregungen werden über die eMail-Adresse

catia@uni-wuppertal.de

gern entgegen genommen.

Haftungsausschluss
Das Buch wurde mit größtmöglicher Sorgfalt erstellt. Trotzdem können Fehler nicht ganz ausgeschlossen werden. Aus diesem Grund sind die in diesem Buch dargestellten Verfahren mit keinerlei Garantie verbunden. Ich weise darauf hin, dass weder Autor noch Verlag eine Haftung für direkt oder indirekt entstandene Schäden übernehmen, die sich aus der Benutzung dieses Buches ergeben könnten.

Danksagung
Ich danke meiner Frau Annette Woyand für die sorgfältige Durchsicht des Manuskriptes. Meinem Verleger – Herrn Dr. Jens Schlembach – danke ich ebenfalls für sein großes Engagement und die effektive Zusammenarbeit.

Ich wünsche allen Lesern viel Erfolg und Spaß beim Einstieg in Python.

Wuppertal, im Oktober 2012 *Hans-Bernhard Woyand*

Inhaltsverzeichnis

1 Einführung

In diesem Kapitel wird die moderne Programmiersprache Python vorgestellt. Nach einigen Bemerkungen zur Installation dieser Sprache wird gezeigt, wie Python interaktiv ausgeführt werden kann. Schließlich wird dargestellt, wie ein vollständiges Python-Programm geschrieben wird. Neben dem Umgang mit Zahlen und Ausdrücken wird insbesondere auf das Konzept der Variablen eingegangen.

1.1 Die Programmiersprache Python

Die Sprache Python wurde in den neunziger Jahren des letzten Jahrhunderts von *Guido van Rossum* entwickelt. Mittlerweile ist Python eine der meist benutzten Programmiersprachen. Die wesentlichen Vorzüge dieser Sprache sind:

- Python ist *leicht zu erlernen*, unterstützt mehrere Programmierparadigmen und ist klar strukturiert.

- Python eignet sich insbesondere zur *schnellen Entwicklung* von Softwareprototypen (RAD - Rapid Application Developement). Dies ist gerade für Anwender in technisch-naturwissenschaftlichen Bereichen ein wichtiger Aspekt.

- Python ist *portabel*. Die Programme, die mit dieser Sprache geschrieben werden, laufen im Allgemeinen auf LINUX-, MAC OS- und Windows-Betriebssystemen ohne Änderungen.

- Python beinhaltet eine *Fülle von Anwendungspaketen* für unterschiedliche Bereiche. Ob graphische Darstellungen, numerische Berechnungen, Datenbanken oder Webanwendungen zu entwickeln sind: der Anwender hat zumeist nur das Problem, aus der Vielzahl von angebotenen Lösungen die für ihn geeignete zu finden. Es gibt kaum einen Anwendungsbereich, für den Python nicht schon vorgefertigte „Tools" zur Verfügung stellt.

- Python ist *kostenlos*. Die Sprache kann auch für kommerzielle Zwecke kostenfrei genutzt werden.

- Python kann *leicht erweitert* oder selbst in Programme anderer Sprachen „eingebettet" werden. Ein etwas fortgeschrittener Python-Programmierer ist in der Lage, eigene Anwendungs-Pakete zu entwickeln.

- Mit Python können Programme geschrieben werden. Es ist aber auch möglich, einzelne Anweisungen interaktiv in der so genannten Python-Shell auszuführen. Diese interaktive Ausführung hilft beim Ausprobieren von Sprachstrukturen und auch beim Testen von Programmen.

Im Rahmen dieses Buches steht die *leichte Erlernbarkeit* dieser Programmiersprache im Vordergrund.

1.2 Hinweise zur Installation

In diesem Buch wird die Installation der Software *nicht* gezeigt. Für Nutzer des MS-Windows Betriebssystems gibt es allerdings ein Zusatzdokument im PDF-Format, das die Installation Schritt für Schritt darstellt. Dieses Dokument kann auf den Webseiten:

http://mbi-wiki.uni-wuppertal.de/python/python-buch/

bzw.

http://www.schlembach-verlag.de/

heruntergeladen werden. Zusammen mit diesem Dokument kann der Leser dort auch ein ZIP-Verzeichnis mit allen Installationsdateien herunterladen.

Eine Darstellung der Installation für alle gängigen Betriebssysteme (LINUX, Mac OS) würde den Rahmen des Buches sprengen. Auf LINUX-Systemen ist Python oftmals schon vorinstalliert. Alle Installationsdateien sind auf der Python-Homepage

http://www.python.org

unter dem Menüpunkt "Download" zu finden.

Die Sprachversion, die in diesem Buch verwendet wird, ist zunächst *Python 2.6.6.* Diese Version verträgt sich optimal mit den wissenschaftlichen Erweiterungspaketen. Die neuere Python-Versionen 3.2 kann nur teilweise mit diesen Erweiterungen betrieben werden.

Hinweis

Die wissenschaftlichen Erweiterungspakete, die in diesem Buch vorgestellt werden, sind vollständig nur mit der älteren Sprachversion lauffähig. Deshalb wird zunächst Python 2.6 verwendet. Eine Einführung in Python 3 finden Sie im letzten Kapitel dieses Buches. Dort werden die Unterschiede zwischen den Sprachversionen herausgearbeitet.

Nach erfolgreicher Installation kann Python gestartet werden. Hierzu wird über das Windows-Startmenü der Eintrag „Alle Programme“ ausgewählt. Um mit Python zu arbeiten, wählen Sie einfach „Python 2.6“ und dann den Eintrag „IDLE (Python GUI)“ aus (siehe folgende Abbildung).

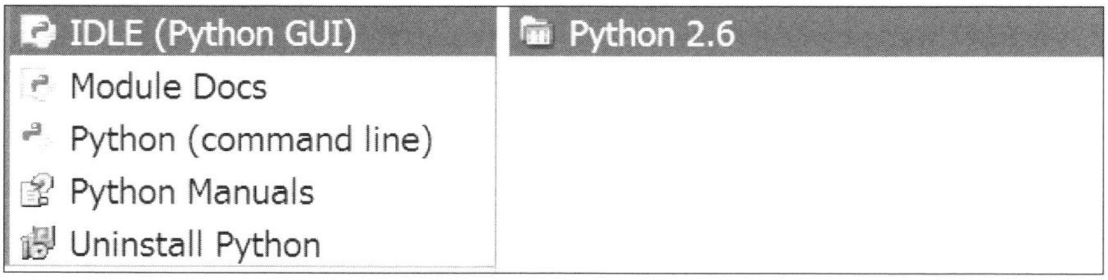

IDLE ist der Name der *Standard-Entwicklungsumgebung* für Python. Um einen Brief zu schreiben, kann beispielsweise MS-Word zur Eingabe des Textes verwendet werden. Soll dagegen ein Python-Programm geschrieben werden, so gibt man dieses

Programm mithilfe von *IDLE* ein und kann es dann starten. Für den schnellen Zugriff auf IDLE kann eine Verknüpfung auf dem Desktop abgelegt werden.

1.3 Erste Schritte – Der Python-Interpreter

Wenn IDLE aufgerufen wird - wie im letzten Kapitel gezeigt - so wird entweder das Editorfenster (Abb. 1.1) oder das Shell-Fenster (Abb 1.2) geöffnet. Welches Fenster geöffnet wird, hängt von den Voreinstellungen der Software ab.

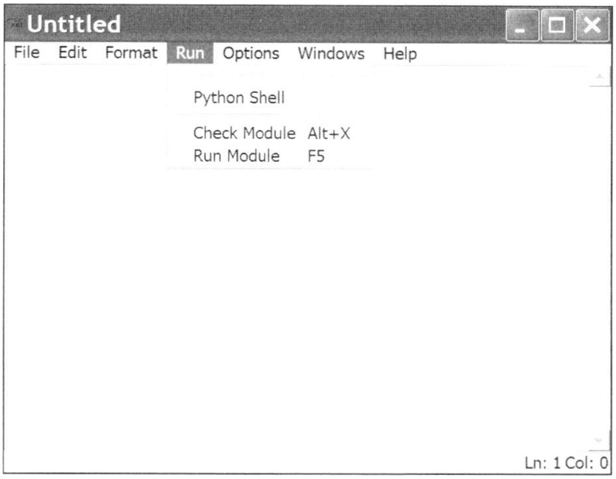

Abb. 1.1 Das Editor-Fenster von IDLE

Für den Fall, dass das Editorfenster geöffnet wurde, wählen wir aus dem Menü die Kommandofolge „Run -> Python Shell" aus. Daraufhin öffnet sich die „Python Shell". In den folgenden Unterkapiteln wird zunächst diese Shell verwendet.

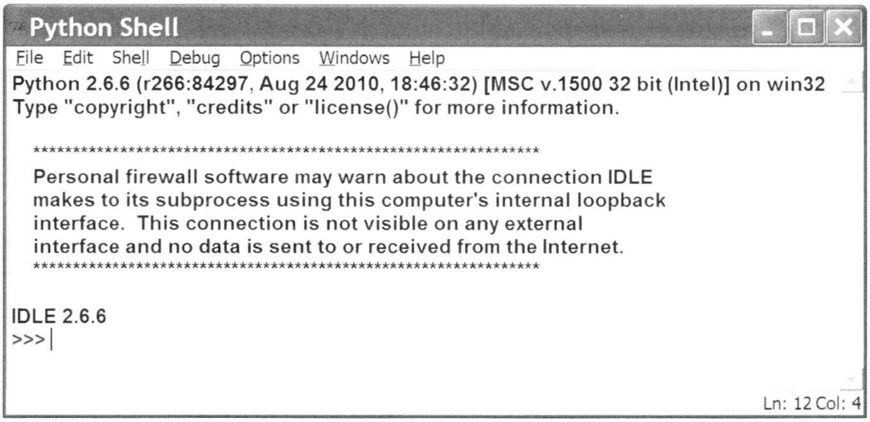

Abb. 1.2 Die Python-Shell

Hinweis

Je nach Softwareversion kann sich nach dem Aufruf von IDLE zunächst das Editor-Fenster oder die Python-Shell öffnen. Welches der Fenster nach dem Aufruf von IDLE geöffnet wird, kann über eine Einstellung im Optionen-Menü festgelegt werden. Wählen Sie hierzu in IDLE *Options* und dann *Configure IDLE*. Unter der Registerkarte "General" kann unter dem Eintrag "At startup" die Option "Open Edit Window" oder "Open Shell Window" gewählt werden.

Die drei aufeinander folgenden Zeichen „>>>" werden *Eingabeaufforderung* oder *Eingabeprompt* genannt. Sie können nun damit beginnen, Ausdrücke in der Sprache Python einzugeben und diese unmittelbar ausführen zu lassen. Dieser interaktive Modus der Programm-Eingabe und -Ausführung ist typisch für so genannte Interpreter-Sprachen wie Python. Gerade die Programmieranfänger profitieren viel davon, weil sie einzelne Befehle unmittelbar ausprobieren können.

Wir beginnen nun mit einer kleinen Rundtour durch Python. Wenn wir etwas falsch machen, weil wir beispielsweise gegen die Regeln der Sprache verstoßen, so erhalten wir eine Fehlermeldung, die in roter Farbe ausgegeben wird.

1.3.1 Addition und Subtraktion

Im Folgenden wird nicht mehr das ganze Fenster, sondern nur noch der Eingabeprompt und die darauf folgende Antwort des Computers dargestellt. Probieren Sie am besten die nachfolgenden Eingaben selbst aus!

```
>>> 1+2
3
>>> 1-2
-1
```

Wie wir sehen, wird nach jeder unserer Eingaben die Antwort von Python ausgegeben. Der Operator + bedeutet dabei die Addition, der Operator - die Subtraktion.

1.3.2 Multiplikation und Division

Die folgenden Eingaben zeigen, dass mit den Zeichen * und / eine Multiplikation sowie eine Division durchgeführt werden kann.

```
>>> 1+2*3
7
>>> (1+2)*3
9
>>> 2+7/5
3
```

Mithilfe von Klammern können wir die Auswertungsreihenfolge innerhalb von mathematischen Ausdrücken beeinflussen. Dies geschieht so, wie wir das intuitiv vermuten. Wir kennen das Prinzip „Punkt vor Strichrechnung“, das sich hier wieder findet: zuerst wird die Multiplikation bzw. die Division ausgeführt, anschließend die Addition bzw. die Subtraktion. Das Setzen von Klammern erzwingt gegebenenfalls eine andere Auswertungsreihenfolge.

Der letzte Ausdruck 2+7/5 ergibt die Zahl 3. Das lässt uns möglicherweise stutzen. Vielleicht hätten Sie als Ergebnis die Zahl 3.4 erwartet? Das Ergebnis erklärt sich so, dass Python eine *Ganzzahl-Division* durchführt, wenn die Argumente der Operation (7 und 5) *ganze Zahlen* sind. Man spricht davon, dass der Operator / *kontextsensitiv* ist. Also

```
>>> 7/5
1
```

Das ist wichtig zu wissen! Und für Programmieranfänger ist dies eine gefährliche Falle, weil so beim Umsetzen von Formeln in die Programmiersprache Python falsche Ergebnisse produziert werden. In der neuesten Python-Version 3.x wurde dieses Verhalten geändert. Dort wird bei Ausdrücken wie z.B. 7/5 *immer eine reelle Zahl* (eine so genannte Gleitpunktzahl) ermittelt.

Wir probieren jetzt Dezimalzahlen aus. Statt des Kommas, das wir beim Schreiben auf Papier verwenden, werden Dezimalzahlen in fast allen Programmiersprachen mithilfe eines *Dezimalpunktes* codiert. Statt 5,0 schreiben wir also 5.0. Wir sprechen deshalb in der Programmierung von *Gleitpunktzahlen*.

```
>>> 7/5.0
1.3999999999999999
>>> 2+7/5.0
3.3999999999999999
>>> 2.0+7.0/5.0
3.3999999999999999
```

Wie wir sehen, genügt es, wenn ein Operand der Division als Dezimalzahl geschrieben wird. Der gesamte Ausdruck wird dann zu einer Gleitpunktzahl ausgewertet. Umgekehrt gilt: wenn beide Operanden einer Division ganze Zahlen sind, so wird eine Ganzzahldivision ausgeführt.

Hinweis

In Python – wie auch in anderen Programmiersprachen (z.B. C/C++) – muss beachtet werden, dass bei der Division von ganzen Zahlen eine Ganzzahl-Division durchgeführt wird. Ist jedoch nur einer der Operanden eine Dezimalzahl, so wird eine Gleitpunkt-Division ausgeführt. In der neueren Sprachversion Python 3.x wurde dies abgeschafft. Dort wird *jede* Division, die mit dem Operator / ausgeführt wird, als Gleitpunkt-Division durchgeführt. Der Programmierer kann jedoch die Ganzzahl-Division durch die Anwendung eines besonderen Operators (// statt /) ausführen lassen.

Aber dieses Beispiel hat eine weitere Überraschung für uns parat, denn wir haben die Zahl 3.4 als Ergebnis erwartet, stattdessen erhalten wir 3.3999999999999999. Diese Zahl liegt zwar sehr nahe bei 3.4; aber woher kommt die Abweichung?

Der Grund ist, dass der Digitalrechner nicht jede Zahl *exakt* darstellen kann. Aufgrund der internen Darstellung in Form von binären Zuständen (jede Zahl wird intern durch eine Folge von Nullen und Einsen aufgebaut) können nicht alle Zahlen völlig präzise dargestellt werden. Dieser Sachverhalt spielt eine wichtige Rolle beim numerischen Rechnen. In unserem Fall ist die Abweichung klein und belanglos. Werden jedoch sehr viele arithmetische Operationen durchgeführt, so kann sich ein erheblicher Gesamtfehler akkumulieren.

Merke

Im Digitalrechner können Zahlen meist nur angenähert dargestellt werden. Dies liegt an der internen, binären Speicherung der Daten.

1.3.3 Vergleichsausdrücke

Fahren wir mit unserer Erkundungstour durch Python fort. Von Handrechnungen her kennen wir die Vergleichsoperatoren < und >. Wir probieren sie aus:

```
>>> 2<7
True
>>> 2>7
False
```

Vergleichsausdrücke werden von Python als wahr (engl. true) und falsch (engl. false) ausgewertet.

```
>>> 2==7
False
>>> 2<>7
True
>>> 2!=7
True
>>> 5==5
True
```

Beim Testen auf Gleichheit wird kein Gleichheitszeichen geschrieben, sondern *zwei aufeinander folgende Gleichheitszeichen*. Beim Test auf Ungleichheit kann entweder die Zeichenfolge „<>“ oder auch „!=“ verwendet werden. Die letzte Variante wird auch in den populären Programmiersprachen C und C++ verwendet. Python entlehnt viele Sprachelemente aus diesen Sprachen.

```
>>> 3<3
False
>>> 3<=3
True
```

Das letzte Beispiel zeigt uns den Unterschied zwischen „<“ und „<=“. Probieren Sie selbst ein Beispiel mit „>“ und „>=“ aus!

1.3.4 Logische Ausdrücke

Ausdrücke, die wahr oder falsch sind, können zu komplexeren Ausdrücken mithilfe der logischen Operatoren *and, or* und *not* zusammengefügt werden. Hier einige Beispiele für solche Ausdrücke, die auch boolesche (engl. boolean) Ausdrücke genannt werden.

```
>>> not(5==5)
False
>>> (2<7) and (5>4)
True
>>> (2>7) or (4>5)
False
>>> not (3!=3)
True
```

Ein Ausdruck der mit dem Und-Operator *and* gebildet wird ist dann und nur dann wahr, wenn beide Teilausdrücke bzw. Operanden wahr sind. Umgekehrt ist ein mit dem Oder-Operator gebildeter Ausdruck schon dann wahr, wenn auch nur ein Operand wahr ist.

1.3.5 Mathematische Funktionen

Wir wollen mathematische Funktionen anwenden und probieren Folgendes aus:

```
>>> sin(90)

Traceback (most recent call last):
  File "<pyshell#32>", line 1, in <module>
    sin(90)
NameError: name 'sin' is not defined
```

Unsere Absicht war es, den Sinuswert von 90 (Grad) auszurechnen. Nun werden wir zum ersten Mal mit einer Fehlermeldung von Python konfrontiert. Diese ist auch hinreichend klar in englischer Sprache formuliert: „name 'sin' is not defined“. Dies bedeutet übersetzt etwa: „der Name ‚sin' ist nicht definiert“. Sollte Python keine mathematischen Standardfunktionen bereitstellen? Dann wäre ja jeder Taschenrechner „intelligenter“. Tatsächlich ist es so, dass wir die mathematischen Funktionen zunächst „laden“ müssen, bevor wir diese anwenden können. Dies geschieht durch die import-Anweisung. Mithilfe dieser Anweisung wird ein so genanntes „Modul“ geladen. Was dies genau bedeutet, werden wir im Kapitel 3 genauer verstehen lernen.

```
>>> from math import *
>>> sin(90)
0.89399666360055785
>>> sin(180)
-0.80115263573383044
```

Nachdem wir die mathematischen Funktionen aus dem Modul *math* importiert haben, können wir die Sinusfunktion problemlos aufrufen. Dies gilt auch für andere mathematische Standardfunktionen. Probieren Sie einfach mal den Kosinus (cos) aus!

Allerdings wird uns auch klar, dass der Zahlenwert, der dieser Funktion übergeben wird, *nicht* als Winkel interpretiert wird. Sonst müssten im vorigen Beispiel die Werte 1 und 0 herauskommen. Wir vermuten, dass das Argument *im Bogenmaß* einzugeben ist und wandeln das Beispiel etwas ab.

```
>>> pi
3.1415926535897931
>>> sin(pi/2)
1.0
>>> sin(pi)
1.2246063538223773e-016
```

Der math-Modul muss nur einmal pro Sitzung importiert werden. In diesem Modul ist eine Variable mit Namen pi definiert. Wir berechnen den Sinuswert von pi/2 (entsprechend 90 Grad) und von pi (entsprechend 180 Grad). Die letzte Zeile im letzten Codeabschnitt ist auf den ersten Blick verwirrend. Es sollte eigentlich genau 0 herauskommen. Stattdessen erhalten wir 1.2246063538223773e-016. Dies bedeutet in der Schreibweise für *Dezimalzahlen*

$$1{,}2246063538223773 \; 10^{-16}$$

Dies ist eine sehr kleine Zahl und ist - fast - null. Damit haben wir auch eine zweite Darstellungsform für Gleitpunktzahlen kennen gelernt: die *Exponentendarstellung*.

Merke

Die mathematischen Standardfunktionen Sinus, Cosinus, Tangens etc. werden mit dem Bogenmaß als Argument aufgerufen. Sie müssen einen Winkel also zuerst ins Bogenmaß umrechnen, um dann den Wert der Funktion zu ermitteln.

1.3.6 Grundlegendes über Variablen und Zuweisungen

Wir wollen nun das wichtige Konzept der Variablen kennenlernen. Betrachten Sie dazu den folgenden Programmcode:

```
>>> a

Traceback (most recent call last):
  File "<pyshell#44>", line 1, in <module>
    a
```

```
NameError: name 'a' is not defined
>>> a = 7
>>> b = 3
>>> c = a*b
>>> print "c = ",c
c =  21
>>> a
7
```

Zunächst geben wir den Buchstaben a ein. Python antwortet daraufhin mit der Fehlermeldung, dass der Name a nicht definiert ist.

Dies wird mit der folgenden Zeile durch die Anweisung *a=7* nachgeholt. Bei dieser Anweisung handelt es sich um eine so genannte *Zuweisung*. Es wird ein Name a erklärt und diesem Namen – genannt Variable - wird ein konstanter Wert *7* zugewiesen. Wir wollen uns vorläufig vorstellen, dass die Variable a von nun an stellvertretend für die Zahl 7 steht. Genauer gesagt, bildet die Variable einen „Behälter“, der den Wert 7 aufgenommen hat. Etwas Vergleichbares geschieht in den folgenden beiden Zeilen. Dort wird zunächst eine Variable *b* erklärt und erhält den Wert *3* zugewiesen. Schließlich wird eine Variable mit Namen *c* erzeugt. Diese Variable beinhaltet das Ergebnis der Multiplikation von a mit b. Damit dieser Wert am Bildschirm ausgegeben wird, verwenden wir eine eingebaute Funktion von Python: die print-Funktion. Diese Funktion gibt den Text „c = “ in der Python-Shell aus, gefolgt von dem Inhalt der Variablen c. Zusammen wird das so geschrieben:

```
print "c = ",c
```

Schließlich sehen wir an den letzten beiden Zeilen, dass der Name *a* nun bekannt ist, nachdem ihm ein Wert zugewiesen wurde. Gibt man einfach nur den Buchstaben *a* ein, antwortet Python mit dem Inhalt der Variable, d.h. mit dem Wert, der dieser Variablen zugewiesen wurde. Ebenso hätten wir den Inhalt von c ausgeben können.

Variablen (sie werden auch Bezeichner) genannt, können beliebig viele Zeichen umfassen. Die Regeln zur Bildung solcher Namen sind in Kurzform:

- Namen für Variablen können aus Buchstaben, Ziffern (0..9) und einem einzigen Sonderzeichen bestehen. Dieses Sonderzeichen ist der Unterstrich „_“ (engl. underscore).
- Das erste Zeichen in einem Variablennamen darf *keine Ziffer* sein. Ein Unterstrich ist allerdings als erstes Zeichen erlaubt.
- Deutsche Umlaute (Ä, ä, Ö, ö usw.) dürfen *nicht* verwendet werden.
- Es wird zwischen Groß- und Kleinschreibung unterschieden.
- Variablennamen dürfen *nicht* mit den reservierten Worten der Programmiersprache Python übereinstimmen.

Es wird empfohlen, möglichst selbst erklärende Namen für die Variablen zu erfinden, die einen Zusammenhang mit der durch das Programm zu lösenden Problematik schon im Namen ausdrücken. Also möglichst nicht „a“, „b“ und „c“ wie im vorausgegangenen Beispiel verwenden, sondern „Zylinder_Durchmesser“, „StartZeit“, „Gesamt_Summe“ usw. Damit werden die Programme verständlicher und besser lesbar.

1.3.7 Zeichenketten (Strings)

Auch im technisch-wissenschaftlichen Bereich müssen oft Programme geschrieben werden, die Texte verarbeiten. Eine so genannte Zeichenkette (engl. string) besteht aus beliebigen Zeichen und wird in Anführungszeichen gesetzt. Das folgende Beispiel zeigt, dass auch für solche Zeichenketten der „+“-Operator existiert. Dieser ist also auch *kontextsensitiv* und führt etwas anderes durch, wenn seine Operanden Zeichenketten statt Zahlen sind. In diesem Fall werden die Zeichenketten aneinander gehängt (engl. concatenation). In einem String dürfen Umlaute verwendet werden.

```
>>> Erster_Name="Bergische "
>>> Zweiter_Name="Universität"
>>> Name = Erster_Name + Zweiter_Name
>>> print Name
Bergische Universität
```

1.3.8 Turtle-Grafik

Python beinhaltet einen Modul zur Erstellung von Grafiken. Die Programmierung funktioniert nach dem „Schildkrötenprinzip“, d.h. der Programmierer steuert ein Symbol - Schildkröte genannt - mit einfachen Befehlen innerhalb eines Grafikfensters. Durch die Bewegung der Schildkröte (engl. turtle) wird dann die Grafik erzeugt. Die Turtle-Grafik ist ein Hilfsmittel zum Erlernen der Programmierung. Wir werden allerdings im Rahmen dieses Buches auch anspruchsvollere Grafiken mit diesem Tool erzeugen.

Im Prinzip genügen zunächst zehn Befehle (besser gesagt: Funktionsaufrufe), um mit der Schildkröte erste interessante Grafiken erzeugen zu können.

- forward(steps): mit diesem Befehl kriecht die Schildkröte in ihrer Blickrichtung vorwärts. Sie geht dabei um so viele Schritte bzw. *Pixel* nach vorn, wie der Parameter *steps* vorgibt.

- fd(steps): dies ist eine Abkürzung des Befehls „forward“.

- left(angle): mit diesem Befehl ändert die Schildkröte ihre Richtung. Sie dreht sich um den Winkel *angle* nach links. Der Winkel wird dabei in Grad angegeben.

- lt(angle): dies ist eine Abkürzung des Befehls „left“.

- right(angle): mit diesem Befehl ändert die Schildkröte ihre Richtung. Sie dreht sich um den Winkel *angle* nach rechts. Der Winkel wird dabei in Grad angegeben.

- rt(angle): dieser Befehl ist eine Abkürzung des Befehls „right“.

- color(col): mit diesem Befehl kann die Farbe der Linien, welche die Schildkröte zeichnet, beeinflusst werden. Die Variable col kann die Werte “red“, “green“, “blue“, “yellow“ etc. annehmen. Statt der Anführungszeichen können auch Apostrophe verwendet werden (z.B. color('red')).

- pensize(pixel): mit diesem Befehl wird die Dicke der zu zeichnenden Linien in Pixel gesteuert.

- penup() und pendown() hebt und senkt den „Zeichenstift“ der Schildkröte.

- reset(): dieser Befehl löscht den Inhalt des Grafikfensters und setzt die Schildkröte auf ihren Anfangszustand zurück (Ausrichtung nach rechts).

- goto(x,y): mit diesem Befehl springt die Schildkröte auf die Position x/y, wobei x und y in Pixel gemessen werden. Das Bezugskoordinatensystem befindet sich in der oberen rechten Ecke des Zeichenfensters. Die x-Achse ist horizontal ausgerichtet und die y-Achse zeigt senkrecht nach unten.

- bye(): mit diesem Befehl wird das Turtle-Grafikfenster geschlossen.

Merke

Am Ende einer Turtle-Befehlsfolge muss der Befehl bye() ausgeführt werden, sonst „hängt“ das Turtle-Grafikfenster unter dem Betriebssystem MS-Windows.

Am Anfang – dies ist so vereinbart – steht die Schildkröte mit Blickrichtung nach rechts. Wir wollen dies nun erproben. Hierzu muss zuerst der Modul „turtle“ importiert werden, damit die obigen Befehle zur Verfügung stehen.

```
>>> from turtle import *
>>> reset()
>>> forward(100)
>>> left(90)
>>> forward(70)
>>> left(90)
>>> forward(100)
>>> left(90)
>>> forward(70)
```

In der folgenden Abbildung ist *links* der Ursprungszustand der Schildkröte zu sehen, nachdem die ersten beiden Zeilen ausgeführt wurden. Die Schildkröte erscheint auf dem Bildschirm als *Pfeilspitze* und ist in horizontaler Richtung ausgerichtet (siehe Abb. 1.3).

Mit dem Befehl forward(100) kriecht die Schildkröte nun um hundert Pixel nach rechts und erzeugt dabei eine horizontale Linie. Daraufhin wird mit dem Befehl left(90) die Schildkröte um 90 Grad nach links gedreht. Sie blickt jetzt nach oben. Im nächsten Schritt geht die Schildkröte dann um 70 Schritte vorwärts. Es entsteht eine vertikale Linie mit einer Länge von 70 Pixeln. Der nächste Befehl dreht die Schildkröte wieder um 90 Grad nach links. Sie steht nun wieder horizontal; aber nach links ausgerichtet usw.

Abb. 1.3 Die Schildkröte (links) und ein gezeichnetes Rechteck

In der oben stehenden Abbildung ist rechts das Endergebnis zu sehen. Es wurde ein Rechteck gezeichnet. Zum Schluss behält die Schildkröte ihre Ausrichtung bei. Sie blickt jetzt nach unten. Zum Abschluss des Dialogs geben wir bye() ein, um das Grafikfenster wieder zu schließen.

```
>>> bye()
```

Jeder Befehl benötigt einige Zeit zu seiner Ausführung. Die Schildkröte bewegt sich deshalb so langsam über das Grafikfenster, damit der Programmierer genau die Auswirkungen seiner Befehle beobachten kann.

1.4 Python-Programme mit IDLE erstellen

Alle Programmieranweisungen, die wir bis jetzt eingegeben haben, wurden Zeile für Zeile in die „Python Shell“ eingegeben und dann von Python unmittelbar ausgeführt. Dies ist sehr bequem und Programmieranfänger können damit auf einfache Art ihre ersten Gehversuche machen.

Allerdings sind mit dieser Vorgehensweise auch einige Nachteile verbunden. Wenn wir die Python Shell beenden, so sind alle Eingaben verloren. Und wenn wir Varianten ausprobieren wollen, so müssen die Programmieranweisungen immer wieder von neuem eingegeben werden. Deshalb soll jetzt eine zweite Vorgehensweise vorgestellt werden: das Schreiben von Python-Programmen. Diese Programme werden auch „Python-Scripts“ genannt. In den folgenden Abschnitten werden wir viel häufiger diese zweite Technik verwenden. Solche Python-Programme werden auf dem Computer dauerhaft gespeichert und können beliebig oft ausgeführt werden. Weiterhin können sie kopiert und anschließend abgeändert werden.

Beispiel: Umrechnung von Temperaturen

Im Folgenden soll ein erstes einfaches Programm Schritt für Schritt erstellt werden. Die Problemstellung, die wir mit diesem Programm lösen wollen, ist die Berechnung von Temperaturen. In Mitteleuropa werden Temperaturen im Allgemeinen in Grad Celsius angegeben. Bei 0 Grad Celsius gefriert das Wasser und der Siedepunkt dieses Stoffes liegt bei 100 Grad. In Großbritannien und den USA werden Temperaturen aber zumeist in Grad Fahrenheit angegeben. Die Umrechnung von Grad Celsius in Grad Fahrenheit kann als einfache Formel angegeben werden:

Fahrenheit = 9 / 5 * Celsius + 32

Wasser gefriert also bei 32 Grad Fahrenheit und siedet bei 212 Grad Fahrenheit.

Wir wollen zur Umrechnung der Temperaturen von Grad Celsius in Grad Fahrenheit ein Computerprogramm in Python schreiben, das mit dem Benutzer einen Dialog führen soll. Am besten ist es, wenn nach dem Starten des Programms zunächst eine Art Überschrift erscheint, die etwas darüber aussagt, was das Programm zu tun beabsichtigt. Diese Überschrift soll sein: „Umrechnung der Temperaturen von Celsius in Fahrenheit". Der Vorteil einer solchen Überschrift ist, dass ein anderer Benutzer sofort erkennt, wozu das Programm gut sein soll.

Weiterhin stellen wir uns vor, dass das Programm den Benutzer auffordern soll, eine Temperatur in Celsius einzugeben. Daraufhin gibt der Benutzer eine Temperatur ein. Das Programm wartet solange, bis die Benutzereingabe erfolgt ist und der Anwender die Return-Taste gedrückt hat. Anschließend fährt das Programm fort, berechnet aus der Benutzereingabe die entsprechende Temperatur in Fahrenheit und gibt diese dann – zusammen mit der Benutzereingabe – aus. Der Dialog mit dem Anwender könnte also folgendermaßen aussehen:

Umrechnung der Temperaturen von Celsius in Fahrenheit

Bitte geben Sie eine Temperatur in Celsius ein: **100**

Sie haben 100 Grad Celsius eingegeben.

Diese Temperatur entspricht 212 Grad Fahrenheit.

Die fett gesetzte Zahl 100 ist die *Benutzereingabe*. Das Programm soll solange warten, bis *irgendeine* Zahl an dieser Stelle eingegeben wird.

An diesem Beispiel demonstrieren wir eine Grundstruktur vieler Programme (nicht nur in der Programmiersprache Python), die wir folgendermaßen symbolisieren können:

Eingabe > Verarbeitung > Ausgabe

Die Eingabe ist in dem betrachteten Fall eine Temperatur in Grad Celsius. Nach der Eingabe wird die Umrechnung vorgenommen und anschließend das Ergebnis in Fahrenheit ausgegeben. Nach diesem Schema arbeiten viele Programme. Es wird auch das EVA-Prinzip genannt. EVA ist ein Akronym für **E**ingabe, **V**erarbeitung und **A**usgabe.

Nachdem wir die Aufgabenstellung klar definiert haben, beginnen wir nun mit der Erstellung des Programms. Wir rufen die Entwicklungsumgebung IDLE - wie in Kapitel 1.3 gezeigt - auf:

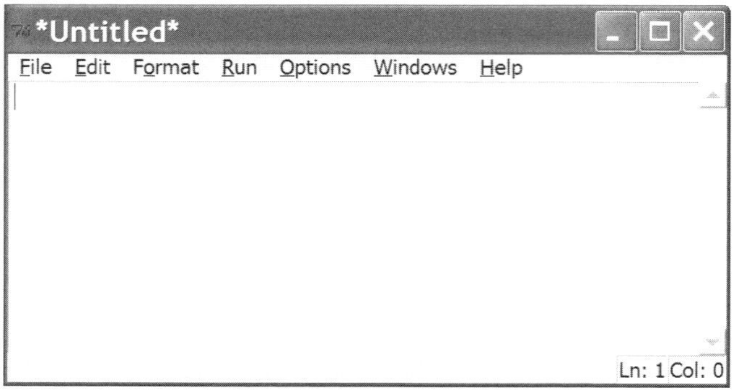

Abb. 1.4 Das Eingabefenster (Editorfenster)

Daraufhin öffnet sich das Editor-Fenster (Abb. 1.4), in welches das Programm eingegeben werden kann. Das Fenster erhält den gleichen Namen wie das Programm. Da wir noch keinen Namen für das Programm eingegeben haben, heißt es „Untitled“ (engl. unbenannt).

Wir beginnen nun damit, den folgenden Programmtext einzutippen. Die hierzu notwendigen Befehle bzw. Programmanweisungen werden im Folgenden ausführlich besprochen.

```
# ---------------------------------------------                          # 1
# Programm zur Umrechnung der
# Temperaturen von Grad Celsius
# in Grad Fahrenheit
#
# Autor:   H.-B. Woyand
# Datum: 5.1.2008
# ---------------------------------------------                          # 2

print "Umrechnung der Temperaturen von Celsius in Fahrenheit"           # 3
print "-----------------------------------------------------------------"  # 4
print                                                                    # 5

Celsius = input("Bitte geben Sie eine Temperatur in Celsius ein: ")     # 6

Fahrenheit = 9/5. * Celsius + 32                                         # 7

print
print "Sie haben %f Grad Celsius eingegeben." % Celsius                 # 8
print
print "Diese Temperatur entspricht %f Grad Fahrenheit." % Fahrenheit    # 9
```

Hinweis

Am Ende einiger Zeilen sehen Sie Markierungen (zum Beispiel #1, #9 usw.). Diese Markierungen dienen einzig und allein dazu, Sie im folgenden Text auf bestimmte Zeilen hinzuweisen. Es handelt sich bei diesen Markierungen um so genannte *Kommentare*. Diese beeinflussen *nicht* die Funktionsweise des Programms und können deshalb im Prinzip bei der Eingabe weggelassen werden.

Sehen wir uns nun die Grundelemente dieses Programms genauer an:

- **Zeilen #1 bis #2:** Jedes Programm sollte *Kommentare* enthalten. Diese Kommentare beeinflussen *nicht* die Programmausführung. Für die Funktionsweise des Programms sind sie eigentlich völlig überflüssig. Diese Kommentare werden mit den anderen Programmanweisungen gespeichert und nennen beispielsweise: den Autor des Programms sowie Urheberrechtshinweise (Copyright), das Erstellungsdatum, die Programmversion, den Zweck des Programms, Hinweise zur Bedienung des Programms usw. Kommentare können an beliebiger Stelle im Programm stehen und werden mit dem Zeichen „#“ eröffnet. An diesem Zeichen erkennt Python, dass nun ein Kommentar folgt. Alles, was nach dem Zeichen „#“ bis zum Ende der Zeile steht, wird als Kommentar betrachtet.

- **Zeile #3:** Mit der print-Funktion wird die Überschrift „Umrechnung der Temperaturen von Celsius in Fahrenheit" auf den Bildschirm (genauer in die Python-Shell) geschrieben.

- **Zeile #4:** Eine Unterstreichung der Überschrift durch eine Folge von Minuszeichen wird ebenfalls durch Ausgabe mit print erreicht.

- **Zeile #5:** Damit der folgende Text etwas Abstand zur Überschrift hat, wird die print-Funktion ohne Argumente aufgerufen. Dies bewirkt die Ausgabe einer Leerzeile in die Python-Shell.

- **Zeile #6:** Die input-Funktion dient dazu, eine Eingabe durch den Benutzer des Programms zu ermöglichen. Wird input aufgerufen, dann erscheint zunächst der Text auf dem Bildschirm, der dieser Funktion in den Klammern übergeben wird. Das Programm stoppt dann und wartet, bis der Benutzer etwas eingetippt und die Return-Taste gedrückt hat. Dieser Wert bzw. diese Zahl wird dann der Variablen Celsius zugewiesen. Wir stellen uns Celsius als einen Behälter vor, der nun den Zahlenwert enthält, den der Benutzer des Programms eingegeben hat.

- **Zeile #7:** Für die Anweisung

  Fahrenheit = 9/5. * Celsius + 32

  wird zunächst die rechte Seite ausgewertet. Der Wert der Variablen Celsius wird dazu verwendet, um den Ausdruck „9/5. * Celsius + 32“ zu berechnen. Beachten Sie, dass der Vorfaktor als 9/5. und nicht als 9/5 geschrieben wird! Hätte man die letzte Variante verwendet, so würde bei der Division eine Ganzzahl-Division durchgeführt und das Teilergebnis wäre für diesen Ausdruck 1.

Dieser arithmetische Ausdruck wird von links nach rechts ausgeführt. Ist das Ergebnis dieses Ausdrucks ermittelt, so wird es der Variablen (dem Namen) Fahrenheit zugewiesen. Wie Sie sehen, wird damit durch das Gleichheitszeichen etwas anderes ausgedrückt, als bei vergleichbaren Formeln der Mathematik. Im mathematischen Kontext könnte diese Zeile als Gleichung verstanden werden. In der Programmierung dagegen bedeutet das Gleichheitszeichen eine Zuweisung. Dabei muss auf der linken Seite immer ein Variablenname stehen. Die rechte Seite der Zuweisung wird – wenn es sich um einen komplexeren Ausdruck handelt – zunächst ausgewertet und das Ergebnis der Variablen zugeordnet.

- **Zeile #8 und #9:** Durch diese beiden Zeilen werden die Werte der Variablen Celsius und Fahrenheit auf dem Bildschirm ausgegeben. Hierbei hilft uns wieder die print-Funktion. Wie wir gelernt haben, wird mit dieser Funktion der in Hochkommata stehende Text ausgegeben. In diesem Text finden Sie ein so genanntes Formatelement %f vor, das als Platzhalter für einen auszugebenden Gleitpunktzahlenwert fungiert. Die auszugebende Variable wird an die Zeichenkette durch ein „%"-Zeichen angehängt. Deren Wert wird bei der Ausgabe statt des Platzhalters in die Zeichenkette eingefügt. Es ist ein guter Programmierstil, die Werte, die der Benutzer eingetippt hat, nochmals durch das Programm ausgeben zu lassen. Damit ist der Anwender sicher, dass die von ihm getätigten Eingaben auch „angekommen" sind. Zuletzt wird das eigentliche Ergebnis dieses kleinen Berechnungsprogramms ausgegeben: die Temperatur in Grad Fahrenheit.

Merke

Formatelemente sind Platzhalter, die bei der Ausgabe durch den Wert jener Variablen ersetzt werden, die an die print-Funktion durch das Zeichen „%" angehängt werden. Das Zeichen „%f" ist ein Platzhalter für Gleitpunktzahlen (Dezimalzahlen).

Wichtig!

Wir müssen deutlich zwischen Gleichungen in der Mathematik und Zuweisungen in der Programmierung unterscheiden! Ein Ausdruck der Form c = a + b meint in der Mathematik eine Gleichung und kann nach den Gesetzen der Algebra umgestellt werden. In der Programmierung bedeutet ein Ausdruck der Form c = a + b eine Zuweisung. Diese kann so beschrieben werden: berechne den Wert der rechten Seite (a+b) und lege das Ergebnis unter dem Namen c ab. Dies bedeutet wiederum, dass auf der linken Seite *immer* ein *Variablenname* stehen muss!

Nachfolgend ist das Programm nochmals ohne die Kommentare abgebildet. Der Pfeil auf der rechten Seite der Programmanweisungen soll darauf hinweisen, dass das Programm *von oben nach unten abgearbeitet wird.*

Python verarbeitet also das Programm so wie wir es lesen: von oben nach unten. Dies wird auch *sequenzielle Programmabarbeitung* oder kurz *Sequenz* genannt. Wie wir später sehen werden, ist diese sequenzielle Verarbeitung nicht die einzige Möglichkeit der Programmabarbeitung. Es gibt zwei weitere Grundstrukturen in der Programmierung: die Wiederholung und die Programmverzweigung. Bei der Wiederholung - auch Iteration genannt - werden bestimmte Programmteile mehrfach durchlaufen. Programmverzweigungen gestatten es, Programmteile nur dann abzuarbeiten, wenn bestimmte Bedingungen vorliegen.

```
print "Umrechnung der Temperaturen von Celsius in Fahrenheit"
print "--------------------------------------------------------------------------"
print

Celsius = input("Bitte geben Sie eine Temperatur in Celsius ein: ")

Fahrenheit = 9/5. * Celsius + 32

print
print "Sie haben %f Grad Celsius eingegeben." % Celsius
print
print "Diese Temperatur entspricht %f Grad Fahrenheit." % Fahrenheit
```

Abschließend wollen wir unser erstes Python-Programm abspeichern, um es langfristig aufzubewahren. Hierzu verwenden wir das Hauptmenü unseres Eingabefensters. Dort wählen wir den Menüpunkt „File“ und dann „Save As…“. Daraufhin öffnet sich das folgende Fenster „Speichern unter“:

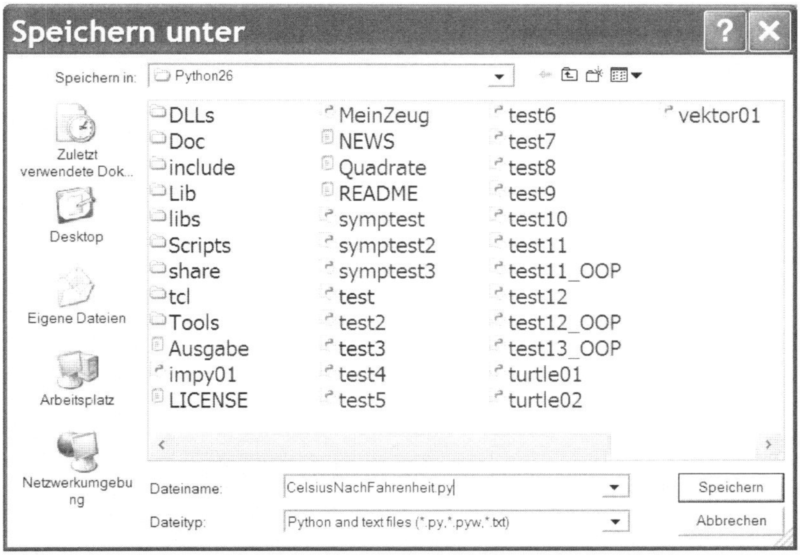

Dort geben wir in das Eingabefeld „Dateiname“ den Namen des Programms ein. Wir wählen „CelsiusNachFahrenheit.py“. Die *Namenserweiterung* „.py“ signalisiert dem Computer, dass es sich bei der gespeicherten Datei um ein *Pythonprogramm* handelt. Anschließend betätigen wir den Button „Speichern“. Damit haben wir unser erstes Programm erfolgreich abgespeichert.

Zuletzt kommt der wichtigste Schritt. Wir starten jetzt das Programm, in dem wir im Hauptmenü von IDLE den Menüpunkt „Run“ und dann „Run Module“ anwählen. Alternativ kann das Programm auch durch Drücken der F5-Taste gestartet werden. Die Ausgaben des Programms erscheinen in der Python Shell. Dort wird auch die Eingabeaufforderung sichtbar, damit Sie den Zahlenwert eingeben können.

Aufgaben

Aufgabe 1.1
Schreiben Sie ein Python-Programm, das vom Benutzer einen Temperaturwert (Gleitpunktzahl) in Grad Fahrenheit anfordert. Dieser Temperaturwert soll dann in Grad Celsius umgerechnet und ausgegeben werden. Benennen Sie das Programm „FahrenheitNachCelsius.py“ und testen Sie das Programm.

Aufgabe 1.2
Schreiben Sie ein Python-Programm, das vom Benutzer einen Winkel in Grad anfordert und anschließend den Sinus- und den Kosinuswert zu diesem Winkel berechnet. Anschließend soll der Winkel und die beiden berechneten Werte auf dem Bildschirm ausgegeben werden. Testen Sie das Programm.

Aufgabe 1.3
Schreiben Sie ein Python-Programm, das vom Benutzer einen Zahlenwert x (Gleitpunktzahl) anfordert. Für diesen Zahlenwert soll dann die mathematische Funktion

$$y = \frac{1}{2} x^3 - \frac{1}{2} x^2 + 2x + 5$$

berechnet werden. Anschließend soll das Programm die Werte x und y auf dem Bildschirm ausgeben. Testen Sie das Programm.

Aufgabe 1.4
Verwenden Sie den Eingabeprompt der Entwicklungsumgebung (Python-Shell), um den folgenden – in Umgangssprache vorgegebenen – logischen Ausdruck auf Wahrheit bzw. Falschheit zu testen. Erklären Sie, wie das Ergebnis zustande kommt.

((8 kleiner 5) oder (4 ungleich 7)) und (nicht (4 gleich 5))

Aufgabe 1.5
Schreiben Sie ein Python-Programm, das den Benutzer zur Eingabe seines Namens auffordert. Verwenden Sie für die Eingabe des Namens zwei alternative Funktionen: die input()-Funktion und die raw_input()-Funktion. Anschließend soll ein Willkommenstext auf dem Bildschirm ausgegeben werden, in dem der Name des Anwenders erscheint. Hinweis: zur Ausgabe von Zeichenketten durch die print-Funktion dient das Formatelement %s. Ein typischer Dialog könnte etwa so aussehen:

Bitte geben Sie Ihren Namen ein: "Frau Beate Schmidt“

Wir begrüßen Frau Beate Schmidt in unserem Programmierkurs!

Beachten Sie, dass bei der Eingabe des Namens mittels input() Anführungszeichen zu verwenden sind!

Aufgabe 1.6
Schreiben Sie ein Python-Programm, das ein gleichseitiges Dreieck, ein Quadrat, ein gleichseitiges Fünfeck und ein gleichseitiges Sechseck mit der Turtle-Grafik erzeugt. Die Seitenlänge der Figuren soll dabei immer 100 Pixel betragen. Wechseln Sie die Farben und Strichstärken zwischen den einzelnen Grafiken.

Aufgabe 1.7
Entscheiden Sie, welche der folgenden Worte zulässige Variablennamen in der Programmiersprache Python sind. Begründen Sie Ihre Entscheidung! Beachten Sie hierbei auch die Tabelle der reservierten Worte (siehe Kapitel 2). Hinweis: Sie können die Namen auch im Interpretermodus verwenden, in dem Sie einfache Zuweisungen der Form *while = 100* ausprobieren. Dann entscheidet Python für Sie, ob der Name zulässig ist oder nicht!

4menWagen, while, While, while100, _while, $wert, whilst, ___, 3SterneHotel, HotelMit3Sternen, X, AnzahlWerte, AnzahlDerWerte, Anzahl_Werte, _12345

Aufgabe 1.8
Schreiben Sie mithilfe der Turtle-Grafik ein Python-Programm, das die folgende Grafik erzeugt. Die Geraden sind 100 Pixel lang und die Linienstärke soll 3 Pixel betragen. Benutzen Sie bei der Lösung der Aufgabe auch die Kurzbefehle der Turtle-Grafik.

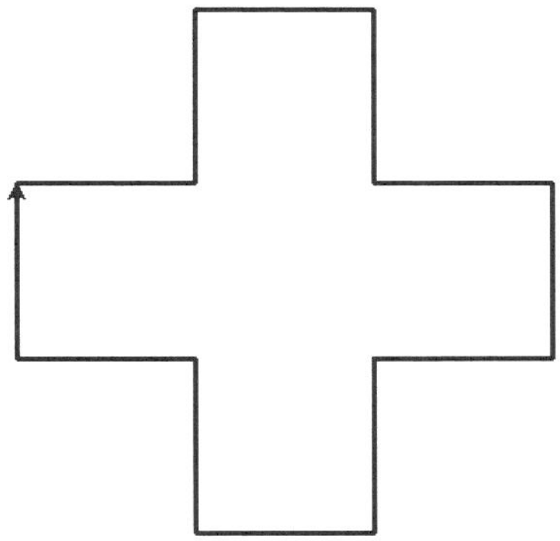

Aufgabe 1.9
Schreiben Sie mithilfe der Turtle-Grafik ein Python-Programm, das die nachstehende Grafik erzeugt. Die erste Linie soll 20 Pixel lang sein. Jede folgende Linie soll 5 Pixel länger sein. Die Striche sollen drei Pixel dick und von blauer Farbe sein.

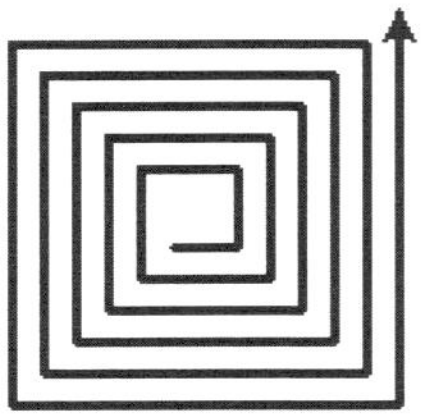

Aufgabe 1.10
Schreiben Sie mithilfe der Turtle-Grafik ein Python-Programm, das die nachstehende Grafik erzeugt. Die Linien sollen 25 Pixel lang sein. Die Strichstärke soll drei Pixel betragen. Die zu erzeugende Grafik soll rot sein.

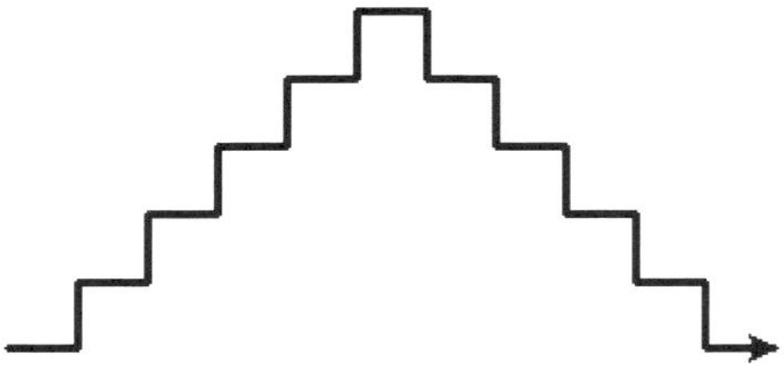

Aufgabe 1.11
Schreiben Sie ein Programm, das vom Benutzer einen Druckwert in der Einheit Pascal (Pa) anfordert. Anschließend soll das Programm diesen Druck in die folgenden Druckeinheiten umrechnen (siehe folgende Tabelle) und diese anschließend ausgeben.

Druckeinheit	**Umrechnungsfaktor (1 Pa entspricht)**
Bar	**1,0 10^{-5}**
Technische Atmosphäre (at)	**1,0197 10^{-5}**
Physikalische Atmosphäre (atm)	**9,8692 10^{-6}**
Torr	**7,5006 10^{-3}**
Pounds per square inch (psi) „Pfund-Kraft pro Quadratzoll“	**1,4504 10^{-4}**

Hinweis: Zur Lösung dieser Aufgabe sollen Sie die so genannte Exponentendarstellung für Dezimalzahlen (Gleitpunktzahlen) verwenden. Zum Beispiel gilt für die Zahl 1,0197 10^{-5} die Pythonschreibweise 1.0197e-5.

Aufgabe 1.12
Erstellen Sie ein Programm, das die Oberfläche O, die Mantelfläche M sowie das Volumen V eines Kreiszylinders berechnet. Der Kreiszylinder soll durch die Höhe H und den Radius R charakterisiert sein. Diese beiden Größen soll der Benutzer des Programms über die Tastatur eingeben. Anschließend soll das Programm die Formeln

$$V = \pi R^2 H$$

$$M = 2 \pi R H$$

$$O = 2 \pi R (R+H)$$

berechnen und anschließend die Werte für O, M und V ausgeben. Gestalten Sie das Programm so, dass die Ausgabe gut verständlich ist.

Aufgabe 1.13
Vektoren in der Ebene werden durch die Zusammenfassung zweier Zahlen (x-Komponente und y-Komponente) definiert. Wir schreiben Vektoren in einer Zeilendarstellung und verwenden dabei das Zeichen T für die Transponierung, d.h. Vektoren werden eigentlich in Spaltenform geschrieben. Wir verwenden die folgende Darstellung in einer Zeile nur, um Platz zu sparen.

$$a = [\, x, y]^T$$

und

$$b = [u, v]^T$$

sind zwei Vektoren. Dann ist das innere Produkte folgendermaßen definiert

$$a * b = x*u + y*v = |a| * |b| * \cos(\phi)$$

wobei

$$|a| = \sqrt{x^2 + y^2} \quad \text{und } |b| = \sqrt{u^2 + v^2}$$

die Beträge (Längen) der Vektoren sind. Das Symbol ϕ ist der Winkel, den die beiden Vektoren einschließen.

Erstellen Sie ein Python-Programm, das die Komponenten der Vektoren x, y und u, v einliest. Vergessen Sie nicht, sinnvolle Aufforderungstexte vorzusehen, damit ein neuer Benutzer auch weiß, was er eingeben soll! Nach der Eingabe sollen zunächst die Beträge der Vektoren und das innere Produkt berechnet werden. Über die Umstellung der obigen Formel erhält man

cos(ϕ) = (x*u+y*v) / (|a|*|b|)

Aus dem Ergebnis kann der Winkel (im Bogenmaß) mittels der Arcus-Cosinus-Funktion ermittelt werden.

Das Programm soll schließlich die Beträge der Vektoren, den Wert des inneren Produktes sowie den Winkel, den die Vektoren einschließen, im Bogenmaß und in Grad ausgeben.

Aufgabe 1.14
Schreiben Sie ein Programm, das einen horizontalen Pfeil mithilfe der Turtle-Graphik zeichnet. Der Pfeil soll in roter Farbe mit einer Liniendicke von 6 Pixeln erstellt werden.

Aufgabe 1.15
Zeichnen Sie mittels der Turtle-Graphik die folgende Figur. Diese soll mit Linien der Stärke 60 Pixel (!) in blauer Farbe gezeichnet werden.

Lösungen

Sie finden die vollständigen Python-Programme auch im Downloadbereich zu diesem Buch.

Lösung 1.1
Für das folgende Programm kann das Beispiel aus Kapitel 1.4 als Vorlage dienen. Zur Berechnung der Temperatur in Grad Celsius muss die Berechnungsformel umgestellt werden. Die Ein- und Ausgaben müssen entsprechend angepasst werden.

```
print "Umrechnung von Temperaturen (Fahrenheit nach Celsius)"
print "-----------------------------------------------------------------------"
print
Fahrenheit = input("Bitte geben Sie eine Temperatur in Fahrenheit ein: ")
Celsius = 5.*(Fahrenheit-32)/9.
print
print "Sie haben %f Grad Fahrenheit eingegeben." % Fahrenheit
print
print "Diese Temperatur entspricht %f Grad Celsius." % Celsius
```

Zum Testen des Programms werden die Werte 212 und 32 Grad Fahrenheit verwendet. Diese Eingaben ergeben 100 Grad Celsius bzw. 0 Grad Celsius.

Lösung 1.2
Zur Eingabe der Winkel in Grad wird die *input()*-Funktion verwendet. Bei der Berechnung des Sinus- bzw. Kosinuswertes ist zu beachten, dass der Winkel im Bogenmaß anzugeben ist. Wir verwenden zur Umrechnung die Funktion *radians()* aus dem Modul *math*.

```
from math import *
winkel_grad = input("Bitte einen Winkel in Grad eingeben: ")
winkel_rad = radians(winkel_grad)
sinus = sin(winkel_rad)
cosinus = cos(winkel_rad)
print
print "Winkel:",winkel_grad, " Sinuswert: ",sinus," Kosinuswert: ",cosinus
```

Lösung 1.3
Zunächst wird vom Benutzer eine Zahl angefordert. Das vorgegebene Polynom muss dann in Python-Syntax umgeschrieben werden. Das berechnete Ergebnis y wird anschließend ausgegeben.

```
x = input("Bitte eine Zahl eingeben: ")
y = 0.5*x**3-0.5*x**2+2*x+5
print
print "x = ", x, " y = ", y
```

Lösung 1.4
Der logische Ausdruck kann direkt in der Python-Shell eingegeben werden:

```
>>> ((8<5) or (4!=7)) and (not (4==5))
True
```

Das Programm antwortet mit *True*. Der Ausdruck ist also wahr. Es kann aber auch ein Programm geschrieben werden:

```
ergebnis = ((8<5) or (4!=7)) and (not (4==5))
print ergebnis
```

Lösung 1.5
Bei der nachfolgend dargestellten Lösung wird sowohl die *input()*- als auch die *raw_input()*-Funktion verwendet. Der Name wird also zweifach ein- und ausgegeben. Beachten Sie, dass *raw_input()* in Python 3.x nicht mehr zur Verfügung steht.

```
name1 = input("Bitte geben Sie Ihren Namen ein: ")
print "Wir begruessen ",name1," in unserem Programmierkurs!"
name2 = raw_input("Bitte geben Sie Ihren Namen ein: ")
print "Wir begruessen ",name2," in unserem Programmierkurs!"
```

Wenn wir das Programm laufen lassen, muss bei der Eingabe mittels *input()* der Name in Anführungszeichen gesetzt werden, um ihn als Zeichenkette auszuweisen. Bei *raw_input()* entfallen die Anführungszeichen, weil *jegliche Eingabe* von *raw_input()* als Zeichenkette interpretiert wird.

```
Bitte geben Sie Ihren Namen ein: "Frau Beate Schmidt"
Wir begruessen  Frau Beate Schmidt  in unserem Programmierkurs!
Bitte geben Sie Ihren Namen ein: Frau Beate Schmidt
Wir begruessen  Frau Beate Schmidt  in unserem Programmierkurs!
```

Lösung 1.6

Beim Zeichnen der geometrischen Objekte machen wir uns zunutze, dass bei einem n-Eck zwischen zwei benachbarten Kanten ein Winkel von 360/n Grad eingeschlossen wird. Bei einem Dreieck muss sich die Schildkröte zwischen zwei Zeichenvorgängen demnach um 120 Grad drehen. Bei allen Figuren verwenden wir eine Kantenlänge von 100 Pixel. Damit die Grafiken nicht alle übereinander gezeichnet werden, wird der Anfangspunkt jeder Grafik neu mit dem Befehl *goto()* festgelegt.

```
from turtle import *
# Dreieck zeichnen
color("green")        # Zeichenfarbe gruen
pensize(1)            # Liniendicke 1 Pixel
forward(100)          # erste Linie zeichnen - 100 Pixel lang
left(120)             # um 120 Grad drehen (Gegenuhrzeigersinn)
forward(100)          # zweite Linie zeichnen
left(120)             # um 120 Grad drehen
forward(100)          # Dreieck ist fertig gezeichnet
# Viereck zeichnen
color("black")        # Zeichenfarbe schwarz
pensize(2)            # Liniendicke 2 Pixel
penup()               # Stift anheben
goto(200,0)           # Punkt (200,0) anfahren
setheading(0)         # Schildkroete waagerecht nach rechts
pendown()             # Stift absenken
forward(100)          # erste Linie zeichnen- 100 Pixel lang
left(90)              # um 90 Grad drehen (Gegenuhrzeigersinn)
forward(100)          # zweite Linie zeichnen
left(90)              # um 90 Grad drehen
forward(100)          # dritte Linie zeichnen
left(90)              # um 90 Grad drehen
forward(100)          # vierte und letzte Linie zeichnen
# Fuenfeck zeichnen - mit mehreren Kurzbefehlen
# in einer Zeile
color("red"); pensize(3); penup(); goto(0,-200)
setheading(0); pendown();
```

```
fd(100); lt(72); fd(100); lt(72); fd(100); lt(72)
fd(100); lt(72); fd(100); lt(72)
# Sechseck zeichnen - mit mehreren Kurzbefehlen
# in einer Zeile
color("blue"); pensize(4); penup(); goto(200,-200)
setheading(0); pendown();
fd(100); lt(60); fd(100); lt(60); fd(100); lt(60)
fd(100); lt(60); fd(100); lt(60); fd(100); lt(60)
```

Wenn Sie den Programmablauf nur schwer nachvollziehen können, dann können Sie die Befehle auch einzeln hintereinander in die Python-Shell eingeben. Dabei können Sie bei jedem Befehl beobachten, wie sich die Schildkröte (Turtle) verhält. Das Ergebnis des Programms zeigt die folgende Grafik.

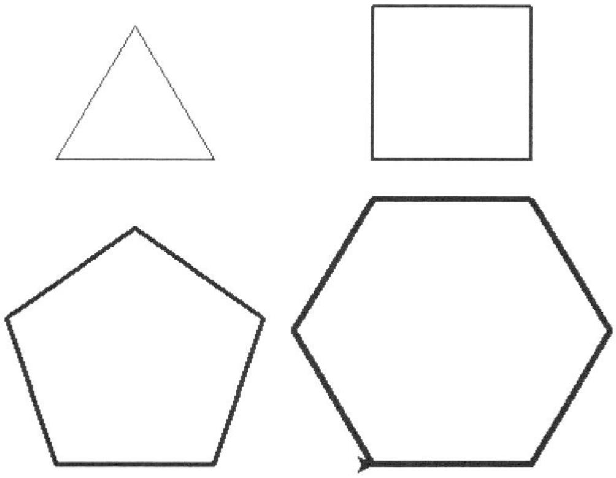

Lösung 1.7
Wir probieren einfache Zuweisungen in der Python-Shell aus:

```
>>> 4menWagen = 100
SyntaxError: invalid syntax
>>> whilst = 20
>>>
```

Offensichtlich ist *4menWagen* kein zulässiger Name, *whilst* dagegen schon. Sie sollten aber selbst in der Lage sein - aufgrund der Regeln zur Bildung von Variablennamen - zu erklären, warum die folgenden Namen richtig oder falsch gebildet sind.

Variablenname	richtig/ falsch	Begründung
4menWagen	falsch	Der Name darf nicht mit einer Ziffer beginnen.
while	falsch	while ist ein Schlüsselwort der Sprache Python.
While	richtig	Python unterscheidet zwischen Groß- und Kleinschreibung.
while100	richtig	Dieser Name ist korrekt: Ziffern können enthalten sein
_while	richtig	Der Unterstrich ist das einzige Sonderzeichen. Er kann auch am Anfang des Namens stehen.

$wert	falsch	Das $-Zeichen ist kein zulässiges Zeichen in Namen
___	richtig	Drei Unterstriche bilden einen richtigen Namen. Allerdings ist die Nutzung solcher Namen nicht zu empfehlen. Es ergeben sich schwer lesbare Programme.
whilst	richtig	Das Wort whilst ist kein reserviertes Wort der Sprache Python und ist damit ein richtig gebildeter Name.
3SterneHotel	falsch	Ziffern dürfen nicht als erstes Zeichen benutzt werden.
HotelMit3Sternen	richtig	Ein zulässiger und gut interpretierbarer Name.
X	richtig	X ist ein zulässiger Name; jedoch zu kurz um aussagekräftig zu sein. Besser nur bei kleinen Testprogrammen verwenden!
AnzahlWerte	richtig	
AnzahlDerWerte	richtig	
Anzahl_Werte	richtig	
_12345	richtig	Dies ist ein Variablenname ohne Buchstaben. Da der Unterstrich als erstes Zeichen erscheinen darf, ist er auch zulässig.

Lösung 1.8

Bei der folgenden Lösung wird zunächst die Liniendicke und Farbe gesetzt. Anschließend wird der Konturzug als eine Folge von Linien und Drehbewegungen der Schildkröte erstellt.

```
from turtle import *
color("black")          # Zeichenfarbe schwarz
pensize(3)              # Liniendicke 4 Pixel
forward(100)            # erste Linie zeichnen - 100 Pixel lang
left(90)                # um 90 Grad drehen (Gegenuhrzeigersinn)
forward(100)            # zweite Linie zeichnen
right(90)               # um 90 Grad drehen (Uhrzeigersinn)
forward(100)            # dritte Linie zeichnen
# Jetzt Kurzbefehle verwenden und mehrere Befehle in einer Zeile
rt(90); fd(100); lt(90); fd(100); rt(90); fd(100);
rt(90); fd(100); lt(90); fd(100); rt(90); fd(100);
rt(90); fd(100); lt(90); fd(100); rt(90); fd(100);
```

Aus den letzten drei Zeilen wird ersichtlich, dass die Befehle mehrfach wiederholt werden. Es stellt sich die Frage, ob diese Wiederholung wirklich durch Hinschreiben der Anweisungen geschehen muss. Es wäre viel bequemer, wenn der Programmierer den Computer anweisen könnte, eine Folge von Anweisungen automatisch zu wiederholen. Dies ist in der Tat möglich: zur Lösung des Problems werden wir im Kapitel 2 die so genannten *Programmschleifen* kennen lernen.

Lösung 1.9

Bei der nachfolgenden Lösung fällt auf, dass sich die Anweisungen zwar nicht identisch wiederholen, jedoch wird die Linienlänge Schritt für Schritt um 5 Pixel verlängert. Auch hier stellt sich die Frage, ob der Programmierer dies unbedingt selbst eingeben muss. Mit den Programm-Schleifen, die wir in Kapitel 2 kennen lernen werden, kann dies auch programmgesteuert - und damit viel effizienter - realisiert werden.

```
from turtle import *
color("blue")  # Zeichenfarbe blau
pensize(3)     # Liniendicke 3 Pixel
forward(20)    # erste Linie zeichnen - 20 Pixel lang
left(90)       # im Gegenuhrzeigersinn um 90 Grad drehen
forward(25)    # die naechste Linie ist 10 Pixel laenger
# Die folgenden Anweisungen werden in Kurzform geschrieben
lt(90); fd(30); lt(90); fd(35); lt(90); fd(40)
lt(90); fd(45); lt(90); fd(50); lt(90); fd(55)
lt(90); fd(60); lt(90); fd(65); lt(90); fd(70)
lt(90); fd(75); lt(90); fd(80); lt(90); fd(85)
lt(90); fd(90); lt(90); fd(95); lt(90); fd(100)
lt(90); fd(105); lt(90); fd(110); lt(90); fd(115)
lt(90); fd(120); lt(90); fd(125)
```

Lösung 1.10

In der folgenden Lösung fällt wieder auf, dass ein erheblicher Teil der Anweisungen wiederholt wird. Auch hier stellt sich die Frage, ob eine einmal definierte Anweisungssequenz nicht einfach wiederverwendet werden kann, ohne sie jedes Mal hinschreiben zu müssen. Diese Fragestellung greifen wir im zweiten Kapitel wieder auf.

```
from turtle import *
color("red")          # Zeichenfarbe rot
pensize(3)            # Liniendicke 3 Pixel
forward(25)           # erste Linie zeichnen - 25 Pixel lang
left(90)              # im Gegenuhrzeigersinn um 90 Grad drehen
forward(25)           # die naechste Linie zeichnen
# Die folgenden Anweisungen werden in Kurzform geschrieben
# "Stufen aufwaerts"
rt(90); fd(25); lt(90); fd(25); rt(90); fd(25); lt(90); fd(25)
rt(90); fd(25); lt(90); fd(25); rt(90); fd(25); lt(90); fd(25)
rt(90); fd(25);
# "Stufen abwaerts"
rt(90); fd(25); lt(90); fd(25); rt(90); fd(25); lt(90); fd(25)
rt(90); fd(25); lt(90); fd(25); rt(90); fd(25); lt(90); fd(25)
rt(90); fd(25); lt(90); fd(25)
```

Lösung 1.11

Bei der Erstellung des Programms ist zu beachten, dass die Umrechnungsfaktoren in der Exponentialdarstellung für Dezimalzahlen zu schreiben sind.

```
# Eingabe des Druckwertes in Pa
Druck = input("Bitte geben Sie einen Druck in Pa ein: ")
# Umrechnungfaktoren
PaNachBar = 1.0e-5
PaNachAt = 1.0197e-5
PaNachAtm = 9.8692e-6
PaNachTorr = 7.5006e-3
PaNachPsi = 1.4504e-4
```

```
# Ausgabe und gleichzeitige Umrechnung der Druckwerte
print
print "Der Druck ist in Bar: ", Druck*PaNachBar
print "Der Druck ist in At: ", Druck*PaNachAt
print "Der Druck ist in Atm:", Druck*PaNachAtm
print "Der Druck ist in Torr:", Druck*PaNachTorr
print "Der Druck ist in Psi: ", Druck*PaNachPsi
```

Lösung 1.12

Bei der nachfolgend dargestellten Lösung wird zunächst der Name pi aus dem Modul math importiert. Damit steht im Programm eine sehr gute Näherung für die Zahl π zur Verfügung.

```
from math import pi
R = input("Bitte den Radius eingeben: ")
H = input("Bitte die Hoehe eingeben: ")
V = pi*R**2*H
M = 2*pi*R*H
O = 2*pi*R*(R+H)
print
print "Das Volumen ist: ", V
print "Die Mantelflaeche ist: ",M
print "Die Oberflaeche ist :", O
```

Lösung 1.13

Zunächst werden aus dem Modul math die Funktionen zur Berechnung der Quadratwurzel, des Arcuscosinus, sowie zur Umrechnung von Bogenmaß in Grad geladen.

```
from math import sqrt,acos,degrees
# Eingaben
x = input("Bitte die x-Komponente (Vektor1) eingeben: ")
y = input("Bitte die y-Komponente (Vektor1)  eingeben: ")
u = input("Bitte die x-Komponente (Vektor2) eingeben: ")
v = input("Bitte die y-Komponente (Vektor2)  eingeben: ")
# Betraege berechnen
Betrag_a = sqrt(x**2+y**2)
Betrag_b = sqrt(u**2+v**2)
# Inneres Produkt berechnen
ip = x*u + y*v
# Winkel berechnen
cosphi = ip /(Betrag_a*Betrag_b)
phi = acos(cosphi)
# Winkel in Grad umrechnen
phi_grad = degrees(phi)
# Ausgaben
print
print "Der Betrag des ersten Vektors ist: ", Betrag_a
print "Der Betrag des zweiten Vektors ist: ", Betrag_b
print "Das innere Produkt ist: ", ip
print "Der Winkel zwischen den Vektoren ist im Bogenmass: ",phi
print "Der Winkel zwischen den Vektoren ist in Grad: ",phi_grad
```

Zum Testen verwenden wir die zwei Einheitsvektoren $[1,0]^T$ und $[0,1]^T$. Diese Vektoren haben beide die Länge 1 und schließen einen Winkel von 90 Grad ($\pi/2$) ein. Ein typischer Programmlauf ist nachfolgend dargestellt.

```
>>>
Bitte die x-Komponente (Vektor1) eingeben: 1
Bitte die y-Komponente (Vektor1)  eingeben: 0
Bitte die x-Komponente (Vektor2) eingeben: 0
Bitte die y-Komponente (Vektor2)  eingeben: 1

Der Betrag des ersten Vektors ist:  1.0
Der Betrag des zweiten Vektors ist:  1.0
Das innere Produkt ist:  0
Der Winkel zwischen den Vektoren ist im Bogenmass:  1.57079632679
Der Winkel zwischen den Vektoren ist in Grad:  90.0
```

Lösung 1.14

In dem nachfolgenden Programm wird nach dem Setzen von Farbe und Liniendicke zunächst die horizontale Linie des Pfeils gezeichnet (100 Pixel lang). Dann folgt die erste Pfeilspitze, die gegen die Horizontale um -135 Grad geneigt ist. Um die zweite Pfeilspitze zu zeichnen, wird der Stift anschließend angehoben und wieder zurück zum Endpunkt der horizontalen Linie gefahren. Dort wird der Stift dann abgesenkt und die Spitze gezeichnet. Da nach dem Zeichnen der ersten Pfeilspitze der Winkel der Schildkröte -135 Grad ist, muss diese - vor dem Zeichen - um 270 Grad nach links gedreht werden.

```
from turtle import *
color("red")        # Zeichenfarbe rot
pensize(6)          # Liniendicke 6 Pixel
forward(100)        # horizontale Linie zeichnen - 100 Pixel lang
right(135)          # um 135 Grad nach rechts drehen
forward(30)         # Linie 30 Pixel lang (Pfeilspitze unten)
penup()             # Stift anheben
goto(100,0)         # Zur Pfeilspitze gehen
left(270)           # Nach links drehen um 2*135 Grad
pendown()           # Stift absenken
forward(30)         # Zweite Pfeilspitze zeichnen
```

Lösung 1.15

Bei der Erstellung der Graphik wird mit einfachen Linien gearbeitet, die jedoch extrem breit sind (60 Pixel). Solche Linien werden an den Enden automatisch gerundet dargestellt. Insgesamt werden drei Linien gezeichnet. Dabei wird immer vom Ursprungspunkt ausgegangen. Vor dem Zeichnen wird die Schildkröte in die richtige Richtung orientiert.

```
from turtle import *
color("blue")       # Zeichenfarbe blau
pensize(60)         # Liniendicke 60 Pixel
left(90)            # Turtle vertikal stellen
forward(100)        # Vertikale Linie zeichnen
goto(0,0)           # Zum Ursprung zurueck gehen
left(120)           # Die Schildkroete um 120 Grad nach links drehen
forward(100)        # Zweite Linie zeichnen
goto(0,0)           # Wieder zum Ursprungspunkt zurueck gehen
left(120)           # Die Schildkroete weitere 120 Grad nach links drehen
forward(100)        # Dritte Linie zeichnen
```

2 Grundlagen

In diesem Kapitel werden die wichtigsten Datentypen, sowie die zugehörigen Operatoren und Standardfunktionen vorgestellt. Als wichtige Grundelemente von Programmen werden weiterhin die Sequenz, die Programmverzweigung und die Programmschleife eingeführt. Schließlich wird gezeigt, wie mithilfe von Funktionen Programme strukturiert werden können.

2.1 Einfache Objekttypen

Eigentlich sollte die Überschrift heißen: einfache Datentypen. Python ist jedoch eine durchgehend objektorientierte Programmiersprache. Aus diesem Grund werden auch einfache Datentypen in Python als Objekte abgebildet. Daher diese Überschrift. In diesem Abschnitt geht es darum, diese grundlegenden Typen genauer kennen zu lernen.

2.1.1 Ganze Zahlen – Integer

Von unseren Handrechnungen her kennen wir ganze Zahlen (z.B. 12, -103, -22, +49027). Diese Zahlen werden in Python genauso geschrieben, wie wir es von den Handrechnungen gewohnt sind. Ein vorausgehendes Plus-Zeichen kann entfallen. Die Zahl +42097 ist also identisch mit der Zahl 42097. Bedingt durch die interne Speicherung und Verarbeitung in Python, gibt es eine größte und eine kleinste Zahl, die mit dem Datentyp „einfacher Ganzzahl“ (plain integer) dargestellt werden kann. Dies sind die Zahlen -2147483648 und +2147483647. Diese Obergrenzen sind zugegebenermaßen recht groß. Was geschieht aber, wenn wir aus irgendwelchen Gründen größere Zahlen benötigen? Probieren wir es einfach aus. Wir addieren im folgenden Beispiel eine Eins zu dem Größtwert bzw. wir ziehen eine Eins vom Kleinstwert ab.

```
>>> 2147483647
2147483647
>>> 2147483647+1
2147483648L
>>> -2147483648
-2147483648
>>> -2147483648-1
-2147483649L
```

Wie man sieht, wird das korrekte Ergebnis berechnet. Jedoch schreibt Python ein L hinter die Zahl. Python kennt intern nämlich zwei unterschiedliche Objekttypen für Ganzzahlen. Neben dem einfachen Typ *Plain Integer* gibt es noch *Long Integer.* Mit diesem Datentyp können beliebig große Ganzzahlen dargestellt werden. Sobald der Zahlenbereich für einfache Ganzzahlen über- oder unterschritten wird, schaltet Python auf den erweiterten Zahlenbereich um, und zwar ohne dass es der Benutzer bemerkt. Das ist sehr praktisch. Andere Programmiersprachen führen in diesem Fall zu einem Fehler. Wir können auch kleine Zahlen von vornherein als Long Integer codieren. In diesem Fall hängen wir hinter die Zahl einfach den Buchstaben L an (oder den Kleinbuchstaben l). Hier zwei Beispiele:

```
>>> x = 100L
>>> x
100L
>>> y = -22l
>>> y
-22L
```

Mit der eingebauten Funktion type() kann der Typ einer Zahl ermittelt werden. Hier zwei Beispiele:

```
>>> type(3)
<type 'int'>
>>> type(3L)
<type 'long'>
```

Die interne Bezeichnung der beiden Objekttypen für Ganzzahlen sind *int* und *long*.

Oft kommt es vor, dass ein anderer Objekttyp (z.B. eine Zeichenkette oder eine Gleitpunktzahl) in eine Ganzzahl umgewandelt werden muss. Dies erledigt für uns die Funktion int(), deren Anwendung nachfolgend gezeigt wird. Wichtig ist bei der Anwendung dieser Funktion, dass das übergebene Argument auch wirklich in eine Ganzzahl umgewandelt werden kann! Wird eine Gleitpunktzahl übergeben, so werden deren „Nachkommastellen“ bei der Umwandlung abgeschnitten.

```
>>> int("235")
235
>>> int(235.57)
235
>>> int("255 Grad")

Traceback (most recent call last):
  File "<pyshell#2>", line 1, in <module>
    int("255 Grad")
ValueError: invalid literal for int() with base 10: '255 Grad'
```

2.1.2 Gleitpunktzahlen – Float

Bei wissenschaftlichen Berechnungen wird oft mit reellen Zahlen gearbeitet. Dies ist jene Zahlenmenge, die sich aus den rationalen Zahlen (also jenen Zahlen, die durch Brüche dargestellt werden können) und den irrationalen Zahlen (Beispiele hierfür sind die Zahl π und die Eulersche Zahl e) aufbaut. Irrationale Zahlen können potentiell unendlich viele Nachkommastellen haben und sind damit natürlich *nicht* exakt in einem Digitalrechner nachbildbar. Man begnügt sich dann mit einer angenäherten Darstellung durch eine rationale Zahl.

Bei Handrechnungen sind wir es gewohnt, Dezimalzahlen mit einem Komma zu trennen. Beispiele hierfür sind die Zahlen 3,14159, -100,2 und 22,3 10^{-5}. Hier muss der Programmieranfänger gründlich umdenken. Denn in fast allen modernen Programmiersprachen wird statt des Kommas ein Punkt verwendet. Die oben genannten Zahlen werden in Python deshalb folgendermaßen geschrieben: 3.14159, -100.2 und 22.3e-5. Bei der Exponentialdarstellung von Dezimalzahlen (z.B. 22,3 10^{-5}) wird die Zahl aus zwei Teilen aufgebaut: der Mantisse (22,3) und dem Exponenten (-5) zur Basis 10.

Da der Ausdruck 10^{-5} in Programmiersprachen nicht direkt codiert werden kann, umschreibt man ihn durch die Notation e-5. Der Buchstabe e darf in diesem Zusammenhang nicht mit der Eulerzahl verwechselt werden! Er steht hier stellvertretend für die Zahl 10 (Basis des Exponenten). Statt eines Kleinbuchstabens kann auch ein Großbuchstabe verwendet werden: 22.3E-5.

Wegen der Verwendung eines Dezimalpunktes, werden diese Zahlen auch *Gleitpunktzahlen* genannt. In manchen Büchern findet man auch die Begriffe *Gleitkommazahl* oder *Fließkommazahl*. Dies ist aber nicht korrekt, da ja eben *kein* Komma Verwendung findet. In dem folgenden Code können Sie erkennen, dass die Zahl 3000,0 auf unterschiedlichste Art und Weise dargestellt werden kann.

```
# Mehrere Wege zur Darstellung der Zahl 3000,0
x1 = 3000.0
x2 = 3e+3
x3 = 3.0e3
x4 = 3E3
x5 = 3.e+3
print x1,x2,x3,x4,x5
```

Die Mantisse kann also auch als Ganzzahl geschrieben werden. Eine Null nach dem Dezimalpunkt kann entfallen. Ebenso das Pluszeichen in dem Exponenten. Zwischen Mantisse und Exponent darf kein Leerzeichen stehen. Und auch nicht vor dem Exponenten! Falls Sie versehentlich einmal ein Leerzeichen codieren, merkt dies IDLE sofort und markiert die fehlerhafte Stelle im Programm mit roter Farbe. Das Programm ist dann nicht ausführbar. Der Exponent muss eine ganze Zahl sein. Ein Ausdruck der Form 3.0e+3.0 ist also falsch und führt ebenfalls zu einer Fehlermeldung. Das folgende Programmfragment enthält einige Fehler. Welche?

```
# Erkennen Sie die Fehler? Korrigieren Sie diese!
x1 = 3000,0
x2 = 3 e+3
x3 = 3.0e 3
x4 = 3E3.0
print x1,x2,x3,x4
```

Da ist zunächst das etwas merkwürdige Verhalten von Python im Falle der Zuweisung x1 = 3000,0. Python erkennt dies nicht als Fehler, sondern weist der Variablen x1 ein so genanntes *Tupel* (siehe Kapitel 3.2) zu! Ein Tupel ist ein Verbund aus zwei Zahlen. Als Ergebnis enthält die Variable x1 die beiden Zahlen: 3000 *und* 0.

Auch bei Gleitpunktzahlen können wir den Objekttyp mittels der eingebauten Funktion type() ermitteln. Er heißt intern *float*.

```
>>> type(3000.0)
<type 'float'>
>>> type(3e3)
<type 'float'>
```

Mit der Funktion float(), deren Anwendung nachfolgend gezeigt wird, können andere Objekttypen (z.B. Ganzzahlen oder Strings) in Gleitpunktzahlen umgewandelt werden. Wichtig ist bei der Anwendung dieser Funktion, dass das übergebene Argument auch wirklich in eine Ganzzahl umgewandelt werden kann!

```
>>> float(235)
235.0
>>> float("235")
235.0
>>> float("235 Grad")

Traceback (most recent call last):
  File "<pyshell#4>", line 1, in <module>
    float("235 Grad")
ValueError: invalid literal for float(): 235 Grad

>>> float("0.754e-3")
0.000754
```

2.1.3 Komplexe Zahlen - Complex

Eine komplexe Zahl z kann als Zusammenfassung zweier reeller Zahlen a und b aufgefasst werden: z = a + bj. Dabei ist a der so genannte Realteil und b der so genannte Imaginärteil. Das Symbol j wird als imaginäre Einheit bezeichnet. Dabei gilt: j = $\sqrt{-1}$. Komplexe Zahlen sind in Python fest eingebaut. Das folgende Programmfragment zeigt, wie man komplexe Zahlen zuweist und anschließend ausgibt. Statt z1 = 3.0 – 5.0j kann auch mittels der Funktion *complex()* geschrieben werden: z1 = complex(3.0, -5.0). Als Ergebnis erhält man die gleiche komplexe Zahl.

```
# Komplexe Zahlen
z1 = 3.0 - 5.0j
z2 = complex(3.0,-5.0)
z3 = 3 - 5j
print z1, z2, z3
```

Wie bei Gleitpunktzahlen können wir die Null nach dem Dezimalpunkt (und auch den Dezimalpunkt) weglassen.

Die imaginäre Einheit j (oder J) muss unmittelbar nach der zweiten Zahl folgen. Es ist also unzulässig, ein Leerzeichen einzufügen. Auch die intuitive Schreibweise z = 2 + 3*j führt zu einem Fehler, weil Python dann die Zahl 3 mit einer (vordefinierten) Variablen j multiplizieren will. Für den Fall, dass diese Variable vorher verwendet wurde, wird diese Multiplikation dann auch ausgeführt! In dem folgenden Programmfragment ist genau ein Fehler enthalten. Finden und korrigieren Sie diesen!

```
# Komplexe Zahlen - Den Fehler suchen und finden!
j = 3.0 - 5.0j                    #1
k = complex(3.0,-5.0j)            #2
m = -2 - 4 j                      #3
print j, k, m
```

Die erste Zuweisung (Zeile #1) ist ungewöhnlich, aber nicht falsch. Dort wird einer Variablen j eine komplexe Zahl 3.0-5.0j zugewiesen. Der Buchstabe j tritt also doppelt auf: in Form eines Variablennamens und in Form der imaginären Einheit. Die zweite Zeile (#2) ist ebenfalls nicht falsch. Dort wird eine komplexe Zahl mittels der Funktion complex() erzeugt. Als Realteil wird die Zahl 3.0 und als Imaginärteil die Zahl -5.0j, die jedoch ebenfalls eine komplexe Zahl ist. Python wertet diese Funktion folgendermaßen aus: k = 3.0 + (-5.0j) j = 3.0 + 5.0 = 8.0. Bedenken Sie, dass j*j = -1 ist! Der Fehler findet sich in Form eines Leerzeichens in Zeile #3. Richtig muss es dort heißen: m = -2 - 4j.

Schließlich rufen wir wieder die Funktion type() auf:

```
# Komplexe Zahlen - Funktion type()
j = 3.0 - 5.0j                    #1
k = complex(3.0,-5.0j)            #2
m = -2 - 4j                       #3
print type(j), type(k), type(m)
```

Die Ausgabe dieses Programmfragments lautet:

```
<type 'complex'> <type 'complex'> <type 'complex'>
```

2.1.4 Zeichenketten - Strings

Zeichenketten hatten wir schon im ersten Kapitel kennen gelernt. Eine Zeichenkette wird entweder durch zwei obere Anführungszeichen (") oder durch zwei Apostrophe (') eingeschlossen. Zulässige Zuweisungen mit Strings sind also x = "Wuppertal" oder x = 'Wuppertal'. Ein häufiges Problem besteht darin, dass unsere Programme Texte ausgeben sollen, die ebenfalls Apostrophe oder Anführungszeichen enthalten können. Das kann dann dadurch realisiert werden, dass wir die beiden möglichen Begrenzungszeichen abwechseln lassen. In dem folgenden Beispiel wird auch gezeigt, wie man mit der Funktion type() den Typ eines Strings abfragen kann.

```
>>> x = "Der Programmierer sagte: 'Python ist ein tolles Werkzeug' "
>>> print x
Der Programmierer sagte: 'Python ist ein tolles Werkzeug'
>>>type(x)
<type 'str'>
```

Oder als Alternative: x= 'Der Programmierer sagte: "Python ist ein tolles Werkzeug" '.

Im ersten Kapitel war schon kurz gezeigt worden, dass Strings addiert (aneinander gehängt, engl. concatenation) werden können:

```
>>> x = "Python"
>>> y = "Programmierung"
>>> leer = " "
>>> z = x+y
>>> u = x+leer+y
>>> print z
PythonProgrammierung
>>> print u
Python Programmierung
```

Strings können also auch Leerzeichen enthalten, oder – wie oben gezeigt – auch nur aus Leerzeichen bestehen. Weiterhin können Strings auch mit ganzen Zahlen multipliziert werden. Bei der Multiplikation mit n wird der String dann n-mal wiederholt. Hier ein Beispiel:

```
>>> x = "Python"
>>> y = 5*x
>>> print y
PythonPythonPythonPythonPython
```

Hierfür gibt es sinnvolle Anwendungen. Viele Programmierer möchten Ausgaben auf dem Computerbildschirm in der folgenden Form erstellen:

```
------------------------------
 Hauptprogramm
------------------------------


------------------------------
 Programm-Ende
------------------------------
>>>
```

Die Überschriften sollen also durch Über- und Unterstriche aus Minuszeichen eingerahmt werden. Natürlich können diese Zeilen durch print-Anweisungen der Form

```
print "----------------------------------------"
```

erzeugt werden. Dies ist aber umständlich. Viel einfacher ist folgende Lösung:

```
anzahl_zeichen = 30
strich = anzahl_zeichen * "-"
print strich
print " Hauptprogramm"
print strich
```

```
print; print
print strich
print " Programm-Ende"
print strich
```

Falls die Anzahl der Minuszeichen pro Zeile im gesamten Programm verändert werden sollen, so kann dies in dieser Programmvariante ganz einfach durch die Veränderung der Variablen *anzahl_zeichen* geschehen.

Strings sind so genannte sequentielle Objekttypen. Das bedeutet, dass die Zeichen, die einen String bilden, gewissermaßen durchnummeriert sind. Die folgende Abbildung soll dies erläutern. Wir betrachten die Zeichenkette "Python".

P	y	t	h	o	n
0	1	2	3	4	5

Abbildung 2.1 Sequentielle Anordnung von Zeichen

Von links beginnend erhält jedes Zeichen einen Index. Das erste Zeichen hat den Index Null; das letzte Zeichen den Index 5. Der letzte Index ist immer um die Zahl 1 kleiner als die Länge der Zeichenkette. Diese interne Organisation der Zeichenketten wird nachfolgend eine wichtige Rolle spielen.

In dem folgenden Abschnitt sollen die wichtigsten Funktionen zum Arbeiten mit Zeichenketten vorgestellt werden.

len(s)
Diese Funktion ermittelt die Länge einer Zeichenkette s.

```
>>> x = "Python Programmierung"
>>> len(x)
21
```

str(o)
Die Funktion str() wandelt beliebige Objekte o in Zeichenketten um. Wir zeigen dies am Beispiel der Umwandlung einer Gleitpunktzahl.

```
>>> y = 120.45
>>> str(y)
'120.45'
```

unicode(s)
Diese Funktion wandelt eine Zeichenkette s in einen so genannten Unicode-String um. Unicode ist ein internationaler Zeichensatz, mit dem es möglich ist, alle bekannten Schriftzeichen und Symbole darzustellen. Mit den heute üblichen Zeichensätzen können nur regional begrenzte Schriftsysteme wiedergegeben werden (z.B. mitteleuropäische Zeichensätze). Einem Unicode-String wird zur Unterscheidung ein kleines u vorangestellt.

```
>>> x = "Python"
>>> unicode(x)
u'Python'
```

Neben den genannten Funktionen gibt es auch Methoden zur Behandlung von Zeichenketten. Methoden sind Funktionen, die im Zusammenhang mit einem bestimmten Objekt aufgerufen werden. Näheres hierzu im Abschnitt „Objektorientierte Programmierung“. Hier sind die wichtigsten Methoden für Strings:

s.count(z)
Die Methode count() stellt fest, wie oft die Zeichenkette z in der Zeichenkette s enthalten ist.

```
>>> x = "Hallo Hallo HalloHallo"
>>> x.count("Hallo")
4
```

s.encode()
Die Methode encode() wandelt eine Unicode-Zeichenkette in eine Standard-Zeichenkette um.

```
>>> x = "Python"
>>> y = unicode(x)
>>> print y
Python
>>> y
u'Python'
>>> y.encode()
'Python'
```

s.endswith(z), s.startswith(z)
Diese Methoden geben *True* (wahr) zurück, wenn die Zeichenkette s mit der Zeichenkette z endet, bzw. mit der Zeichenkette z beginnt. In dem folgenden Beispiel wird getestet, ob der String x mit "\n“ endet. Zur Erinnerung: diese Zeichenfolge erzeugt bei der Ausgabe des Strings eine neue Zeile („carriage return“). Wird dagegen darauf getestet, ob der String mit „on“ endet, so wird *False* (falsch) ausgegeben. Zuletzt wird getestet, ob der String x mit “Py“ beginnt.

```
>>> x = "Python\n"
>>> x.endswith("on")
False
>>> x.endswith("\n")
True
>>> x.startswith("Py")
True
```

s.find(z)
Die Methode find() sucht den String z in der Zeichenkette s. Wird er gefunden, so gibt diese Methode den Index des ersten Zeichens von z in s zurück. Diese Methode verwendet also die oben dargestellte, sequentielle Organisation der Zeichenketten.

Das folgende Beispiel sucht den Teilstring “mit“ in der Zeichenkette “Programmierung mit Python“.

```
>>> x = "Programmierung mit Python"
>>> x.find("mit")
15
```

s.replace(a,b,n)
Die Methode replace ersetzt den String a durch den String b in der Zeichenkette s. Dies geschieht n-mal (von links beginnend), wenn die Zeichenkette s den String a mehrmals enthält. Das nachfolgende Beispiel ersetzt das Wort „mit“ durch „mithilfe“.

```
>>> w = "Programmieren mit Python"
>>> w.replace("mit","mithilfe von")
'Programmieren mithilfe von Python'
>>> w
'Programmieren mit Python'
```

Wie man sieht, verändert die Funktion *replace()* die ursprüngliche Zeichenkette *nicht*, sondern erstellt eine *Kopie* derselben. Wenn eine dauerhafte Veränderung der ursprünglichen Zeichenkette gewünscht wird, muss das Ergebnis zugewiesen werden, wie das folgende Beispiel zeigt. In diesem Codeabschnitt wird gezeigt, wie ein Dezimalpunkt zu einem Komma umgesetzt wird. Dies geschieht nur zweimal (von links beginnend). Der dritte Dezimalpunkt bleibt erhalten.

```
>>> u = "12.55  -23.5  0.7"
>>> u = u.replace(".",",",2)
>>> u
'12,55  -23,5  0.7'
```

s.isalnum(), s.isalpha(), s.isdigit()
Diese drei Methoden sind sehr ähnlich. Wir wollen sie deshalb zusammen betrachten. Alle diese Methoden geben *True* (wahr) oder *False* (falsch) zurück. Mit isdigit() kann man testen, ob der Inhalt eines Strings nur aus Ziffern besteht. Enthält aber ein String einen Dezimalpunkt, dann gibt isdigit() *False* zurück. Mit isalpha() können wir testen, ob ein String nur Buchstaben enthält. Bei einem Gemisch aus Ziffern und Buchstaben gibt die Funktion isalnum() *True* zurück.

```
>>> x = "Python"
>>> y = "Python 3.0"
>>> z = "123"
>>> u = "100.45"
>>> v = "Python3000"
>>> z.isdigit()
True
>>> u.isdigit()
False
>>> x.isalpha()
True
```

```
>>> y.isalpha()
False
>>> y.isalnum()
False
>>> v.isalnum()
True
```

s.lower(), s.upper(), s.islower(), s.isupper()
Auch diese vier Methoden können zusammen behandelt werden. Mit lower() werden alle Zeichen in einem String in Kleinbuchstaben umgewandelt. Entsprechend gibt upper() die Zeichenkette in Großbuchstaben zurück. Die ergänzenden Methoden islower() und isupper() testen, ob Groß- oder Kleinbuchstaben vorliegen. Das Erproben dieser Methoden sei dem Leser überlassen.

s.split()
Die Methode split() erlaubt es, einen String in Einzelteile zu zerlegen. Hierzu muss als Parameter ein Zeichen angegeben werden, das als Trennzeichen die Teile der Zeichenkette voneinander trennt. Hierzu ein Beispiel: SVG ist ein Vektorgrafikformat für das Internet. In diesem Format kann eine Linie folgendermaßen definiert werden:

"M 100 100 L 150 100"

Dabei hat der Startpunkt die Koordinaten 100/100 und der Endpunkt ist 150/100. Das folgende Programmfragment extrahiert die Punktkoordinaten aus diesem String und gibt sie aus. Als Trennzeichen wird das Leerzeichen an die Methode split() übergeben. Als Ergebnis werden die sechs Teilstrings an die Variablen a,b,c,d,e und f zugewiesen. Die Variablen a und d enthalten demnach die Buchstaben "M" und "L" (nach dem Programmlauf können Sie diese Variablen in der Shell abfragen!).

```
x = "M 100 100 L 150 100"
a,b,c,d,e,f = x.split(" ")
b = int(b); c = int(c)
e = int(e); f = int(f)
print "Anfangspunkt: ", b,c
print "Endpunkt: ", e,f
```

raw_input()
Schließlich soll noch die Funktion raw_input() eingeführt werden. Sie kann ähnlich verwendet werden, wie die Funktion input(), die schon in Kapitel 1 gezeigt wurde. Diese Funktion gibt die Eingaben des Benutzers als Zeichenkette zurück. In dem folgenden Programm wird eine Zeichenkette vom Benutzer angefordert und anschließend deren Länge ermittelt.

```
# Zeichenkette mit raw_input() eingeben
zeichenkette = raw_input("Bitte Zeichenkette eingeben: ")
print
print "Ihre Eingabe war: ", zeichenkette
laenge = len(zeichenkette)
print
print "Ihre Eingabe bestand aus %d Zeichen" % laenge
```

Hier ist ein Beispiel für die Ausführung des Programms:

Bitte Zeichenkette eingeben: Hallo

Ihre Eingabe war: Hallo

Ihre Eingabe bestand aus 5 Zeichen

Aufgaben

Aufgabe 2.1.1
Schreiben Sie ein Python-Programm, das vom Benutzer eine Zeichenkette anfordert. Anschließend soll diese Zeichenkette zweifach ausgegeben werden: zunächst in Kleinbuchstaben und anschließend in Großbuchstaben.

Aufgabe 2.1.2
Schreiben Sie ein Python-Programm, welches vom Benutzer eine Zeichenkette anfordert. Anschließend soll ausgegeben werden, wie oft die eingegebene Zeichenkette den String „Python" enthält.

Aufgabe 2.1.3
Schreiben Sie ein Python-Programm, das vom Benutzer eine *geeignete* Zeichenkette anfordert. Anschließend soll das Programm die eingegebene Zeichenkette als Unicode-String, als Ganzzahl und als Gleitpunktzahl ausgeben.

Aufgabe 2.1.4
Schreiben Sie ein Python-Programm, das vom Benutzer eine Zeichenkette anfordert. Anschließend soll das Programm den String „Python" in der eingegebenen Zeichenkette suchen und die Position des Buchstabens „P" in diesem String ausgeben. Erläutern Sie die Funktionsweise des Programms durch eine grafische Darstellung der eingegebenen Zeichenkette, welche die sequentielle Anordnung der Zeichen im String darstellt.

Aufgabe 2.1.5
Es soll ein Programm erstellt werden, das zwei Zeichenketten einliest. Als Beispiel könnte „12" und „4589" dienen. Anschließend soll aus diesen Strings durch Anwendung geeigneter Funktionen eine Gleitpunktzahl erstellt werden, wobei der erste String die Stellen vor dem Dezimalpunkt und der zweite String die Stellen nach dem Dezimalpunkt bilden soll. In unserem Beispiel wäre das Ergebnis die Gleitpunktzahl 12.4589.

Aufgabe 2.1.6
Ein Programm soll zwei geeignete Strings einlesen, diese in Ganzzahlen umwandeln und anschließend daraus eine komplexe Zahl erstellen. Diese Zahl soll dann ausge-

geben werden. Bei der Eingabe von „12“ und „-3“ soll die komplexe Zahl 12-3j entstehen.

Aufgabe 2.1.7
Schreiben Sie ein Programm, das die Koordinaten des Anfangs- und des Endpunktes der SVG-Linie "M 270 113 L 135 113" ermittelt und anschließend diese Linie mithilfe der Turtle-Grafik zeichnet.

Aufgabe 2.1.8
Schreiben Sie die Zahlen 12,99 10^{23}, 0,775 10^{-7} und 122988,55 10^{-12} als Gleitpunktzahlen in Python und lassen Sie diese ausgeben.

Lösungen

Lösung 2.1.1
Nach dem Einlesen der Zeichenkette mit *raw_input()* verwenden wir die Methoden *lower()* und *upper()* zur Umwandlung in Klein- und Großbuchstaben.

```
zeichenkette = raw_input("Bitte String eingeben: ")
print "In Großbuchstaben: ", zeichenkette.upper()
print "In Kleinbuchstaben: ", zeichenkette.lower()
```

Programmlauf:

```
Bitte String eingeben: Wuppertal
In Großbuchstaben:  WUPPERTAL
In Kleinbuchstaben:  wuppertal
```

Lösung 2.1.2
Wir verwenden die Methode *count()*, um festzustellen, wie oft der Teilstring *Python* in der eingegeben Zeichenkette enthalten ist.

```
zeichenkette = raw_input("Bitte String eingeben: ")
anzahl = zeichenkette.count("Python")
print "Die Zeichenkette \'Python\' ist ",anzahl,"-fach enthalten"
```

Programmlauf:

```
Bitte String eingeben: Python ist eine Sprache und Python ist eine Schlange.
Die Zeichenkette 'Python' ist  2 -fach enthalten
```

Lösung 2.1.3
Wir verwenden die Funktionen *unicode(), int()* und *float* zur Umwandlung der eingegebenen Zeichenkette in andere Typen. Mittels der *type()*-Funktion vergewissern wir

uns, dass eine Typumwandlung stattgefunden hat. Auf dem Bildschirm sieht die Ausgabe fast gleich aus.

```
zeichenkette = raw_input("Bitte eine ganze Zahl eingeben:")
u = unicode(zeichenkette)
i = int(zeichenkette)
f = float(zeichenkette)
print u, type(u)
print i, type(i)
print f, type(f)
```

Programmlauf:

```
Bitte eine ganze Zahl eingeben:256
256 <type 'unicode'>
256 <type 'int'>
256.0 <type 'float'>
```

Lösung 2.1.4

Wir verwenden die Methode *find()*, um den Substring *Python* in der eingegebenen Zeichenkette aufzufinden. In dem nachfolgenden Beispiel ist das *P* das 24. Zeichen und hat damit den internen Index 23.

```
zeichenkette = raw_input("Bitte String eingeben: ")
position = zeichenkette.find("Python")
print "Die Position ist: ", position
```

Programmlauf:

```
Bitte String eingeben: Die Programmiersprache Python
Die Position ist:  23
```

Lösung 2.1.5

Nach der Eingabe zweier Zeichenketten werden diese zunächst in Gleitpunktzahlen gewandelt. Da die zweite Zeichenkette die Nachkommastellen repräsentieren soll, muss diese Zahl durch 10^n dividiert werden, wobei n der Anzahl der Ziffern dieser Zahl entspricht.

```
zahl1 = raw_input("Bitte eine Zahl eingeben: ")
zahl2 = raw_input("Bitte eine Zahl eingeben: ")
z1 = float(zahl1)
z2 = float(zahl2)
z3 = z2/10**len(zahl2)
ergebnis = z1+z3
print ergebnis
```

Programmlauf:

```
Bitte eine Zahl eingeben: 12
Bitte eine Zahl eingeben: 4589
12.4589
```

Lösung 2.1.6
Nach der Eingabe der Zeichenketten für Real- und Imaginärteil wird die Funktion complex() verwendet, um eine komplexe Zahl zu bilden.

```
real = raw_input("Bitte eine Zahl eingeben: ")
imag = raw_input("Bitte eine Zahl eingeben: ")
real = float(real)
imag = float(imag)
z = complex(real,imag)
print z
```

Programmlauf:

```
Bitte eine Zahl eingeben: 12
Bitte eine Zahl eingeben: -3
(12-3j)
```

Lösung 2.1.7
Wir verwenden die Methode *split()*, um die vorgegebene Zeichenkette an den Leerzeichen aufzuteilen. Die Koordinatenwerte werden anschließend in Ganzzahlen gewandelt. Der erste Punkt (x1,y1) wird mit angehobener Schildkröte (*penup()*) angefahren, damit kein Strich auf der Zeichenfläche erscheint. Anschließend wird die Schildkröte abgesenkt (*pendown()*) und der zweite Punkt angefahren. Dabei wird die Linie gezeichnet.

```
from turtle import *
Linie = "M 270 113 L 135 113"
s,x1,y1,s,x2,y2 = Linie.split(" ")
x1 = int(x1)
y1 = int(y1)
print x1,y1
x2 = int(x2)
y2 = int(y2)
print x2,y2
reset()
penup()
goto(x1,y1)
pendown()
goto(x2,y2)
```

Programmlauf:

```
270 113
135 113
```

Lösung 2.1.8
Bei der Ausgabe der Zahlen werden diese so dargestellt, dass eine Ziffer vor dem Dezimalpunkt erscheint. Die Exponenten werden entsprechend angepasst.

```
a = 12.99e+23
b = 0.775e-7
c = 122988.0e-12
print a
print b
print c
```

Programmlauf:

```
1.299e+24
7.75e-08
1.22988e-07
```

2.2 Operatoren und mathematische Standardfunktionen

In dem folgenden Abschnitt soll es im Wesentlichen um mathematische Berechnungen gehen. Python stellt uns – wie andere moderne Programmiersprachen auch – viele Standardfunktionen hierzu bereit.

2.2.1 Operatoren zur arithmetischen Berechnung

Die folgende Tabelle gibt einen Überblick über die wichtigsten in Python implementierten Operatoren für arithmetische Berechnungen.

Tabelle 2.1 Berechnungsoperatoren

Operator	Bedeutung	Beispiele
**	Potenzierung	-3**4 2**0.5
+ -	Positives und negatives Vorzeichen	+12.0 -7
* /	Multiplikation und Division	12.3*4 7/3
+ -	Addition und Subtraktion	12.3+4 7-3
%	Modulo-Operator (Ermittlung des Restes bei ganzzahliger Division)	7%3

Alle Operatoren können prinzipiell auf alle Zahlentypen angewendet werden. Werden Ausdrücke mit mehreren unterschiedlichen Operatoren gebildet, so muss deren Rangfolge bei der Auswertung berücksichtigt werden. Diese Rangfolge wird durch die Stellung des Operators in der Tabelle 2.1 wiedergegeben. Da die Multiplikation und Division über der Addition und Subtraktion stehen, entspricht dies der uns von Handrechnungen geläufigen Regel „Punkt vor Strichrechnung". Wenn die oben definierte Rangfolge beeinflusst werden soll, so kann dies durch das Setzen von Klammern geschehen. Der Potenzierungsoperator hat die höchste Priorität und steht deshalb in der ersten Tabellenzeile. Ausdrücke, die nur gleichrangige Operatoren enthalten, werden von links nach rechts ausgewertet. Nachfolgend einige weitere Beispiele zur Anwendung dieser Operatoren.

Tabelle 2.2 Anwendung der Berechnungsoperatoren

Ausdruck	Ergebnis	Kommentar
-2**4	-16	Potenzierung hat höchste Priorität
12/3/2	2	Wird von links nach rechts ausgewertet
12/(3/2)	12	3/2 ergibt 1 (Ganzzahldivision!)
6+4/2	8	Division geht vor Addition
(3-2j)**2	5-12j	Potenzierung auch auf komplexe Zahlen anwendbar
7%3	1	Der Modulo-Operator ermittelt den Rest bei ganzzahliger Division
5.2%1.4	1.0000000000000004	Der Modulo-Operator kann auch bei Gleitpunktzahlen eingesetzt werden
1/2	0	Es wird eine Ganzzahldivision durchgeführt.

Im ersten Kapitel wurde schon darauf hingewiesen, dass eine Ganzzahldivision durchgeführt wird, wenn beide Operanden ganze Zahlen sind. Deshalb ergibt sich für den Ausdruck 1/2 der Wert 0. Wird dagegen 1./2 berechnet, so ergibt sich die Gleitpunktzahl 0.5.

2.2.2 Mathematische Standardfunktionen

Grundlegende mathematische Funktionen, wie beispielsweise die Sinus- und Cosinusfunktion oder die Quadratwurzel sind in Python nicht eingebaut. Um diese Funktionen verwenden zu können, muss ein so genannter Modul eingebunden werden. Wir können uns einen solchen Modul als „Erweiterungspaket" vorstellen. Durch die Import-Anweisung werden die im Modul enthaltenen Funktionen ebenso wie dort definierte Konstanten im Programm bereitgestellt. Dieser Modul hat den Name *math*.

```
>>> from math import sin           # importiert die Sinusfunktion
>>> from math import cos, tan      # importiert cos() und tan()
>>> from math import e,pi          # importiert die Zahlen e und pi
>>> e
2.7182818284590451
>>> pi
```

```
3.1415926535897931
>>> from math import *          # importiert alle Name aus dem Modul math
```

Die nachfolgende Tabelle 2.3 enthält einige Funktionen, die durch den math-Modul bereitgestellt werden. Bei den trigonometrischen Funktionen ist zu beachten, dass das Argument im Bogenmaß (Radiant) eingegeben werden muss. Soll beispielsweise die Sinusfunktion für einen Winkel berechnet werden, so muss dieser zunächst ins Bogenmaß umgerechnet werden. Diese Umrechnung leistet eine ebenfalls in math enthaltene Funktion namens radians().

Wenn Sie umfassendere Informationen zu diesem (oder einem anderen Modul, wie z.B. turtle) haben wollen, so können Sie in der Python-Shell das Kommando help() eingeben. Das Hilfesystem meldet sich dann mit einer eigenen Eingabeaufforderung. Anschließend können Sie den Namen des Moduls eingeben, für den Sie Informationen haben möchten.

```
>>> help()

Welcome to Python 2.6!  This is the online help utility.

help> math
```

Die Beschreibungen zu einem kompletten Modul (hier: math) können sehr umfangreich sein. Deshalb gibt es eine verkürzte Form bei der man allerdings den Namen der Funktion wissen muss, deren Beschreibung man sucht.

```
>>> help(radians)
Help on built-in function radians in module math:
radians(...)

    radians(x)
    Convert angle x from degrees to radians.
```

Neben den in Tabelle 2.3 aufgelisteten Funktionen gibt es im Modul math weitere Funktionen, die aber im Rahmen dieser Einführung nicht beschrieben werden.

Tabelle 2.3 Mathematische Funktionen (Modul math)

Funktionsname	Bedeutung	Kommentar
sin(x)	Sinus	x muss im Bogenmaß angegeben werden.
cos(x)	Cosinus	x muss im Bogenmaß angegeben werden.
tan(x)	Tangens	x muss im Bogenmaß angegeben werden.
asin(x)	Arcussinus	-1 <= x <= 1
acos(x)	Arcuscosinus	-1 <= x <= 1
atan(x)	Arcustangens	
atan2(x,y)	Arcustangens von x/y	

sinh(x)	Sinushyperbolicus	
cosh(x)	Cosinushyperbolicus	
tanh(x)	Tangenshyperbolicus	
exp(x)	Eulersche Funktion	
log(x)	Natürlicher Logarithmus	x>0
log10(x)	Logarithmus zur Basis 10	
pow(x,y)	Potenzierung (wie x**y)	
radians(x)	Bogenmaß eines Winkels	
sqrt(x)	Quadratwurzel	x>=0

Die hier besprochenen Funktionen verlangen Argumente, welche Gleitpunktzahlen (rationale Zahlen) sein müssen. Komplexe Zahlen können damit *nicht* verarbeitet werden. Hierfür steht ein eigener Erweiterungsmodul namens *cmath* bereit. Das folgende Codefragment zeigt, wie die Quadratwurzel aus einer *komplexen Zahl* berechnet wird.

```
>>> from cmath import sqrt
>>> x = 2 + 3j
>>> y = sqrt(x)
>>> print y
(1.67414922804+0.89597747613j)
>>> print y**2
(2+3j)
```

Eine der Grundaufgaben der wissenschaftlichen Programmierung besteht darin, Formeln und mathematische Ausdrücke in Programmcodes zu übersetzen. Nachfolgend werden hierzu drei Beispiele gegeben (Tabelle 2.4). Buchstaben des griechischen Alphabets müssen dabei als Worte umschrieben werden (omega statt ω), weil sie nicht direkt in Python codiert werden können.

Tabelle 2.4 Beispiele für die Darstellung mathematischer Ausdrücke in Python

Mathematische Schreibweise	**Schreibweise in Python**
$y = e^{-at} \sin(\omega * t)$	y = exp(-a*t) * sin(omega*t)
$y = \sqrt[3]{1+x^4}$	y = pow(1+x**4,1./3.)
$y = \frac{1+\sin(x^2)}{2+e^{-2x}}$	y = (1+sin(x**2))/(2+exp(-2*x))

Aufgaben

Aufgabe 2.2.1
Schreiben Sie die folgenden mathematischen Ausdrücke in Python-Code.

a) y = $\frac{a^2}{4}\sqrt{25+10\sqrt{5}}$

b) y = $\frac{b^5}{c}\ln(\frac{1+x}{1-x})$

c) y = $\frac{1}{2\pi\sqrt{1-x^2}}$

d) y = $\ln(\frac{\sqrt[3]{x}}{1+x})$

e) y = $\frac{1+e^{-t}}{t^3}$

f) y = $1+\sin^2(\alpha t^3)$

g) y = $\sqrt{\sinh(x)+\cosh(z)}$

h) z = $\arctan(\frac{x}{y})$

Aufgabe 2.2.2
Eine Firma hat 72344 Schrauben auf Lager. Für jede produzierte Maschine werden 54 Schrauben benötigt. Wie viele Maschinen können mithilfe dieses Lagerbestands produziert werden? Wie viele Schrauben bleiben übrig?

Aufgabe 2.2.3
Berechnen Sie den Wert der folgenden komplexen Ausdrücke durch Programmierung in Python.

a) y = $\left|\frac{1-4j}{4+3j}\right|$

b) y = $\sqrt{2-3j}$

Lösungen

Lösung 2.2.1
Bei den folgenden Lösungen wurde unterstellt, dass die mathematischen Funktionen und Konstanten importiert wurden (z.B. mit *from math import* *).

a) y = a**2/4*sqrt(25+10*sqrt(5))

b) y = b**5/c*log((1+x)/(1-x))

c) y = 1/(2*pi*sqrt(1-x**2))

d) y = log (pow(x,1./3)/(1+x))

e) y = (1+exp(-t))/t**3

f) y = 1+sin(alpha*t**3)**2

g) y = sqrt(sinh(x)+cosh(z))

h) z = atan(x/y)
oder z = atan2(x,y)

Erklären Sie den Unterschied zwischen den beiden Lösungsmöglichkeiten bei Version h: welchen Vorteil bietet die Anwendung der Funktion *atan2()*?

Lösung 2.2.2
Zur Lösung nutzen wir die Tatsache aus, dass der Operator / eine Ganzzahl-Division durchführt, wenn die Operanden beide ganzzahlig sind. Der Divisionsrest kann mit dem Modulo-Operator % ermittelt werden:

```
Lagerbestand = 72344
ZahlProMaschine = 54
print "Zahl der produzierenden Maschinen: ", Lagerbestand/ZahlProMaschine
print "Übrig bleibende Schrauben: ", Lagerbestand%ZahlProMaschine
```

Lösung 2.2.3
Zur Lösung dieser Aufgabe wird die Funktion *sqrt()* für komplexe Zahlen benötigt. Wir importieren diese zunächst aus dem cmath-Modul.

```
from cmath import sqrt
y1 = (1-4j)/(4+3j)
print y1
y2 = sqrt(2-3j)
print y2
```

2.3 Variablen und Zuweisungen

Variablen und Zuweisungen wurden schon im ersten Kapitel verwendet und diskutiert. Dort wurden auch schon kurz die Regeln vorgestellt, die bei der Bildung von Namen für Variablen eingehalten werden müssen (Kap. 1.4.6).

Namen für Variablen (Bezeichner) können aus Buchstaben A bis Z, a bis z, Ziffern (0..9) und einem einzigen Sonderzeichen bestehen. Dieses Sonderzeichen ist der Unterstrich „_“ (engl. underscore). Da auch Leerzeichen nicht verwendet werden dürfen, kann mit dem Unterstrich eine optische Trennung von Worten vorgenommen werden (Beispiel: Anzahl_Werte)

Das erste Zeichen in einem Variablennamen darf *keine Ziffer* sein. Ein Unterstrich ist allerdings als erstes Zeichen erlaubt. Beispiele für zulässige Variablennamen sind *_Anzahl* oder *__Anzahl*. Streng genommen darf ein Variablenname auch *nur* aus Unterstrichen bestehen. Dies ist in dem nachfolgenden Codefragment dargestellt.

```
>>> _ = 5
>>> __ = 3
>>> ___ = __ + _
>>> print ___
8
```

Natürlich sind Programme mit solchen Bezeichnern nur sehr schwer verständlich. Allerdings verwenden viele Programmierer ein oder zwei vorangestellte Unterstriche, um bestimmte Arten von Variablen zu kennzeichnen. Mehr hierzu im Abschnitt über objektorientierte Programmierung.

Weiterhin dürfen deutsche Umlaute (Ä,ä,Ö,ö usw.) *nicht* verwendet werden. Diese können innerhalb von Zeichenketten vorkommen, die z.B. mit print auf dem Bildschirm ausgegeben werden. Aber innerhalb eines Bezeichners führen sie zu einem Fehler. Auch wird zwischen Groß- und Kleinschreibung unterschieden. Beispielsweise handelt es sich bei den drei Namen *datum, DATUM* und *Datum* um unterschiedliche Variablennamen, die aber durchaus zusammen in einem Programm auftreten könnten.

Variablennamen dürfen zusätzlich *nicht* mit den reservierten Worten der Programmiersprache Python übereinstimmen. Diese Schlüsselworte sind in der nachfolgenden Tabelle 2.5 wiedergegeben. Stellt man jedoch ein weiteres Zeichen vor ein solches Schlüsselwort (z.B. _for), so ist dieser Name zulässig, ebenso wenn ein Schlüsselwort groß oder teilweise groß geschrieben wird (For, FOR). Tabelle 2.6 zeigt einige Beispiele für richtige und falsche Namen von Variablen.

Tabelle 2.5 Reservierte Worte der Programmiersprache Python

and	**assert**	**break**	**class**
continue	**def**	**del**	**elif**
else	**except**	**exec**	**finally**
for	**from**	**global**	**if**
import	**in**	**is**	**lambda**
not	**or**	**pass**	**print**
raise	**return**	**try**	**while**
with*			

Tabelle 2.6 Beispiele für richtige und falsche Variablennamen

Variablenname	**Kommentar**
5vorZwölf	Falsch! Der Name beginnt mit einer Ziffer und enthält einen Umlaut.
Wagen.Der4ma	Falsch! Punkte sind nicht zulässig.
_4711	Richtig! Der Name beginnt mit einem Unterstrich. Buchstaben müssen nicht enthalten sein.
Ich und Du	Falsch! Leerzeichen sind nicht möglich.
noreturn	Richtig! Das Wort *return* ist zwar ein reserviertes Wort in Python; jedoch werden zwei ergänzende Zeichen davor gesetzt.
Pass	Richtig! Das reservierte Wort *pass* in Python wird klein geschrieben!

Eine der häufigsten Anweisungen in Computerprogrammen (nicht nur in Pythonprogrammen) ist die so genannte *Zuweisung*. Hier sind drei einfache Beispiele:

```
>>>startwert = 102
>>>Gesamt_Betrag = 1043.56
>>>Stadt = "Wuppertal"
```

Durch eine solche Zuweisung wird ein Name einer Konstanten bzw. einem Datenwert zugeordnet. In dem oben stehenden Beispiel wird z.B. der Variablen *Startwert* die Ganzzahl 102 zugeordnet. In der Folge kann der Name stellvertretend für diese Zahl verwendet werden. Wir können mit diesem Namen andere Ausdrücke aufbauen. Immer wenn dieser Name verwendet wird, steht er stellvertretend für die *zuletzt* zugewiesene Konstante.

Im gleichen Sinn steht der Name *Stadt* stellvertretend für „Wuppertal" und die Variable *Gesamt_Betrag* benennt die Gleitpunktzahl 1043.56. Wir können diese Variablen nun in Ausdrücken verwenden. Zum Beispiel ergibt die Zuweisung

```
>>>Ergebnis = Gesamt_Betrag + startwert
```

den Wert 1145.56. Unsinnig ist dagegen der folgende Ausdruck, denn ein Name kann nicht zu einer Zahl hinzuaddiert werden.

```
>>> Ergebnis = Stadt + startwert

Traceback (most recent call last):
  File "<pyshell#4>", line 1, in <module>
    Ergebnis = Stadt + startwert
TypeError: cannot concatenate 'str' and 'int' objects
```

Anschaulich können wir uns eine Variable als Behälter vorstellen, in dem die Daten (Ganzzahlen, Gleitpunktzahlen, Zeichenketten und andere) abgelegt werden. Wird der Name später in einer anderen Anweisung verwendet, so wird er dort durch seinen Datenwert ersetzt.

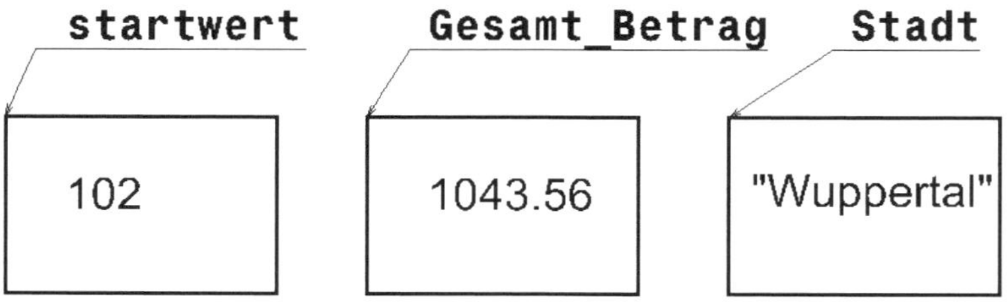

Die Bindung von Daten an Namen ist zeitabhängig. Betrachten wir den folgenden Programmabschnitt

```
startwert = 102
print startwert
startwert = 1043.56
print startwert
startwert = "Wuppertal"
print startwert
```

so ergibt sich als Ausgabe

```
102
1043.56
Wuppertal
```

Wie wir sehen, kann ein und dieselbe Variable ganz unterschiedliche Datentypen aufnehmen. Allerdings kann zu jedem Zeitpunkt nur ein ganz bestimmter Datentyp an den Namen gebunden sein. Eine Variable, die zunächst einen Namen aufgenommen hatte, kann zu einem anderen Zeitpunkt eine Ganzzahl oder eine Gleitpunktzahl an sich binden.

Merke

Python ist eine so genannte *deklarationsfreie Sprache*. Dies bedeutet, dass die in dieser Sprache erzeugten Variablen bzw. Namen ganz unterschiedliche Datentypen an sich binden können. Dies ist in vielen Programmiersprachen anders: dort müssen Variablen deklariert werden und können zumeist nur *einen ganz bestimmten* Datentyp aufnehmen.

Auf der linken Seite einer Zuweisung muss immer ein Variablenname stehen. Häufige Anfängerfehler sind beispielsweise:

```
102 = startwert                     # Fehler!
Stadt + startwert = Ergebnis        # Fehler!
```

Probieren Sie es aus! Das Gleichheitszeichen legt dem Programmieranfänger oft eine Ähnlichkeit zu mathematischen Gleichungen nahe. In der Mathematik ist es im Allgemeinen egal, ob startwert = 102 oder 102 = startwert geschrieben wird, wenn man diese Ausdrücke als Gleichungen interpretiert. Handelt es sich jedoch um Zuweisungen, dann bedeutet das Gleichheitszeichen etwas anderes. Ein Ausdruck der Form startwert = 102 wird so interpretiert, dass der Variablen „startwert“ der Zahlenwert 102 zugeordnet wird. Aus diesem Grund spricht man in der Programmierung bei solchen Ausdrücken vom Zuweisungsoperator „=“ statt vom Gleichheitszeichen.

Merke

Bei Zuweisungen bedeutet das Gleichheitszeichen den Zuweisungsoperator. Auf der linken Seite einer Zuweisung muss *unbedingt* ein Name bzw. eine Variable stehen. Die rechte Seite der Zuweisung kann dagegen komplexer aufgebaut sein.

Ein und derselbe Variablenname kann sowohl auf der linken als auch auf der rechten Seite einer Zuweisung auftreten. Hierzu ein Beispiel:

```
Summe = 20.0
Zahl = 35.0
print Summe
Summe = Summe + Zahl        # 1
print  Summe
```

Vor der Zeile #1 ist der Wert der Variablen *Summe* gleich 20.0. Die Anweisung *Summe = Summe + Zahl* wird folgendermaßen ausgewertet. Zunächst wird der Zahlenwert der rechten Seite der Zuweisung berechnet. Dies geschieht mit den aktuellen Werten der beiden Variablen. Da *Summe* den *Wert* 20.0 und Zahl den Wert 35.0 hat, ergibt sich als Summe 55.0. Dieser Wert wird dann im nächsten Schritt der Variablen *Summe* zugewiesen, so dass diese nach der Zeile #1 den Wert 55.0 hat. Der Wert 20.0 ist damit „verloren". Er wurde gewissermaßen durch das Ergebnis 55.0 überschrieben. Auf den Wert 20.0 kann im Programm damit nicht mehr zugegriffen werden!

Merke

Zuweisungen werden so ausgewertet, dass in einem ersten Schritt der Wert der rechten Seite ermittelt wird. Dieser Wert wird dann in einem zweiten Schritt an die Variable auf der linken Seite der Zuweisung gebunden.

Aus diesem Grund sind Zuweisungen, bei denen ein Name auf der linken, wie auch auf der rechten Seite vorkommt, keinesfalls unüblich. Statistische Auswertungen von Computerprogrammen haben ergeben, dass Zuweisungen der Form

```
i = i +1
Anzahl_Werte = Anzahl_Werte + 12
```

sogar sehr häufig sind und zu den am meisten programmierten Anweisungen gehören. Als mathematische Gleichung betrachtet wären solche Ausdrücke völlig sinnlos! Nach der Subtraktion des Symbols i auf beiden Seiten der ersten Gleichung bliebe die Gleichung 0=1 übrig, also eine falsche Aussage.

Die Wirkung der ersten oben stehenden Zuweisung ist folgende: der aktuelle Wert von i wird um die Zahl 1 erhöht und das Ergebnis anschließend wieder an den Namen i gebunden. In anderen Worten: der Wert von i wird um 1 erhöht („hochzählen"). Bei der zweiten Zuweisung wird der aktuelle Wert der Variablen *Anzahl_Werte* um 12 erhöht.

Wegen der Häufigkeit solcher Zuweisungen wurden spezielle – so genannte *kombinierte* - Zuweisungsoperatoren (Tabelle 2.7) eingeführt, mit denen die Schreibweise deutlich verkürzt werden kann. Die oben stehenden Zuweisungen schreibt man dann in der Form

```
i += 1
Anzahl_Werte += 12
```

Insbesondere bei längeren Variablennamen spart man dann viel Schreibarbeit.

Tabelle 2.7 Kombinierte Zuweisungsoperatoren

Zuweisungsoperator	Beispiel	Abkürzung für
+=	i += 1	i = i + 1
-=	i -= 1	i = i - 1
*=	i *= 3	i = i * 3
/=	i /= 3	i = i / 3
%=	i %= 3	i = i % 3
**=	i **= 3	i = i ** 3

Beachten Sie, dass auch bei dem speziellen Zuweisungsoperator /= die Problematik der Ganzzahldivision berücksichtigt werden muss, wenn die Variable eine ganze Zahl (integer) ist.

Zur Vertiefung soll der nachfolgende Code betrachtet werden.

```
>>> B = 2                   # Nach dieser Zuweisung enthält B die Zahl 2
>>> B = B + 1               # Zum aktuellen Wert von B wurde eine 1 addiert
>>> B = B * B + 2 * B + 4   # Der Wert 3 wird jetzt verwendet, um die rechte
>>> B                       # Seite der Zuweisung zu berechnen.
19
```

Der Wert einer Variablen kann sich also von Zeile zu Zeile ändern.

2.4 Funktionen

Funktionen dienen dazu, komplexe Programme bzw. Problemstellungen in kleinere Einheiten zu zerlegen. Jede solche Einheit (Funktion) löst ein Teilproblem der gesamten Aufgabenstellung. Programmieranfänger dürfen diesen Begriff nicht mit dem vergleichbaren Begriff in der Mathematik verwechseln. Zwar kann eine Funktion in Python dazu benutzt werden, eine mathematische Funktion darzustellen, jedoch ist der Funktionsbegriff in der Programmierung viel umfassender.

Eine Funktion kann beispielsweise die Aufgabe haben, Daten aus einer Datenbank abzurufen. Eine andere Funktion könnte beispielsweise aus vorgegebenen Daten (Eingaben) ein XY-Diagramm erzeugen. In diesem Abschnitt werden nur die Grundlagen der Funktionen dargestellt. In Kapitel 3 wird dieses Thema dann weiter geführt.

2.4.1 Funktionen mit Rückgabewert

Beim Erstellen umfangreicher Computerprogramme kommt es immer wieder vor, dass ein Teilproblem mehrfach gelöst werden muss. Als einführendes Beispiel sei der Abstand zweier Punkte in der Ebene genannt. Die folgende Skizze zeigt zwei Punkte und ihren Abstand *dist*, der mittels des Satzes von Pythagoras berechnet werden kann.

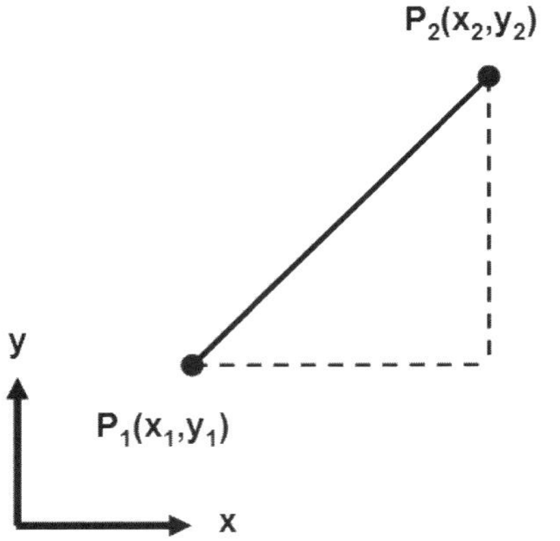

$$dist = \sqrt{(x_1 - x_2)^2 + (y_1 - y_2)^2}$$

In einem Zeichenprogramm wird die Berechnung dieses Abstandes evtl. mehrere hundertmal benötigt. Deshalb müsste der Programmierer die oben angegebene Formel immer wieder neu hinschreiben. Dies ist mühevoll und zusätzlich wächst auch die Gefahr von Schreibfehlern. Es stellt sich die Frage, ob es nicht möglich ist, den Abstand nur einmal zu programmieren und diesen Code nur noch dann aufzurufen, wenn er gebraucht wird. Dies ist die Grundidee von Funktionen in Python. Andere Programmiersprachen unterstützen das gleiche Konzept, nennen solche in sich abgeschlossenen „Unterprogramme" auch Prozeduren (Pascal) oder Subroutines (Fortran). Eine Funktion umschließt also einen bestimmten Programmcode und führt diesen dann aus, wenn sie durch Nennung ihres Namens aufgerufen wird. In dem folgenden Programm zur Abstandsberechnung wird dies gezeigt.

Zunächst wird die Quadratwurzel (#1) aus dem Modul math importiert. Anschließend wird die Funktion definiert. Eine Funktion muss definiert (erklärt) werden, *bevor* sie im Programm aufgerufen bzw. verwendet wird. Deshalb stehen Funktionsdefinitionen zumeist am Programmanfang (#2).

```
# Abstand zweier Punkte in der Ebene

from math import sqrt                          #1

def dist(xa,ya,xb,yb):                         #2
    """dist - Berechnet den Abstand             #9
    zweier Punkte. Übergabeparameter
    sind xa,ya (erster Punkt) und xb,yb
    (zweiter Punkt)"""
    abstand = sqrt((xa-xb)**2+(ya-yb)**2)      #3
    return abstand                             #4

# Punkt 1                                      #5
x1 = 0.0; y1 = 0.0
# Punkt 2
x2 = 10.0; y2 = 10.0
```

```
# Punkt 3
x3 = 0.0; y3 = 10.0

# Abstand von Punkt 1 und Punkt 2
ap1p2 = dist(x1,y1,x2,y2)    #6
print "Der Abstand zwischen Punkt 1 und Punkt 2 ist ", ap1p2

# Abstand von Punkt 2 und Punkt 3
ap2p3 = dist(x3,y3,x2,y2)    #7
print "Der Abstand zwischen Punkt 3 und Punkt 2 ist ", ap2p3

# Abstand von Punkt 1 und Punkt 3
ap1p3= dist(x1,y1,x3,y3)    #8
print "Der Abstand zwischen Punkt 1 und Punkt 3 ist ", ap1p3
```

Die Funktion wird mit dem Schlüsselwort *def* erklärt. Danach wird der Funktionsname angegeben, der gewissermaßen als Abkürzung für den folgenden Programmcode verwendet werden kann. Dieser Name wird nach den gleichen Regeln gebildet, wie Namen für Variable. Dahinter folgen - in runden Klammern angegeben – die so genannten Übergabeparameter (kurz Parameter) der Funktion. Dies sind die Eingabeparameter, welche die Funktion auszuwerten hat. Ein Doppelpunkt schließt diese erste Zeile der Funktionsdefinition ab. Darauf kann (#9) ein Kommentar folgen, der mit dreifachen Anführungszeichen beginnt und endet. Darauf wird später eingegangen.

Im Folgenden können beliebig viele Zeilen Programmcode folgen (#9, #3 und #4). Wichtig ist dabei, dass der gesamte Code, der zu der Funktion gehören soll, eingerückt dargestellt wird (engl. indentation). Jede zur Funktion gehörende Zeile muss die gleiche Zahl von eingerückten Zeichen aufweisen. Daraus erklärt sich schon, dass man auf keinen Fall die Einrückung von Hand durch Drücken der Leertaste erzeugen sollte. Es besteht die Gefahr sich zu verzählen. Und solche Fehler sind dann oft nur schwer zu finden. Besser ist es, die Tabulatortaste zur Einrückung zu verwenden. IDLE bietet bei der Eingabe den Komfort, die Einrückung automatisch vorzunehmen, wenn eine Funktion erklärt wird. Weiterhin findet man im Menü von IDLE den Eintrag *Format -> Indent Region* (bzw. *Dedent Region*), mit dem ein kompletter Codeblock, der vorab mit dem Cursor markiert wurde, eingerückt bzw. ausgerückt werden kann.

Innerhalb der Funktion dist() wird der Abstand der Punkte berechnet. Dabei wird der erste Punkt durch xa/ya repräsentiert. Der zweite Punkt hat die Koordinaten xb/yb. Diese Koordinaten werden der Funktion dist() als Eingaben (Übergabeparameter) zugeleitet (#2). Anschließend wird der berechnete Wert durch das Schlüsselwort *return* als Ergebnis zurückgegeben. Die Wirkungsweise der Funktion kann deshalb gut durch das folgende Blockdiagramm wiedergegeben werden. Die Übergabeparameter bilden die *Eingabe* und der Abstand bildet die *Ausgabe* der Funktion. Mit der Rückgabe des Abstandes durch *return* ist die Funktion beendet (#4).

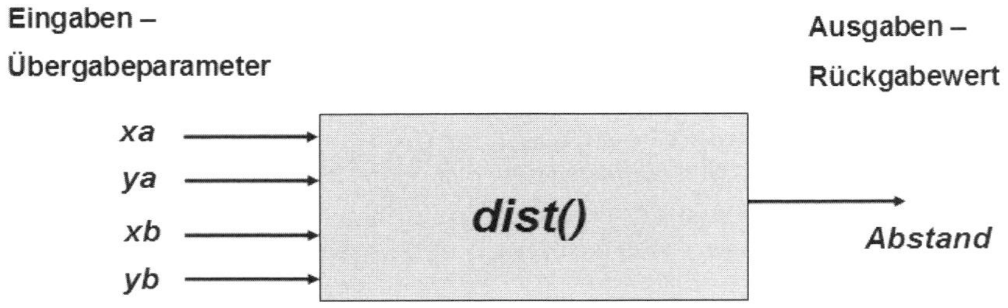

Nachfolgend (#5) beginnt das Hauptprogramm. Dort werden zunächst drei Punkte erklärt. Anschließend wird die gerade definierte Funktion dreimal aufgerufen (#6,#7,#8) und ausgewertet. Die Ausgabe des Programms ist nachfolgend wiedergegeben.

```
>>>
Der Abstand zwischen Punkt 1 und Punkt 2 ist  14.1421356237
Der Abstand zwischen Punkt 3 und Punkt 2 ist  10.0
Der Abstand zwischen Punkt 1 und Punkt 3 ist  10.0
>>>
```

Eine einmal geschriebene und gründlich getestete Funktion kann auch in beliebige andere Programme übertragen werden und läuft dann ohne weitere Anpassungen korrekt ab. Aus dieser Wiederverwendung ergibt sich eine erhebliche Produktivitätssteigerung bei der Programmierung.

Abschließend noch ein Wort zu dem Kommentar, der in den ersten Zeilen der Funktion erstellt wurde (#9). Nach dem Programmlauf können wir die Funktion *help()* folgendermaßen aufrufen:

```
>>>
>>> help(dist)
Help on function dist in module __main__:

dist(xa, ya, xb, yb)
    dist - Berechnet den Abstand
    zweier Punkte. Übergabeparameter
    sind xa,ya (erster Punkt) und xb,yb
    (zweiter Punkt)

>>>
```

Wie wir sehen, können wir damit einem Benutzer, der die Funktion *vorher noch nie* angewendet hat, Hinweise geben, wie sie anzuwenden ist. Dies spielt dann eine Rolle, wenn wir selbst geschriebene Funktionen in so genannte Module gruppieren und dann an andere interessierte Anwender weiter geben. Aus den so erstellten Kommentaren kann weiterhin eine Dokumentation automatisch erstellt werden.

2.4.2 Funktionen ohne Rückgabewert

Es erscheint zunächst unsinnig, dass es Funktionen gibt, die zwar eine Eingabe (Übergabeparameter) haben, aber *keine* Rückgabewerte (Ausgaben) an das aufrufende Programm zurückgeben. Ein typisches Beispiel soll nachfolgend dargestellt werden. Es handelt sich um eine Funktion zur Ausgabe von Werten auf dem Bildschirm. Das folgende Programm verwendet zunächst *keine* Funktion. Es berechnet Umfang und Fläche eines Kreises und eines Rechtecks.

```
# Berechnung von Flaeche und Umfang Version 1
from math import pi

# Kreis
Radius = 10.0
Umfang = 2*pi*Radius
Flaeche = pi*Radius**2
print "Die Flaeche ist %8.2f" % Flaeche        #1
print "Der Umfang ist %8.2f" % Umfang          #2
print                                          #3

# Rechteck
Hoehe = 10.0
Breite = 50.0
Umfang = 2*(Hoehe+Breite)
Flaeche = Breite*Hoehe
print "Die Flaeche ist %8.2f" % Flaeche        #1
print "Der Umfang ist %8.2f" % Umfang          #2
print                                          #3
```

Es fällt auf, dass jeweils drei print-Anweisungen (#1, #2, #3) völlig identisch sind. Wenn das Programm um weitere geometrische Figuren erweitert werden soll (z.B. Ellipse, Oval, Dreieck etc.), dann müssen diese Zeilen nochmals wiederholt werden. Das folgende Programm verwendet dagegen eine Funktion namens *ausgabe()*, um die Ausgabe abzukürzen (siehe die Markierung #1 in den folgenden Zeilen).

```
# Berechnung von Flaeche und Umfang Version 2
from math import pi

def ausgabe(U, F):                             #1
    print "Die Flaeche ist %8.2f" % F
    print "Der Umfang ist %8.2f" % U
    print

# Kreis
Radius = 10.0
Umfang = 2*pi*Radius
Flaeche = pi*Radius**2
ausgabe(Umfang, Flaeche)                       #2
```

```
# Rechteck
Hoehe = 10.0
Breite = 50.0
Umfang = 2*(Hoehe+Breite)
Flaeche = Breite*Hoehe
ausgabe(Umfang, Flaeche)                    #3
```

Zunächst wird die Funktion definiert (#1), damit sie später aufgerufen (initialisiert) werden kann. Dies geschieht mit dem Schlüsselwort *def*. Der vom Programmierer erfundene Name für diese Funktion ist *ausgabe()*. Um zu zeigen, dass ein Name eine Funktion und *keine* Variable meint, werden zwei runde Klammern () angehängt. In diesen Klammern sind die Übergabeparameter U (für Umfang) und F (für Fläche) aufgelistet. Der folgende Programmcode, der ausgeführt wird, wenn die Funktion aufgerufen wird, ist eingerückt. Damit wird ausgedrückt, dass diese Zeilen zur Funktion *ausgabe()* gehören. Nachdem die Funktion definiert wurde, kann diese verwendet, d.h. aufgerufen werden (#2, #3). Beim Aufruf der Funktion können andere Variablennamen als in der Definition verwendet werden. Es kommt nur auf deren Typ und die Reihenfolge an. Wenn bei der Funktionsdefinition die Variable U an erster Stelle steht und dann als Umfang ausgegeben wird, so muss beim Funktionsaufruf ebenfalls die erste übergebene Variable dem Umfang entsprechen. Die Variablen müssen aber nicht gleich heißen!

Bei diesem Beispiel fällt auf, dass die return-Anweisung fehlt. Diese Anweisung dient dazu, einen berechneten Wert an das aufrufende Programm zurückzugeben. Da jedoch die oben dargestellte Funktion nichts berechnet, sondern lediglich Zahlenwerte im Ausgabefenster darstellt, ist *return* überflüssig. Im Gegensatz zum Beispiel des Kapitels 2.4.1 beobachten wir auch einen Unterschied im Aufruf der Funktion. Sie wird hier einfach durch Namensnennung in einer Zeile aufgerufen. Beim letzten Beispiel wurde der Aufruf innerhalb eines Zuweisungsausdrucks vorgenommen (z.B. ap1p3=dist(x1,y1,x3,y3)), weil die Funktion dist() einen Wert zurückgibt. Dieser muss im Hauptprogramm „aufgefangen“ werden, in dem er einer Variablen (hier ap1p3) zugewiesen wird.

Aufgaben

Aufgabe 2.4.1
Erstellen und testen Sie eine Funktion namens *Rechteck()*, die Rechtecke mithilfe der Turtle-Grafik zeichnet. Die Funktion soll folgendermaßen definiert werden:

```
def Rechteck(xa, ya, breite, hoehe):
```

Die Variablen xa und ya definieren hierbei den linken unteren Eckpunkt des Rechtecks. Die Breite und Höhe des Rechtecks wird durch die Variablen breite und hoehe festgelegt. *Hinweis:* Um die Schildkröte in den Punkt xa/ya zu bringen, kann die Funktion *goto(x,y)* verwendet werden. Hierbei ist zu beachten, dass der Zeichenstift mit *penup()* angehoben werden muss, wenn die Schildkröte zu diesem Punkt bewegt wird (siehe Kapitel 1.4.8). Die folgende Abbildung zeigt auf der linken Seite drei Aufrufe dieser Funktion sowie die Grafik, die dadurch erzeugt wird.

```
reset()
pensize(4)
Rechteck(0,0,50,80)
Rechteck(-50,-50,120,160)
Rechteck(-50,-70,150,250)
```

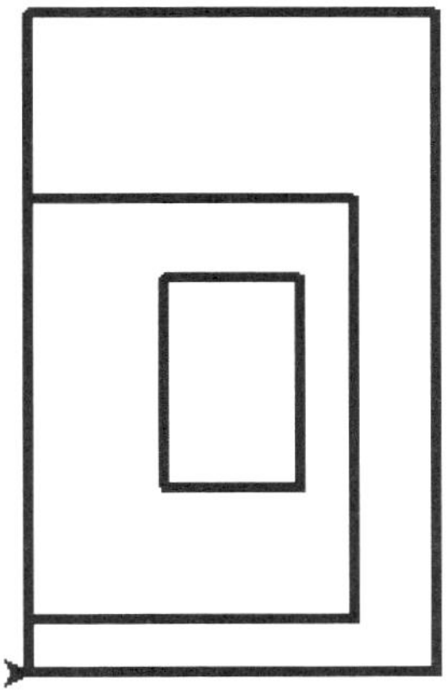

Aufgabe 2.4.2

Erstellen und testen Sie eine Funktion namens *Dreieck(),* die gleichseitige Dreiecke mithilfe der Turtle-Grafik zeichnet. Die Funktion soll folgendermaßen definiert werden:

```
def Dreieckeck(xa, ya, kantenlaenge):
```

Die Variablen xa und ya definieren hierbei den linken unteren Eckpunkt des Rechtecks.Die Kantenlänge wird durch die Variable gleichen Namens festgelegt. *Hinweis:* Um die Schildkröte in den Punkt xa/ya zu bringen, kann die Funktion *goto(x,y)* verwendet werden. Hierbei ist zu beachten, dass der Zeichenstift mit *penup()* angehoben werden muss, wenn die Schildkröte zu diesem Punkt bewegt wird (siehe Kapitel 1.4.8). Nachdem eine Kante gezeichnet wurde, muss die Schildkröte um 120 Grad im Gegenuhrzeigersinn gedreht werden.

```
reset()
pensize(4)
Dreieck(-200,-300,400)
Dreieck(-100,-200,300)
Dreieck(0,0,200)
```

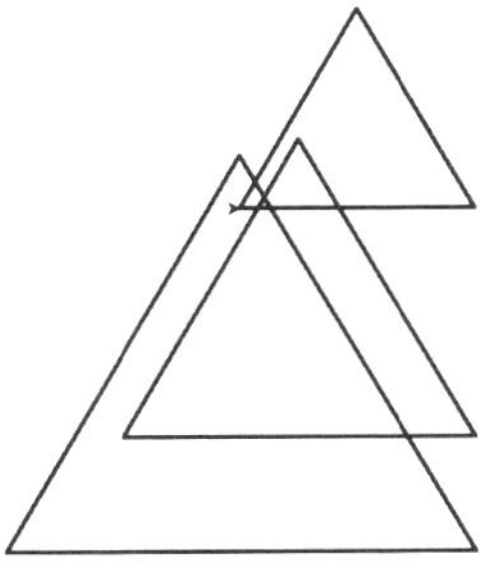

Aufgabe 2.4.3

Erstellen und testen Sie eine Funktion namens *Rechteck2(),* welche Rechtecke mithilfe der Turtle-Grafik zeichnet. Die Funktion soll folgendermaßen definiert werden:

```
def Rechteck(xa, ya, xe,ye,farbe,dicke):
```

Die Variablen xa und ya definieren hierbei den linken unteren Eckpunkt des Rechtecks. Der rechte obere Eckpunkt dieses Rechtecks hat die Koordinaten xe und ye. Der Parameter *farbe* steuert die Farbe des Rechtecks. Die Farbnamen müssen dabei als Strings in englischer Sprache (z.B. "red" für "rot") angegeben werden. Der Parameter *dicke* bedeutet die Dicke der Striche in Pixeln und ist eine ganze Zahl größer als 0. Testen Sie die Funktion mittels des unten links angegebenen Hauptprogramms.

```
reset()
Rechteck(0,0,50,50,"red",4)
Rechteck(50,50,100,100,"blue",4)
Rechteck(100,100,150,150,"green",4)
Rechteck(150,150,200,200,"black",4)
```

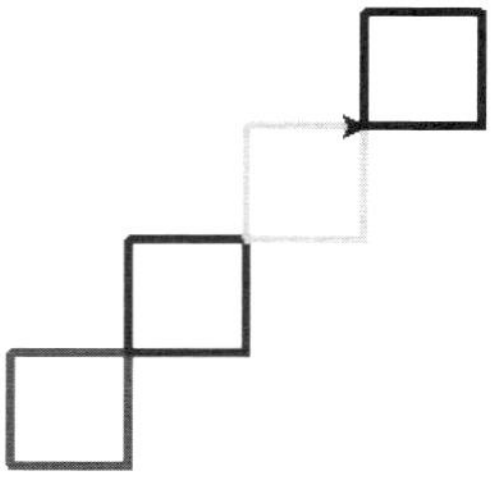

Lösungen

Lösung 2.4.1

```
from turtle import *

def Rechteck(xa,ya,breite,hoehe):
    penup()
    goto(xa,ya)
    pendown()
    forward(breite)
    left(90)
    forward(hoehe)
    left(90)
    forward(breite)
    left(90)
    forward(hoehe)
    left(90)

reset()
pensize(4)
Rechteck(0,0,50,80)
Rechteck(-50,-50,120,160)
Rechteck(-50,-70,150,250)
```

Lösung 2.4.2

```
from turtle import *

def Dreieck(xa,ya,laenge):
    penup()
    goto(xa,ya)
    pendown()
    forward(laenge)
    left(120)
    forward(laenge)
    left(120)
    forward(laenge)
    left(120)

reset()
pensize(4)
Dreieck(-200,-300,400)
Dreieck(-100,-200,300)
Dreieck(0,0,200)
```

Lösung 2.4.3

Wenn der Zeichenstift (bzw. die Schildkröte) abgesenkt ist (*pendown()*), so wird bei jeder Bewegung des Stiftes mittels *goto()* eine Linie gezeichnet. Die in der folgenden Lösung angegebenen *goto()*-Aufrufe zeichnen ein Rechteck vom Punkt (xe,ye) ausgehend im Gegenuhrzeigersinn.

```
from turtle import *

def Rechteck(xa,ya,xe,ye,farbe,dicke):
    penup()
    pencolor(farbe)
    pensize(dicke)
    goto(xa,ya)
    pendown()
    goto(xe,ya)
    goto(xe,ye)
    goto(xa,ye)
    goto(xa,ya)

reset()
Rechteck(0,0,50,50,"red",4)
Rechteck(50,50,100,100,"blue",4)
Rechteck(100,100,150,150,"green",4)
Rechteck(150,150,200,200,"black",4)
```

2.5 Ein- und Ausgabe

In diesem Abschnitt sollen die Bildschirmausgabe mittels *print* sowie die Tastatureingabe mithilfe von input() und raw_input() ausführlicher dargestellt werden. Das folgende Programmfragment enthält einen Aufruf der Eingabefunktion *input()*. Anschließend wird der eingegebene Wert sowie dessen Typ ausgegeben.

```
a = input("Bitte geben Sie etwas ein: ")
print "Sie haben ", a, " vom Typ ", type(a), " eingegeben"
```

Bei der dreifachen Ausführung des Programms gibt der Benutzer jedoch dann drei unterschiedliche Werte ein (Ganzzahl, Gleitpunktzahl und Zeichenkette).

```
>>>
Bitte geben Sie etwas ein: 1
Sie haben  1  vom Typ  <type 'int'>  eingegeben
>>>
Bitte geben Sie etwas ein: 1.0
Sie haben  1.0  vom Typ  <type 'float'>  eingegeben
>>>
Bitte geben Sie etwas ein: "1.0"
Sie haben  1.0  vom Typ  <type 'str'>  eingegeben
>>>
```

Die Funktion *input()* nimmt also unterschiedlichste Objekttypen entgegen. Streng genommen können wir als Programmierer nicht wissen, welchen Objekttyp der Benutzer bei der Ausführung des Programms eingeben wird. Dies kann dann zu einem Problem werden, wenn wir anschließend mit der Benutzereingabe rechnen wollen. Falls der Benutzer in diesem Fall eine Zeichenkette eingibt, würde dies unweigerlich zu einem Fehler führen. Anders verhält sich dagegen die Funktion *raw_input()*. Wir betrachten den folgenden Programmcode.

```
a = raw_input("Bitte geben Sie etwas ein: ")
print "Sie haben ", a, " vom Typ ", type(a), " eingegeben"
```

Auch in diesem Fall gibt der Benutzer die drei Objekttypen *int, float* und *string* ein. Jedoch verhält sich diese Funktion völlig anders.

```
>>>
Bitte geben Sie etwas ein: 1
Sie haben  1  vom Typ  <type 'str'>  eingegeben
>>>
Bitte geben Sie etwas ein: 1.0
Sie haben  1.0  vom Typ  <type 'str'>  eingegeben
>>>
Bitte geben Sie etwas ein: "1.0"
Sie haben  "1.0"  vom Typ  <type 'str'>  eingegeben
>>>
```

Die Eingabefunktion *raw_input()* interpretiert *alle Eingaben als Strings* (Zeichenketten). Der Benutzer muss *keine* Anführungszeichen benutzen. Solche Anführungszeichen würden sonst als Teil des einzugebenden Strings und nicht als deren Begrenzung interpretiert.

Merke

In der neuesten Python-Version 3.x ist die Eingabefunktion *raw_input()* nicht mehr vorhanden.

Das Schlüsselwort *print* dient zur Ausgabe von Werten in die Python-Shell. Grundsätzlich können wir beliebig viele Konstanten und Variablen mit print ausgeben:

```
print a, b, c, d, .....
```

wobei a, b, c, d, ... sowohl Ausdrücke als auch Variablen oder Konstanten sein können. Im Folgenden werden einige Möglichkeiten demonstriert.

```
>>> print 1, "und", 2, "ist gleich", 3
1 und 2 ist gleich 3
>>> print "Die Geschwindigkeit ist", 100.0, "km/h."
Die Geschwindigkeit ist 100.0 km/h.
>>> print 12*(7+2**3)
180
```

Zur optischen Aufbereitung der Ausgabe sind die Formatierungsstrings hilfreich. Diese Formatierungsstrings benutzen Formatelemente als Platzhalter für auszugebende Variablen oder Konstanten. Mittels der Formatelemente kann die Art und Weise der Ausgabe gesteuert werden. Die folgende Tabelle nennt die wichtigsten.

Formatelement	Ausgabe von
%i (%d)	Ganzzahlen (int)
%f	Gleitpunktzahlen (float)
%e (%E)	Gleitpunktzahlen (Ausgabe im Exponentialformat)
%s	Zeichenketten (Strings)

Tabelle 2.8 Die wichtigsten Formatelemente

Die Wirkung dieser Formatelemente wird nachfolgend wieder an Beispielen demonstriert. Die Zeichenkette mit den Formatelementen muss mit den auszugebenden Variablen bzw. Konstanten durch ein %-Zeichen verknüpft werden. Verwechseln Sie dieses Zeichen nicht mit dem Modulo-Operator!

```
>>> x = 1200.8788
>>> print "Das Ergebnis ist: %8.3f" % x              #1
Das Ergebnis ist: 1200.879
>>> print "Das Ergebnis ist: %10.3E" % x             #2
Das Ergebnis ist:  1.201E+03
>>> print "Das Ergebnis ist: %10.3e" % x             #3
Das Ergebnis ist:  1.201e+03
```

```
>>> y = 125
>>> print "Die Zahl ist: %4i" % y                         #4
Die Zahl ist:  125
>>> print "Die Zahl ist: %7d" % y                         #5
Die Zahl ist:     125
>>> einheit = "km/h"
>>> print "Die Geschwindigkeit ist %i %s" % (y,einheit)   #6
Die Geschwindigkeit ist 125 km/h
>>>
```

Im Folgenden die Erläuterung einiger Details.

- #1: Die Gleitpunktzahl x wird in einem Feld von 8 Zeichen mit 3 Nachkommastellen ausgegeben.
- #2: Die gleiche Zahl wird im Exponentialformat (mit Mantisse und Exponent) in einem Feld von 10 Zeichen ausgegeben, wobei 3 Nachkommastellen angegeben werden. Bei dieser Zahlendarstellung wird der Großbuchstabe E verwendet.
- #3: Die gleiche Zahl wird nochmals im Exponentialformat ausgegeben. Es wird jedoch der Kleinbuchstabe e verwendet.
- #4: Die Ganzzahl y wird in einem Feld von vier Zeichen ausgegeben.
- #5: Zum Vergleich wird die gleiche Zahl nun in einem Feld von 7 Zeichen ausgegeben. Statt dem Formatelement i wird das äquivalente Zeichen d verwendet.
- #6: Der Ausgabestring enthält zwei Formatelemente für eine Ganzzahl und eine Zeichenkette. Nach dem Prozentzeichen werden beide auszugebenden Variablen durch Komma getrennt zwischen zwei Klammern geschrieben.

Der Formatierungsstring kann wiederum in einer Variablen gespeichert werden. Damit kann er in einem Programm mehrfach verwendet werden, ohne dass man ihn neu hinschreiben muss. Das folgende Beispiel ergibt die gleiche Ausgabe wie der Fall #6.

```
v = 125
einheit = "km/h"
ausgabestr = "Die Geschwindigkeit ist %i %s"
print ausgabestr % (v,einheit)
```

Merke

In der neuesten Python-Version 3.x wird das Schlüsselwort print durch einen Funktionsaufruf print() ersetzt. Statt print “Hallo“ wird in der Version 3.x print(“Hallo“) geschrieben.

2.6 Programmverzweigungen

2.6.1 Einfache if-Anweisung

Alle bislang vorgestellten Programme wurden als Sequenz von oben nach unten abgearbeitet. Diese sequentielle Abarbeitung genügt aber nicht, um anspruchsvollere Problemstellungen durch Programme zu lösen. Betrachten wir das folgende – eigentlich sehr einfache – Programm.

```
# Berechnung der Quadratwurzel
from math import sqrt
zahl = input("Bitte eine Zahl eingeben: ")
wurzel = sqrt(zahl)
print "Die Wurzel aus %f ist %f " % (zahl, wurzel)
```

Nachfolgend nun die Anwendung des Programms in zwei Programmläufen.

```
>>>
Bitte eine Zahl eingeben: 16.0
Die Wurzel aus 16.000000 ist 4.000000
>>>
Bitte eine Zahl eingeben: -16.0

Traceback (most recent call last):
  File "C:/Dokumente und Einstellungen/woyand/Desktop/test.py", line 7, in <module>
    wurzel = sqrt(zahl)
ValueError: math domain error
>>>
```

Gibt der Benutzer eine positive Zahl ein, dann geht alles gut und das erwartete Ergebnis (4.0) wird ausgegeben. Bei der Eingabe einer negativen Zahl „stürzt“ das Programm jedoch ab, denn aus einer solchen Zahl kann keine Quadratwurzel berechnet werden. Das Auftreten solcher „harten“ Fehler zur Laufzeit muss der Programmierer unbedingt vermeiden. Eine Möglichkeit besteht darin, die Eingabe des Benutzers zu prüfen und die Berechnung *nur dann* durchzuführen, wenn die Zahl positiv ist. Andernfalls soll eine klare Fehlermeldung ausgegeben werden, die dem Anwender verständlich macht, was er falsch gemacht hat.

Um eine solche Lösung zu realisieren, muss ein Programmteil dann - und nur dann - ausgeführt werden können, wenn eine bestimmte Bedingung zutrifft. Man spricht in einem solchen Fall von einer *Programmverzweigung*. In Python gibt es hierzu die if-Anweisung.

```
# Berechnung der Quadratwurzel
from math import sqrt
zahl = input("Bitte eine Zahl eingeben: ")
if zahl >= 0.0:
    wurzel = sqrt(zahl)
```

```
    print "Die Wurzel aus %f ist %f " % (zahl, wurzel)
if zahl < 0.0:
    print "Aus einer negativen Zahl kann keine"
    print "Quadratwurzel berechnet werden."
    print "Geben Sie eine positive Zahl ein!"
```

Die Anwendung dieses Programm ergibt ein viel sinnvolleres Ergebnis.

```
>>>
Bitte eine Zahl eingeben: 16.0
Die Wurzel aus 16.000000 ist 4.000000
>>>
Bitte eine Zahl eingeben: -16.0
Aus einer negativen Zahl kann keine
Quadratwurzel berechnet werden.
Geben Sie eine positive Zahl ein!
>>>
```

Die if-Anweisung hat die folgende allgemeine Form:

```
if Bedingung:
    Anweisung_1
    Anweisung_2
    ...
    Anweisung_n
```

Jene Anweisungen, *die nur dann ausgeführt werden sollen*, wenn die Bedingung zutrifft, werden nach der if-Anweisung eingerückt dargestellt. Sie bilden einen Anweisungsblock. An der Einrückung (engl. Indentation) erkennt Python die Zugehörigkeit zur vorangehenden Bedingung. Wichtig ist dabei, dass alle Anweisungen um die *gleiche Anzahl* von Zeichen eingerückt werden. Prinzipiell kann die Ausführung beliebiger Anweisungen von einer Bedingung abhängig gemacht werden. Insbesondere können wiederum if-Anweisungen in dem Anweisungsblock vorkommen. Man spricht dann von *geschachtelten* if-Anweisungen.

2.6.2 Erweiterte if-Anweisung

Das im vorigen Abschnitt gezeigte Programm hat einen Schönheitsfehler. Es besteht aus zwei if-Anweisungen und streng genommen wird der gleiche Sachverhalt zweimal getestet. Denn wenn festgestellt wurde, dass die Variable *zahl* positiv ist, dann ist es eigentlich überflüssig, sie nochmals auf negative Werte zu prüfen. Das folgende Programm nutzt eine Variante der if-Anweisung. Sie wird *vollständige Alternative* genannt und wendet die so genannte *else-Klausel* der if-Anweisung an.

```
from math import sqrt
zahl = input("Bitte eine Zahl eingeben: ")
if zahl >= 0.0:
    wurzel = sqrt(zahl)
    print "Die Wurzel aus %f ist %f " % (zahl, wurzel)
```

```
else:
    print "Aus einer negativen Zahl kann keine"
    print "Quadratwurzel berechnet werden."
    print "Geben Sie eine positive Zahl ein!"
```

Dieses Programm verhält sich zur Laufzeit genauso wie die erste Programmvariante. Es entfällt lediglich der zweite Test. Wenn die Variable zahl negativ ist, werden jene Anweisungen ausgeführt, die hinter dem Schlüsselwort *else* eingerückt dargestellt sind. Die allgemeine Form der vollständigen Alternative ist:

```
if Bedingung:
        Anweisungsblock_1
else:
        Anweisungsblock_2
```

Trifft die Bedingung zu, so werden die Anweisungen aus dem ersten Anweisungsblock ausgeführt. Trifft die Bedingung *nicht* zu, werden stattdessen die Anweisungen aus dem zweiten Block abgearbeitet.

Es gibt noch eine weitere Variante der if-Anweisung, die im Falle einer Mehrfachauswahl anzutreffen ist. Hierbei wird nicht nur eine Bedingung ausgewertet, sondern mehrere. Als einführendes Beispiel soll folgende mathematische Funktion *f(x)* betrachtet werden:

$$y = f(x) = \{ \begin{array}{ll} 0 & \text{für } x<=0 \\ x & \text{für } 0<x<1 \\ 1 & \text{für } x>=1 \end{array} \}$$

Das folgende Programm zeigt, wie der Funktionswert von f(x) mit einer if-Anweisung bestimmt wird. Hier kommt erstmalig das Schlüsselwort *elif* zum Einsatz.

```
x = input("Bitte x eingeben: ")
if x <= 0.0:                    #1
    y = 0.0
elif 0.0 < x < 1.0:             #2
    y = x
else:                           #3
    y = 1.0
print y
```

In diesem Programm wird getestet (#1), ob der eingegebene Zahlenwert kleiner als Null ist. In diesem Fall ist y gleich Null. Im Intervall (0,1) ist y identisch mit dem eingegebenen Wert (#2). Schließlich bleibt nur noch eine Möglichkeit übrig (#3). Wird der else-Block der if-Anweisung erreicht, so muss x größer oder gleich 1 sein, da die anderen Bedingungen als falsch (False) ausgewertet wurden.

Die allgemeine Form der if-Anweisung mit elif- und else-Klauseln ist:

```
if Bedingung_1:
        Anweisungsblock_1
elif Bedingung_2:
        Anweisungsblock_2
elif Bedingung_3:
.....
else:
        Anweisungsblock_n
```

Dabei können beliebig viele elif-Blöcke mit entsprechenden Bedingungen hinzugefügt werden.

Ein zweites Beispiel soll die Anwendung verdeutlichen. Für jeden Wochentag soll eine Kennzahl eingegeben werden (Montag = 1, Dienstag = 2, ..., Sonntag = 7). Das Programm soll dann den Namen des Wochentages ausgeben. Dabei sollen Fehleingaben (Werte kleiner als 1 und größer als 7) berücksichtigt werden.

```
i = input("Bitte Kennzahl eingeben: ")
if i == 1:
    print "Montag"
elif i == 2:
    print "Dienstag"
elif i == 3:
    print "Mittwoch"
elif i == 4:
    print "Donnerstag"
elif i == 5:
    print "Freitag"
elif i == 6:
    print "Samstag"
elif i == 7:
    print "Sonntag"
else:
    print "Falsche Tageskennzahl!"
```

Aufgaben

Aufgabe 2.6.1

In einem Programm sollen die x- und die y-Koordinate eines Punktes eingegeben werden. Anschließend soll das Programm entscheiden, in welchem Quadranten der Punkt liegt. Zur Definition der Quadranten betrachten wir die nachfolgende Skizze. Die Quadranten werden im Gegenuhrzeigersinn nummeriert. Wir verwenden im Programm eine Variable namens *quadrant*, welche die Werte 1,2,3 und 4 annehmen kann. Mittels geschachtelter if-Anweisungen wird anhand des Vorzeichens der Punktkoordinaten X und Y ermittelt, wo der Punkt liegt. Die x- und y-Achse sollen dabei zu den positiven Koordinatenwerten zählen.

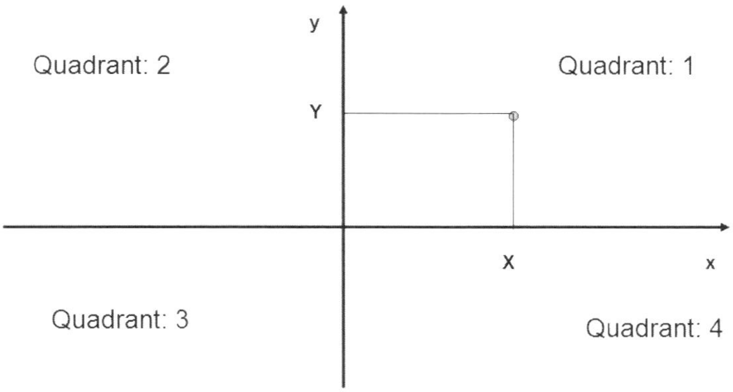

Aufgabe 2.6.2
Schreiben Sie ein Programm, das überprüft, ob ein Dreieck mit den Seiten a, b und c rechtwinklig ist. Zur Überprüfung wird der Satz des Pythagoras herangezogen:

$$c^2 = a^2 + b^2$$

Lösungen

Lösung 2.6.1

```
x = input("Bitte x-Koordinate des Punktes eingeben: ")
y = input("Bitte y-Koordinate des Punktes eingeben: ")
if x>=0:
    if y>=0:
        quadrant = 1
    else:
        quadrant = 4
else:
    if y>=0:
        quadrant = 2
    else:
        quadrant = 3
print "Der Punkte liegt im ",quadrant,".ten Quadranten"
```

Lösung 2.6.2

Vorsicht bei dieser Lösung! Ein Test auf Gleichheit kann kritisch sein, wenn Gleitpunktzahlen eingegeben werden.

```
a = input("Bitte Kathetenlaenge eingeben: ")
b = input("Bitte Kathetenlaenge eingeben: ")
c = input("Bitte Hypothenuse eingeben: ")

if a**2+b**2==c**2:
    print "Das Dreieck ist rechtwinklig"
```

```
else:
    print "Das Dreieck ist NICHT rechtwinklig"
```

2.7 Bedingungen

In diesem Abschnitt sollen Bedingungen genauer betrachtet werden. Bislang haben wir diese intuitiv ohne Erklärung eingeführt, z.B. das Zeichen < für *kleiner als* oder die Zeichenfolge == für die *Gleichheit*. Die folgende Tabelle gibt einen Überblick über die Vergleichsoperatoren in Python.

Tabelle 2.9 Vergleichsoperatoren in Python

Vergleichsoperator	Beispiel	Ergebnis	Bedeutung
<	3 < 9	True	kleiner als
>	7 > 2	True	größer als
<=	2<=2	True	kleiner gleich
>=	2 >= 7	False	größer gleich
==	9 == 1	False	ist gleich
!=	9 != 1	True	ungleich

Es können Vergleiche zwischen zwei Konstanten, zwei Variablen oder zwischen einer Variablen und einer Konstanten ausgeführt werden. Der Typ der beiden zu vergleichenden Größen muss aber eine Vergleichbarkeit ermöglichen. Beispielsweise kann eine Ganzzahl mit einer Gleitpunktzahl verglichen werden. Ein Vergleich zwischen einer Zahl und einer Zeichenkette ist aber unsinnig und ergibt den logischen Wert *False*.

Bedingungen können wiederum mit den so genannten logischen Operatoren (und, oder, nicht) zu komplexeren Bedingungsausdrücken verknüpft werden. Diese Operatoren zeigt die nachfolgende Tabelle.

Tabelle 2.10 Logische Operatoren in Python

Logischer Operator	Beispiel	Ergebnis	Bedeutung
and	1<2 and 3>0	True	und
or	1<2 or 5>7	True	oder
not	not 1<2	False	nicht

Für den Programmieranfänger ist es sehr wichtig, sich die genaue Bedeutung der logischen Operatoren klar zu machen. Dies kann am besten durch die folgenden Wahrheitstabellen geschehen. Diese Wahrheitstabellen verknüpfen logische Variable, die entweder wahr oder falsch (True or False) sein können und zeigen, welcher Wahrheitswert die logische Verknüpfung als Ergebnis hat.

Tabelle 2.11 Der logische Operator *and*

a	b	a and b
True	True	True
True	False	False
False	True	False
False	False	False

Die Tabelle 2.11 zeigt die Wirkung des logischen Operators *and* (und). Dieser Operator ergibt nur dann wahr (True), wenn beide Variablen wahr sind. Werden also zwei Bedingungen mit dem Schlüsselwort *and* verknüpft, so müssen beide wahr sein, damit der gesamte Ausdruck wahr ist.

Tabelle 2.12 Der logische Operator *or*

a	b	a or b
True	True	True
True	False	True
False	True	True
False	False	False

In der Tabelle 2.12 wird die Wirkungsweise des Operators *or* (oder) gezeigt. Dieser Operator ergibt nur dann falsch (False), wenn beide Variablen bzw. Teilbedingungen falsch sind. Werden also zwei Bedingungen mit dem Schlüsselwort *or* verknüpft, so müssen beide falsch sein, damit der gesamte Ausdruck falsch ist.

Schließlich zeigt die Tabelle 2.13 die Wirkungsweise des Operators *not*. Die Wahrheitswerte der Variablen a werden durch die Negation umgekehrt.

Tabelle 2.13 Der logische Operator *not*

a	not a
True	False
False	True

2.8 Programmschleifen

Programmschleifen sind ein Hilfsmittel mit dem Teile eines Programms wiederholt durchlaufen werden können. Wir sprechen deshalb auch von *Wiederholungsanweisungen*. Im Jargon der Programmierer werden diese Anweisungen oft auch *Loops* (engl. Schleifen) genannt.

2.8.1 for-Schleifen

Das folgende Programmfragment dient dazu, die Zahlen 1, 2, 3 und 4 zusammen mit deren Quadratzahlen auszugeben. Es werden acht Zeilen Programmcode benötigt, um dies umzusetzen.

```
i = 1
print i, i*i
i = 2
print i, i*i
i = 3
print i, i*i
i = 4
print i, i*i
```

Bei genauerem Hinsehen zeigt sich, dass die Anweisung „print i, i*i" viermal wiederholt wird – jeweils für einen anderen Wert von i. Mittels einer so genannten for-Schleife können wir dies viel kürzer fassen.

```
for i in 1,2,3,4:
        print i, i*i
```

Der zu wiederholende Programmteil (er besteht hier nur aus der print-Anweisung) wird eingerückt hinter der for-Anweisung geschrieben. Diese Einrückung (engl. Indentation) haben wir schon bei der if- Anweisung und bei der Definition von Funktionen kennen gelernt. Die for-Anweisung benötigt eine so genannte Schleifenvariable (hier i) und eine Liste. Die Anzahl der Elemente in der Liste gibt an, wie oft die Schleife durchlaufen wird. Die Schleifenvariable hat für jeden Durchlauf einen anderen Wert. Die Liste wird dabei von links beginnend durchlaufen. Die Variable i nimmt dabei nacheinander die Werte 1 bis 4 an. Die allgemeine Form der for-Schleife ist:

for variable in Liste:
        Anweisung_1
        Anweisung_2
        ....
        Anweisung_n

Beachten Sie dabei auch den Doppelpunkt, der nach der Liste stehen muss! Die zu wiederholenden Anweisungen können aus beliebigen Anweisungen bestehen, insbesondere auch wieder aus Programmschleifen.

Auch die folgende Schleifenvariante wird viermal durchlaufen. Jedoch nimmt die Schleifenvariable die Werte 1 und 2 zweimal nacheinander an.

```
for i in 1,2,1,2:
        print i, i*i
```

In diesem Fall ergibt sich als Ausgabe:

```
1 1
2 4
1 1
2 4
```

Wird eine deutlich größere Zahl von Schleifendurchläufen benötigt (z.B. 10), dann ist es sehr aufwändig diese Liste von Hand hinschreiben zu müssen.

```
for i in 1,2,3,4,5,6,7,8,9,10:
        print i, i*i
```

Python gibt uns mit der eingebauten Funktion range() ein Hilfsmittel an die Hand, um solche Listen effektiv zu erstellen. Der Aufruf range(1,11) erzeugt eine Liste aller ganzen Zahlen, die bei 0 beginnt und bei 10 (Achtung: nicht bei 11) endet. Damit kann man die oben stehende Schleife folgendermaßen formulieren.

```
for i in range(1,11):
        print i, i*i
```

Die Funktion range() ist also ein Hilfsmittel zur schnellen Erstellung (großer) Listen. Sie hat drei Parameter, von denen zwei auch weggelassen werden können. Die allgemeine Form ist:

range(Startwert, Stoppwert, Schrittweite)

Dabei ist *Startwert* der erste Wert in der zu erzeugenden Liste. Die Liste entsteht dadurch, dass der Wert *Schrittweite* sukzessive addiert wird, bis *Stoppwert-Schrittweite* erreicht worden ist. Als Beispiele betrachten wir die folgenden Aufrufe aus der Python-Shell.

```
>>> range(1,4)
[1, 2, 3]
>>> range(1,5)
[1, 2, 3, 4]
>>> range(1,11,2)
[1, 3, 5, 7, 9]
>>> range(3,11,3)
[3, 6, 9]
```

Es ist zu erkennen, dass das letzte Element der Liste nicht dem *Stoppwert* entspricht. Vielmehr ist das letzte Element der Liste dadurch definiert, dass es größer oder gleich *Stoppwert-Schrittweite* ist!
Beim Testen in der Python-Shell beobachten wir auch, dass die von range() generierten Listen in eckige Klammern geschrieben werden. Dies können wir auch – wie das folgende Beispiel zeigt – beim Hinschreiben von for-Schleifen tun.

```
for i in [1,2,3,4,5,6,7,8,9,10]:
        print i, i*i
```

Die range()-Funktion kann auch „rückwärts zählen", wie die folgenden Beispiele zeigen.

```
>>> range(11,1,-2)
[11, 9, 7, 5, 3]
>>> range(11,1,-3)
[11, 8, 5, 2]
```

Die folgenden Konstruktionen sind unsinnig, denn es würden potenziell unendlich große Listen entstehen.

```
>>> range(1,101,-1)
[]
>>> range(11,1,3)
[]
```

Beim ersten Beispiel wird beim Startwert 1 begonnen. Daraufhin wird -1 abgezogen. Die folgenden Zahlen wären dann alle kleiner als Null. Der positive Stoppwert könnte nie erreicht werden und der Computer befände sich in einer *Endlosschleife*. Dies wird von Python erkannt und unterbunden. Als „Ergebnis“ liefert die range()-Funktion in beiden Fällen eine leere Liste (symbolisiert durch die leeren eckigen Klammern). Eine for-Schleife, die mittels einer leeren Liste definiert wird, läuft überhaupt *nicht* an. Es wird deshalb auch nichts wiederholt!

Die *range()*-Funktion erwartet *ganze Zahlen als Parameter*. Falls Gleitpunktzahlen übergeben werden, so werden diese gerundet. Aus diesem Grund meldet Python in dem folgenden Beispiel einen Fehler.

```
>>> range(1,3,0.5)

Traceback (most recent call last):
  File "<pyshell#11>", line 1, in <module>
    range(1,3,0.5)
ValueError: range() step argument must not be zero []
```

Für den dritten Übergabeparameter (Schrittweite) wurde 0.5 vorgegeben. Diese Zahl wird dann zur Ganzzahl gewandelt, indem die Nachkommastellen abgeschnitten werden. Es ergibt sich die Zahl 0, die allerdings als Schrittweite nicht sinnvoll ist. Der Benutzer muss deshalb unbedingt darauf achten, dass range() nur mit Ganzzahl-Argumenten aufgerufen wird.

Beispiel: Aufsummieren der natürlichen Zahlen von 1 bis n

Als erstes Beispiel für die Anwendung einer for-Schleife wird das Aufsummieren aller ganzen Zahlen von 1 bis n betrachtet.

```
summe = 1+2+3+4+.....+(n-1)+n
```

Das folgende Programm erfüllt die Aufgabenstellung. Es soll nachfolgend diskutiert werden.

```
n = input("Bitte eine ganze Zahl n eingeben: ")                #1
summe = 0                                                      #2
for i in range(1,n+1):                                         #3
    summe = summe + i                                          #4
print "Die Summe der Zahlen von 1 bis %d ist %d" % (n, summe)  #5
```

Diskussion:

- #1: Mit der input-Funktion wird der Benutzer aufgefordert, eine ganze Zahl einzugeben.
- #2: Die Variable *summe* wird mit dem Wert 0 initialisiert. Dies ist wichtig, damit beim ersten Durchlauf der Schleife die rechte Seite des Ausdrucks (#4) berechnet werden kann.
- #3: Die for-Schleife durchläuft die Zahlenwerte 1 bis n.
- #4: Diese (und nur diese Anweisung) wird durch die Schleife wiederholt. Zunächst wird mit dem aktuellen Wert von *summe* die rechte Seite des Ausdrucks berechnet. Anschließend wird das Ergebnis wieder an die Variable *summe* zugewiesen.
- #5: Das Ergebnis der Berechnung wird am Bildschirm bzw. der Ausgabe-Shell ausgegeben (diese Anweisung wird *nicht* wiederholt, weil sie ausgerückt ist).

Beispiel: Berechnung der Fakultät
Das Produkt der natürlichen Zahlen 1 bis n wird als Fakultät bezeichnet. In der Mathematik wird dies durch *n!* symbolisiert. Die Berechnung der Fakultät ähnelt dem vorigen Beispiel. Die Summation wird dabei aber durch die Multiplikation ersetzt.

```
n = input("Bitte eine ganze Zahl n eingeben: ")
fakultaet = 1                                    #1
for i in range(1,n+1):
    fakultaet = fakultaet * i
print "Die Fakultaet von %d ist %d" % (n, fakultaet)
```

Wichtig ist bei der Bildung des Produktes, dass die Variable *fakultaet* vorab mit 1 initialisiert wird (#1) und nicht mit Null. Würde in Zeile (#1) der Ausdruck *fakultaet = 0* geschrieben, so wäre das Ergebnis der Berechnung immer Null! Berechnen Sie verschiedene Werte von n! (z.B. für 1,2,3,4,5) und überprüfen Sie diese durch eine Handrechnung.

Beispiel: Erstellung einer Tabelle für das kleine Einmaleins
Das nächste Beispiel soll die folgende Tabelle am Bildschirm ausgeben.

```
1    2    3    4    5    ...  10
2    4    6    8    10   ...  20
3    6    9    12   15   ...  30
....
....
10   20   30   40   50   ...  100
```

Zur Lösung des Problems ist es notwendig, zunächst eine Lösungsidee zu finden. Mit unserem Wissen über for-Schleifen wäre es kein Problem, jeweils eine Zeile zu generieren. Die *dritte* Zeile könnte zum Beispiel folgendermaßen erzeugt werden:

```
for i in range(3,33,3):
    print i,
```

wobei das Komma am Ende der print-Anweisung dafür sorgt, dass der Cursor hinter der letzten Ausgabe stehen bleibt (es wird keine neue Zeile begonnen). Das folgende Programmfragment zeigt eine Lösung, die mit zwei geschachtelten for-Anweisungen arbeitet.

```
for i in range(1,11,1):                          #1
    for j in range(i,i*10+i,i):                  #2
        print "%6d"%j,                           #3
    print                                        #4
```

Die erste - äußere - for-Anweisung (#1) ist gewissermaßen für die Zeilen zuständig. Für jeden Durchlauf dieser Schleife läuft die zweite - innere - Schleife (#2) genau 10 mal. Die äußere Schleife gibt der inneren den Startwert, den Stoppwert und die Schrittweite vor. Beim dritten Durchlauf der äußeren Schleife ist der Startwert gleich 3, der Stoppwert 33 und die Schrittweite 3. Weiterhin führt die *äußere Schleife* eine print-Anweisung ohne Argument aus (#4). Diese print-Anweisung erzeugt einen Zeilenumbruch (neue Zeile). Eine alternative Lösung ist die folgende:

```
for i in range(1,11,1):
    for j in range(1,11,1):
        print "%6d"%(j*i),
    print
```

2.8.2 while-Schleifen

Neben der for-Schleife gibt es in Python noch eine weitere wichtige Schleifenkonstruktion: die while-Schleife. Sie wird auch *Bedingungsschleife* genannt. Die allgemeine Form dieser Schleife ist viel einfacher als die der for-Schleife.

```
while Bedingung:
        Anweisung_1
        Anweisung_2
        ....
        Anweisung_n
```

Nach dem Schlüsselwort *while* steht eine Bedingung. Solange diese Bedingung wahr ist, werden die nachfolgenden - eingerückten - Anweisungen ausgeführt. Dies hat eine wichtige Konsequenz. Im Laufe der Abarbeitung muss irgendwann einmal die Bedingung falsch (False) werden können. Wenn dies nicht der Fall ist, läuft die Schleife unendlich lange weiter. Die nachfolgenden Anweisungen müssen also die Bedingung beeinflussen können, um die Schleife schließlich zu beenden. Das nachfolgende Programmfragment gibt die Zahlen 1, 2, 3 und 4 zusammen mit ihren Quadratzahlen aus.

```
i = 1                    #1
while i<=4:              #2
    print i, i*i         #3
    i = i + 1            #4
```

Damit die Bedingung i<=4 sinnvoll geprüft werden kann, muss die Variable i vor dem Schleifenstart initialisiert werden (#1). Beim Einstieg in die Schleife wird zunächst geprüft, ob i<=4 ist (#2). Dies ist durch die Initialisierung von i auch gesichert. Anschließend werden die Zahl und ihr Quadrat ausgegeben (#3). In der letzten Zeile wird die Variable i um den Wert 1 vergrößert (#4). Schließlich wird die Bedingung (#2) wieder geprüft usw. Erst wenn die Variable i den Wert 4 hat und in der letzten Zeile auf 5 vergrößert wurde, ist die Bedingung nicht mehr zutreffend und die Schleife bricht ab.

Beispiel: Aufsummieren der natürlichen Zahlen von 1 bis n

Wir greifen das Beispiel der Summation der ganzen Zahlen von 1 bis n wieder auf und lösen dies nachfolgend mit einer while-Schleife.

summe = 1+2+3+4+.....+(n-1)+n

Der Benutzer soll die Zahl n eingeben.

```
n = input("Bitte eine ganze Zahl eingeben: ")
i = 1
summe = 0
while i<=n:
    summe = summe + i
    i = i + 1
print "Die Summe der Zahlen von 1 bis %d ist %d" % (n, summe)
```

Auch bei diesem Beispiel wird eine Variable benötigt (hier: i), die bei jedem Schleifendurchlauf inkrementiert wird. Solange i kleiner als n ist, läuft die Schleife. Sobald i>n ist, bricht die Schleife ab. An diesem Beispiel ist klar zu sehen, dass wir mit der while-Schleife die gleichen Probleme lösen können wie mit der for-Schleife. Streng genommen ist *for* eigentlich überflüssig. In vielen Fällen ist es aber bequemer, eine Schleife als for-Schleife zu schreiben. Beim Aufsetzen einer for-Schleife muss der Startwert, der Stoppwert und die Schrittweite vorgegeben werden und deshalb müssen diese Werte auch bekannt sein. Dies ist bei einer *Bedingungsschleife* mit *while* nicht anders. Deshalb eignet sich die while-Schleife auch dann, wenn nicht bekannt ist, wie oft die Schleife durchlaufen werden wird. Dies ist insbesondere bei Interaktionen mit einem Programmbenutzer der Fall, wie das folgende Beispiel zeigt.

Beispiel: Summation von interaktiv eingegebenen Zahlen

In dem folgenden Beispiel sollen ebenfalls Zahlen summiert werden. Allerdings sollen diese vom Benutzer eingegeben werden. Aus diesem Grund kann keine for-Schleife zur Lösung verwendet werden, weil zur Zeit der Programmierung völlig unbekannt ist, wie viele Zahlen der Benutzer eingeben wird. Erst zur Laufzeit des Programms wird der Benutzer diese Zahlen eintippen. Eine denkbare Lösung wäre, den Benutzer dazu aufzufordern, anzugeben wie viele Zahlen er eingeben will. Dies wäre aber unkomfortabel. Möglicherweise handelt es sich um hunderte von Zahlen. Wenn wir dem Benutzer das Zählen der Zahlen abnehmen wollen, so müssen wir mit ihm ein Signal verabreden, mit dem er dem Programm mitteilen kann, wann die Eingabe beendet ist. Bei der Bildung einer Summe kann dieses Signal die Eingabe einer Null sein, denn die Addition einer Null verändert die Summe nicht. Eine Null einzugeben ist also bei der Summenbildung nicht sinnvoll.

```
print "Summation von Zahlen - Bitte geben Sie Zahlen ein!"           #1
print "(Abbruch durch Eingabe einer Null)"                           #2
print                                                                #3
zahl = 1                                                             #4
anzahl = 0                                                           #5
summe = 0                                                            #6
while zahl!=0:                                                       #7
    zahl = input("Bitte die Zahl oder Null eingeben: ")              #8
    summe += zahl                                                    #9
    anzahl +=1                                                       #10
anzahl -=1                                                           #11
print "Die Summe der eingegebenen Zahlen ist %d" % (summe)           #12
print "Sie haben %d Zahlen eingegeben" % (anzahl)                    #13
```

Diskussion:

- Zunächst wird ein Text am Bildschirm ausgegeben und der Benutzer zur Eingabe von Zahlen aufgefordert (#1). Er erhält auch den Hinweis, dass durch das Eingeben einer Null die Eingabe beendet wird (#2). Die print-Anweisung ohne Argumente (#3) erzeugt am Bildschirm eine Leerzeile.
- Anschließend erhalten drei Variablen Startwerte zugewiesen. Die Variable *zahl* soll später die vom Benutzer eingegebene Zahl aufnehmen. Sie erhält völlig willkürlich die Zahl 1 zugewiesen (#4). Wie nachfolgend klar wird, *muss* die Variable hier erzeugt werden und *irgendeinen Zahlenwert ungleich Null* zugewiesen bekommen, damit die folgende *while*-Schleife überhaupt anlaufen kann.
- Die Variablen *anzahl* und *summe* müssen ebenfalls erzeugt werden (#5, #6), weil Sie in der Schleife auf der rechten Seite eines mathematischen Ausdrucks auftreten. Ihnen muss deshalb ebenfalls ein Startwert zugewiesen werden (hier eine Null).
- Dann folgt die while-Schleife (#7). Diese Schleife läuft dann und nur dann, wenn die Bedingung *zahl != 0* erfüllt (wahr) ist, d.h., solange die Variable *zahl ungleich Null* ist, wird die Schleife laufen. Hier können wir auch erkennen, warum die Variable *zahl* mit irgendeiner Zahl ungleich Null initialisiert werden muss. Die Schleife würde sonst gar nicht anlaufen.
- Im Inneren der Schleife (eingerückter Programmcode) wird der nächste Zahlenwert vom Benutzer angefordert und eingelesen (#8). Der eingelesene Zahlenwert überschreibt beim ersten Schleifendurchlauf die willkürliche Vorbesetzung mit 1 und wird dann aufsummiert (#9). Dabei wird die abgekürzte Form der Zuweisung verwendet. Statt *summe=summe+zahl* wird *summe+=zahl* geschrieben.
- Der Wert der Variablen *anzahl* wird um 1 erhöht. Auch hier wird die verkürzte Form der Zuweisung angewendet. Mit dieser Variablen wird die Anzahl der eingegebenen Zahlen mitgezählt (#10). Allerdings auch die vom Benutzer zur Beendigung der Eingabe eingegebene Null! Deshalb muss der Wert von anzahl nach Beendigung der Schleife um 1 verringert werden. Beachten Sie, dass die Anweisung (#11) sich außerhalb der Schleife befindet und nur einmal durchlaufen wird.
- Abschließend wird die Summe sowie die Anzahl der eingegebenen Zahlen ausgegeben (#12,#13).

Aufgaben

Aufgabe 2.1
Erzeugen Sie eine Wahrheitstabelle der logischen Funktionen *and* und *or* (siehe Kapitel 2.7) durch Einsatz von for-Schleifen.

Aufgabe 2.2
Erzeugen Sie eine Wahrheitstabelle der logischen Funktionen *c = (a and not b) or (not a and b).* Wie nennen Sie diese logische Funktion in der Umgangssprache?

Aufgabe 2.3
Schreiben Sie eine Funktion namens XOR, die die logische Funktion *Entweder-Oder* realisiert (siehe Aufgabe 2.9.2). Testen Sie die Funktion mit einem Hauptprogramm.

Aufgabe 2.4
Erstellen Sie eine Umrechnungstabelle von PS in kW mittels einer Programmschleife. Die Tabelle soll bei 50 PS beginnen und bei 200 PS enden. Die Schrittweite soll 5 PS betragen. Die Zahlenwerte sollen mittels zwei Ziffern nach dem Komma (bzw. Punkt) ausgegeben werden.

Aufgabe 2.5
Erzeugen Sie mithilfe einer Programmschleife eine Umrechnungstabelle von km/h in m/s. Die Tabelle soll bei 0 km/h beginnen und bei 250 km/h aufhören. Die Schrittweite soll 25 km/h betragen.

Aufgabe 2.6
Erstellen Sie ein Programm, welches entscheidet, ob ein Jahr ein Schaltjahr ist oder nicht. Ein Schaltjahr liegt vor, wenn die Jahreszahl ohne Rest durch 4 teilbar ist. Leider gibt es eine Ausnahme von der Regel: wenn die Jahreszahl ohne Rest durch 100 teilbar ist, dann handelt es sich *nicht* um ein Schaltjahr. Aber auch diese zuletzt genannte Regel hat eine Ausnahme: wenn die Jahreszahl ohne Rest durch 400 teilbar ist, dann handelt es sich doch um ein Schaltjahr. Schließlich sollen Sie auch noch den Vorschlag des Mathematikers John Herschel berücksichtigen. Dieser schlug vor, das Jahr 4000 *nicht* als Schaltjahr zu berücksichtigen. Blicken Sie noch durch? Zum Testen des Programms können Sie die folgenden Jahreszahlen eingeben. Schaltjahre sind: 1600, 2000, 2400 und 2800. Keine Schaltjahres sind: 1700, 1800, 1900, 2100, 2200, 2300, 2500, 2600, 2700, 2900, 3000 und 4000 (nach Herschel).

Lösungen

Lösung 2.1
Wir beginnen mit der logischen Funktion *and*. Wenn a und b zwei Variablen vom Typ *bool* sind, die entweder den Wert True (wahr) oder False (falsch) annehmen können, dann entspricht c = a and b der logischen und-Verknüpfung. In dem folgenden ersten Ansatz wird der Variablen b ein fester Wert (True) zugewiesen (#1).

```
b = True                    #1
for a in True,False:        #2
        c = a and b         #3
        print a,b,c         #4
```

Der Wert von a wird durch eine for-Schleife variiert: im ersten Schleifendurchlauf ist a gleich True und im zweiten Durchlauf ist a gleich False (#2). In der dritten Zeile wird das Ergebnis von der logischen Verknüpfung ermittelt (#3). Schließlich wird der Wert der Variablen zusammen mit dem Ergebnis ausgegeben (#4).

In einem zweiten Ansatz verändern wir den Wahrheitswert der Variablen b ebenfalls mittels einer for-Schleife (siehe nachfolgenden Code). Wir erhalten eine geschachtelte Schleifenkonstruktion. Neben der und-Verknüpfung wird zusätzlich eine oder-Verknüpfung ausgewertet (#5).

```
for b in True, False:
    for a in True, False:
        c = a and b
        d = a or b              #5
        print a, b, c, d
```

Lösung 2.2
Aus der Aufgabe 2.9.1 wird die Variation der Wahrheitswerte mittels zweier geschachtelter for-Schleifen übernommen. Die Variable c enthält das Ergebnis der logischen Verknüpfung (#1).

```
for a in True, False:
    for b in True, False:
        c = (a and not b) or (not a and b)          #1
        print a, b, c
```

Das Programm erzeugt folgende Ausgabe:

```
True  True  False
True  False True
False True  True
False False False
```

Wir nennen diese logische Funktion auch *Entweder-Oder*, weil die beiden logischen Variablen nicht den gleichen Wahrheitswert haben dürfen. Die logische Funktion Entweder-Oder wird oft auch als XOR-Funktion bezeichnet (oder auch als *Antivalenz*).

Lösung 2.3
Wir übernehmen den Programmcode von Aufgabe 2 und erstellen die folgende Funktion XOR():

```
# Funktionsdefinition
def XOR(a,b):
    """XOR realisiert die Entweder-Oder-Funktion"""
    c = (a and not b) or (not a and b)
    return c
# Hauptprogramm
for a in True, False:
    for b in True, False:
        print a,b, XOR(a,b)
```

Lösung 2.4
Eine Pferdestärke (PS) ist eine Leistungseinheit und entspricht 0,73549875 Kilowatt (kW). Zur Ausgabe der Werte wird ein Formatelement "%9.2f" verwendet. Hierdurch wird ein Ausgabefeld von neun Stellen mit zwei Nachkommastellen definiert.

```
faktor = 0.73549875
print "PS | kW"
print
for ps in range(50,205,5):
    kW = ps*faktor
    print "%9.2f %9.2f" % (ps, kW)
```

Lösung 2.5
Zunächst wird der Umrechnungsfaktor von km/h in m/s benötigt. Es gilt:

1 km/h = (1000 m) / (3600 s) = 10/36 m/s = 5/18 m/s

Bei der Zuweisung dieses Bruches müssen wir sicherstellen, dass *eine Gleitpunktdivision* durchgeführt wird. Wir codieren deshalb die Zahlen mit einem Dezimalpunkt. Die Variablen werden kmh und ms genannt. Divisionsstriche sind in Variablennamen *nicht* zulässig!

```
faktor = 5./18.
print "km/h | m/s"
print
for kmh in range(0,275,25):
    ms = kmh*faktor
    print "%9.2f %9.2f" % (kmh,ms)
```

Lösung 2.6
Um zu entscheiden, ob eine Jahreszahl *jahr* durch 4 teilbar ist, kann der Modulo-Operator % herangezogen werden. Verknüpft man zwei Zahlen durch diesen Operator, so wird der Rest bei ganzzahliger Division ermittelt. Der erste Entwurf für ein Programm ist folgender:

```
jahr = input("Bitte Jahreszahl eingeben: ")
if jahr%4==0:
    print "Schaltjahr"
```

```
else:
    print "Kein Schaltjahr"
```

Nun wenden wir uns der Ausnahmeregelung zu. Diese kann in Kraft treten, wenn die Jahreszahl durch 4 ohne Rest teilbar ist. Für den Fall, dass die Zahl zusätzlich durch 100 ohne Rest teilbar ist, liegt *kein* Schaltjahr vor. Dies führt zu folgender Lösung:

```
jahr = input("Bitte Jahreszahl eingeben: ")
if jahr%4==0:
    if jahr%100==0:
        print "Kein Schaltjahr"
    else:
        print "Schaltjahr"
else:
    print "Kein Schaltjahr"
```

Die Ausnahme von der Ausnahme kann auftreten, wenn die Jahreszahl ohne Rest durch 100 teilbar ist. Für den Fall, dass sie zusätzlich durch 400 ohne Rest teilbar ist, liegt doch ein Schaltjahr vor. Wir bauen gleichzeitig den Vorschlag von Herrn Herschel ein.

```
jahr = input("Bitte Jahreszahl eingeben: ")
if jahr%4==0:
    if jahr%100==0:
        if jahr%400==0:
            if jahr==4000:
                print "Kein Schaltjahr"
            else:
                print "Schaltjahr"
        else:
            print "Kein Schaltjahr"
    else:
        print "Schaltjahr"
else:
    print "Kein Schaltjahr"
```

Dieses Programm gibt die in der Aufgabenstellung genannten Testdaten richtig wieder.

3 Vertiefung

In diesem Kapitel werden komplexe Datentypen wie Listen, Sets, Tuples und Dictionaries eingeführt. Der wichtige Begriff der Funktion wird vertieft. Weiterhin wird gezeigt, wie Funktionen in Modulen gespeichert werden. Schließlich werden verschiedene Iterationsverfahren diskutiert und gezeigt, wie Dateien gelesen und geschrieben werden.

3.1 Listen

Die Datenstruktur der Liste wurde kurz schon im Kapitel 2.8 im Zusammenhang mit Programmschleifen und der *range()*-Funktion eingeführt. Allgemein gesprochen handelt es sich bei Listen um eine geordnete Zusammenfassung von - im Prinzip - beliebigen Objekten. Diese werden mit eckigen Klammern eingeschlossen und durch Kommata getrennt. Eine Liste wird in Python als Objekt betrachtet und kann einer Variablen zugewiesen werden. Im folgenden Shell-Dialog werden Beispiele hierzu gezeigt.

```
>>> a = [1,3,5,7,9]
>>> b = [2,"Hallo!", 12.5]
>>> c = [[2,4], ['a','b']]
>>> print a[0],a[3]
1 7
>>> print b[1]
Hallo!
>>> print c[1], c[1][1]
['a', 'b'] b
```

Die Liste a enthält nur ganze Zahlen (die ungeraden Zahlen <10). Dagegen enthält die Liste b Elemente ganz unterschiedlichen Typs. Die dritte Liste c zeigt, dass Listen andere Listen als Elemente (so genannte Sublisten) enthalten können.

Wie greift der Programmierer nun auf die in der Liste gespeicherten Elemente zu? Ganz einfach durch die Angabe der Position, in der sich das Element befindet, auf das zugegriffen werden soll. Listen sind nämlich geordnet. Dem ersten Element wird intern die Zahl 0 zugeordnet, das letzte Element einer Liste hat demzufolge die "Hausnummer" *anzahl-1*. Dabei bedeutet *anzahl* die Anzahl der in der Liste gespeicherten Elemente.

In dem oben gezeigten Beispiel bedeutet a[0] die Zahl 1 und mit a[4] würde auf die Zahl 9 zugegriffen. Soll die Zeichenkette "Hallo!" ausgegeben werden, so muss auf b[1] zugegriffen werden. Die Unterliste ['a','b'] ist das zweite Element der Liste c; deshalb kann mit print c[1] diese Liste ausgegeben werden. Will man dagegen auf das zweite Element dieser Unterliste zugreifen, so wird c[1][1] adressiert. Sublisten

können wiederum Unterlisten enthalten, auf die in vergleichbarer Weise zugegriffen werden kann.
Zum Umgang mit Listen hält Python eine Menge von Methoden und Operatoren für den Programmierer bereit. Beispielsweise kann mit dem Operator *in* festgestellt werden, ob ein Element in einer Liste enthalten ist oder nicht. In dem folgenden Beispiel wird getestet, ob eine Variable *farbe* einen Wert enthält, der in einer Liste möglicher Farben enthalten ist.

```
moegliche_farben = ["rot", "grün", "blau"]
farbe = raw_input("Bitte Farbe eingeben: ")
if farbe not in moegliche_farben:
   print "Diese Farbe ist nicht enthalten!"
```

Eine leere Liste wird durch zwei leere eckige Klammern erzeugt (z.B. d = [ ]). Die in Python eingebaute Funktion *len(liste)* bestimmt die Anzahl der in einer Liste gespeicherten Elemente. Für die gerade besprochenen Listen ergibt len(a) die Zahl 5, len(c) die Zahl 2 und len(d) die Zahl 0.

Wenn über alle Elemente der Liste iteriert werden soll, kann dies prägnant oder umständlich geschehen. Im folgenden Codeblock soll zunächst die zweite Variante gezeigt werden, die oft von Programmieranfängern codiert wird. Das Ziel besteht darin, alle Elemente einer Liste am Bildschirm auszugeben.

```
moegliche_farben = ["rot", "grün", "blau"]
anzahl = len(moegliche_farben)
for i in range(0,anzahl,1):
   print i, moegliche_farben[i]
```

In diesem Beispiel wird zunächst die Länge der Liste, also die Anzahl ihrer Elemente ermittelt. Hierzu dient der Aufruf der Funktion len(). Anschließend werden diese Elemente mit einer for-Schleife ausgegeben, wobei über den Index der Listenelemente iteriert wird. Schließlich werden die Listenelemente ausgegeben. Dieser Umweg ist eigentlich überflüssig. Die kürzere Version ist folgende:

```
moegliche_farben = ["rot", "grün", "blau"]
for i in moegliche_farben:
   print i
```

Hier wird direkt auf die Listenelemente zugegriffen, ohne Umweg über deren Indizes. Die zweite Variante ist nur dann ungünstig, wenn doch aus irgend einem Grund der Index eines Listenelementes benötigt wird. Dieser kann aber auch über die vordefinierte Listenmethode *index()* ermittelt werden, wie die folgenden Zeilen zeigen.

```
moegliche_farben = ["rot", "grün", "blau"]
for i in moegliche_farben:
   j = moegliche_farben.index(i)
   print j,i
```

Nachfolgend werden die wichtigsten *Funktionen und Methoden* zum Arbeiten mit Listen kurz vorgestellt.

len(list)
Gibt die Länge der Liste *list* bzw. die Anzahl der in der Liste enthaltenen Elemente zurück.

list.index(element)
Gibt den Index des Elementes *element* innerhalb der Liste *list* zurück.

list.append(element)
Die Methode *append()* fügt an eine bestehende Liste *list* das Element *element* an (Anhängen eines Elementes).

list.remove(element)
Die Methode *remove()* löscht das Element *element* aus der Liste *list*.

list.sort()
Mit dieser Methode wird die Liste *list* sortiert.

list.reverse()
Mit der Methode *reverse()* wird die Reihenfolge der Listenelemente umgekehrt. Das letzte Element der Liste *list* wird zum ersten Element. Das erste Element wird zum letzten etc.

list.count(element)
Die Methode *count()* ermittelt, wie oft ein Element *element* in der Liste *list* enthalten ist.

list.insert(index,element)
Mit der Methode *insert()* kann ein Element *element* in eine Liste *list* eingefügt werden. Das Einfügen geschieht an der Position *index*. Die restlichen Elemente der Liste werden angehängt: ihre Indizes verändern sich durch das Einfügen.

Beispiele
Nachfolgend sollen kurze Beispiele zur Anwendung der vorgestellten Methoden gegeben werden. Hier werden zunächst die Methoden *sort() und reverse()* benutzt.

```
inhalt = [ 5,23,45,15,22,54]
print inhalt
inhalt.sort()
print inhalt
inhalt.reverse()
print inhalt
```

Die Ausgabe lautet dann:

```
 [5, 23, 45, 15, 22, 54]
[5, 15, 22, 23, 45, 54]
[54, 45, 23, 22, 15, 5]
```

Wie die Methoden *index(), remove()* und *append()* angewendet werden können, zeigt das nächste Beispiel.

```
inhalt = [ 23.5, 12, [19, "Hallo"], 12, 45]
print inhalt                                    #1
inhalt.append(100)                              #2
print inhalt
inhalt[2].append(200)                           #3
print inhalt
anzahl = inhalt.count(12)                       #4
print anzahl
inhalt.remove(23.5)                             #5
print inhalt
ind = inhalt.index(45)                          #6
print ind
inhalt.insert(3,77)                             #7
print inhalt
```

Die Ausgabe lautet dann:

```
[23.5, 12, [19, 'Hallo'], 12, 45]               #1
[23.5, 12, [19, 'Hallo'], 12, 45, 100]          #2
[23.5, 12, [19, 'Hallo', 200], 12, 45, 100]     #3
2                                               #4
[12, [19, 'Hallo', 200], 12, 45, 100]           #5
3                                               #6
[12, [19, 'Hallo', 200], 12, 77, 45, 100]       #7
```

Diskussion:

- Die Liste *inhalt* wird definiert und ausgegeben (#1).
- Mit der Methode *append()* wird die Zahl 100 an die Liste angehängt (#2).
- Da die Unterliste [19,"Hallo"] ebenfalls eine Liste ist, kann mittels *append()* die Zahl 200 an diese Liste angehängt werden (#3). Diese Subliste hat den Index 2.
- Anschließend wird mit *count()* gezählt, wie oft die Zahl 12 in der Liste enthalten ist (#4).
- Die Zahl 23.5 wird mithilfe der Methode *remove()* aus der Liste entfernt (#5).
- Der Index der Zahl 45 wird ermittelt (#6). Vorsicht! Da zuvor ein Element der Liste entfernt wurde, hat diese Zahl nun den Index 3.
- Schließlich wird mit der Methode *insert()* die Zahl 77 in die Liste eingetragen (#7). Diese Zahl wird als vierte Zahl (Index: 3) eingefügt. Die Indizes der folgenden Elemente verändern sich.

Schließlich soll nochmals an die *range()*-Funktion erinnert werden, mit der Listen von ganzen Zahlen erzeugt werden können. Diese wurde schon im Abschnitt 2.8.1 erklärt.

In dem folgenden Abschnitt wird gezeigt, wie Listen verkettet (aneinander angehängt) und vervielfacht werden können. Auch das Überschreiben von Listenelementen wird demonstriert.

Die Operatoren + und *
Mit dem +-Operator können zwei Listen verkettet werden. Mithilfe des *-Operators kann eine Liste n-fach wiederholt werden. Am besten kann dies an Beispielen gezeigt werden (die nachfolgend in der Python-Shell ausgeführt werden).

```
>>> Liste1 = [1,2,3]
>>> Liste2 = [3,4,5]
>>> Ergebnis = Liste1+Liste2
>>> print Ergebnis
[1, 2, 3, 3, 4, 5]
>>> E = 4*Liste2
>>> print E
[3, 4, 5, 3, 4, 5, 3, 4, 5, 3, 4, 5]
```

Überschreiben von Listenelementen - Zugriff auf das letzte Listenelement
Einem Listenelement kann auch direkt ein Wert zugewiesen werden. Dies geschieht mithilfe des Elementindex. Um auf das letzte (am weitesten rechts stehende) Element einer Liste zuzugreifen, kann der Index -1 benutzt werden. Dies erspart uns die Ermittlung der Listenlänge!

```
>>> Liste1 = [10,20,40,70]
>>> Liste1[2]=-45
>>> Liste1[-1] = 90
>>> print Liste1
[10, 20, -45, 90]
```

Ermittlung des Maximums und des Minimums in einer Liste
Mit den Funktionen *max() und min()* können die Extremwerte der in einer Liste gespeicherten Elemente ermittelt werden. Bei Listen, die aus Zeichenketten aufgebaut sind, wird ein lexikographischer Vergleich durchgeführt. Hier zwei Beispiele:

```
>>> Liste1 = [10,20,40,70]
>>> max(Liste1)
70
>>> min(Liste1)
10
>>> Orte = ["Xanten", "Essen", "Aachen", "Wuppertal"]
>>> min(Orte)
'Aachen'
>>> max(Orte)
'Xanten'
```

Aufgaben

Aufgabe 3.1.1
Gegeben ist die Liste

werte = [12, 22, 'Wuppertal', 34.5, "Solingen", 102.45, 103, 12.3, 45]

Schreiben Sie ein Python-Programm, das die Elemente dieser Liste in drei verschiedene Listen für Ganzzahlen, Gleitpunktzahlen und Zeichenketten einfügt. Die Originalliste soll dabei erhalten bleiben.

Aufgabe 3.1.2
Gegeben ist die Liste

werte = [1, 2, 4, 5, 9,12]

Schreiben Sie ein Python-Programm, das die Summe und das Produkt der in der Liste enthaltenen Zahlen ermittelt und ausgibt. Verwenden Sie *nicht* die eingebaute Funktion *sum().*

Aufgabe 3.1.3
Gegeben ist die Liste

werte = [-1, 2, 4, 5, 9,12]

Schreiben Sie ein Python-Programm, welches das Maximum und das Minimum einer Zahlenliste ermittelt, *ohne* die eingebauten Funktionen *max() und min()* zu verwenden. Schreiben Sie schließlich eine *Funktion* mit Namen *maxmin(),* welche die Extremwerte einer beliebigen Zahlenliste ermittelt und zurückgibt.

Aufgabe 3.1.4
Gegeben ist die Liste von Städten und eine weitere Liste mit deren Kfz-Kennzeichen.

Staedte = ["Essen", "Dortmund", "Wuppertal"]
Kfz = ["E", "DO", "W"]

Überführen Sie beide Listen mittels eines Python-Programms in eine Liste der folgenden Form:

Ergebnis = [["Essen", "E"], ["Dortmund", "DO"], ["Wuppertal", "W"]]

Aufgabe 3.1.5
In der Programmierung spielt die Datenstruktur des *Stapels* (engl. Stack) eine große Rolle. Wir kennen Stapel aus unserem Alltagsleben. Zum Beispiel einen Stapel von Tellern: wir können an den untersten Teller nur herankommen, wenn wir die darüber liegenden Teller entfernen. Und einen zusätzlichen Teller legen wir oben auf den Sta-

pel. Weitere Beispiele sind: die zusammengebundenen Einkaufswagen vor einem Supermarkt oder die Waggons auf einem (nur einseitig zugänglichen) Abstellgleis. Dieser letzte Fall ist in der folgenden Grafik dargestellt.

Jeder Waggon hat eine eindeutige Identifikationsnummer (ganze Zahl). Die Wagen werden von links eingefahren, rechts ist das Gleis nicht zugänglich. Schreiben Sie ein Python-Programm zur Verwaltung eines Stapels (Gleises). Der Stapel soll mithilfe einer Liste modelliert werden, die ganze Zahlen aufnimmt. Es sollen zwei Funktionen geschrieben werden. Die Funktion *AufDenStapel()* erhält eine Ganzzahl übergeben und fügt diese Zahl in den Stapel ein. Wegen der Eindeutigkeit der Zahlen darf diese Zahl *nicht* schon auf dem Stapel vorhanden sein. Eine weitere Funktion *VonDemStapel()* soll den am weitesten links liegenden Wagen, also den "obersten" Eintrag des Stapels, entfernen. Bei dieser Funktion ist zu bedenken, dass für den Fall, dass der Stapel leer ist, natürlich nichts mehr entfernt werden kann. Es muss also eine Fehlermeldung ausgegeben werden, wenn versucht wird, einen Wagen aus einem leeren Stapel zu entfernen! Zusätzlich sollen Funktionen zur Ermittlung der aktuellen Stapellänge sowie eine Funktion zur Ausgabe des Stapels vorgesehen werden.

Aufgabe 3.1.6
Zum Thema Sortieren gibt es in der Informatik eine Vielzahl von Untersuchungen. Mittlerweile gibt es dafür sehr ausgefeilte Algorithmen. Wir wollen mit einem sehr einfachen Ansatz eine eigene Lösung entwickeln.

Gegeben ist eine Liste aus Zahlen (Ganzzahlen oder Gleitpunktzahlen):

```
zahlen = [45, 23, 12.5, 2, 119.23, 44]
```

Schreiben Sie eine Funktion, die diese Liste sortiert. Sie sollen dabei *nicht* die Methode *sort()* verwenden!

Lösungen

Lösung 3.1.1
Die Lösungsidee besteht darin, zunächst drei leere Listen für die unterschiedlichen Elementtypen anzulegen. Anschließend werden die Elemente der Liste *werte* mit der Funktion *type()* geprüft. Nachdem der Typ des Elementes ermittelt wurde, wird mittels der Methode *append()* das jeweilige Element an die entsprechende Liste angefügt.

```
werte = [12, 22, "Wuppertal", 34.5, "Solingen", 102.45, 103, 12.3, 45]
Ganzezahlen = []
Gleitpunktzahlen = []
Zeichenketten = []

for x in werte:
  if type(x)==type(0):
```

```
        Ganzezahlen.append(x)
    elif type(x)==type(0.0):
        Gleitpunktzahlen.append(x)
    elif type(x)==type('a'):
        Zeichenketten.append(x)
print
print Ganzezahlen
print Gleitpunktzahlen
print Zeichenketten
```

Ausgabe:

```
[12, 22, 103, 45]
[34.5, 102.45, 12.300000000000001]
["Wuppertal", "Solingen"]
```

Lösung 3.1.2

Die Lösung wird in Anlehnung an die Summen- und Produktbildung aus Kapitel 2.8.1 aufgebaut. Zunächst werden die Variablen *summe* und *produkt* mit den Werten 0 bzw. 1 initialisiert. Die folgende for-Schleife ermittelt dann die Summe und das Produkt.

```
werte = [1, 2, 4, 5, 9,12]
summe = 0.0
produkt = 1.0
for i in werte:
    summe = summe + i
    produkt = produkt*i
print "Summe = ", summe
print "Produkt=", produkt
```

Ausgabe:

```
Summe =  33.0
Produkt= 4320.0
```

Lösung 3.1.3

Die einfache Grundidee zur Lösung der Problemstellung ist folgende: die Liste wird von links nach rechts mittels einer Schleife durchlaufen. Jedes Listenelement wird mit dem bislang ermittelten Maximalwert (bzw. Minimalwert) verglichen. Wenn das aktuelle Listenelement größer als dieser Maximalwert (bzw. kleiner als der Minimalwert) ist, so ersetzt es diesen Wert. Damit der Algorithmus anlaufen kann, wird anfangs das erste Listenelement dem Maximalwert bzw. Minimalwert zugewiesen. Hier ist zunächst die Lösung ohne die Verwendung von Funktionen:

```
werte = [-1, 2, 4, 5, 9,12]
Max = werte[0]
```

```
Min = werte[0]
for k in werte:
   if k>Max:
      Max = k
   if k<Min:
      Min = k
print "Maximum: ",Max
print "Minimum: ",Min
```

Ausgabe:

```
Maximum: 12
Minimum: -1
```

Anschließend sei hier noch die Lösung mit einer Funktion namens *minmax()* gezeigt. Beim Schreiben dieser Funktion machen wir uns zunutze, dass in Python auch mehrere Werte (hier Min und Max) durch *return* an das aufrufende Programm zurückgegeben werden können.

```
# Funktionsdefinition
def minmax(Liste):
   Max = Liste[0]
   Min = Liste[0]
   for k in Liste:
      if k>Max:
         Max = k
      if k<Min:
         Min = k
   return Min, Max

# Hauptprogramm
werte = [-1, 2, 4, 5, 9,12]
Min, Max = minmax(werte)
print "Maximum: ",Max
print "Minimum: ",Min
```

Das Programm funktioniert auch einwandfrei, wenn die Liste Zeichenketten enthält. Probieren Sie es aus!

Lösung 3.1.4
In diesem Fall liegt es nahe, beide Listen gleichzeitig unter Zuhilfenahme des Index zu durchlaufen. Wir unterstellen dabei, dass die Länge beider Listen gleich ist. Jedes Paar von Listenelementen wird als Unterliste an die Ergebnisliste mit der *append()*-Funktion angehängt. Die Ergebnisliste wird zunächst als leere Liste angelegt. Nur dann kann der Aufruf von *append()* erfolgreich sein!

```
Staedte = ["Essen", "Dortmund", "Wuppertal"]
Kfz = ["E", "DO", "W"]
```

```
Ergebnis = []
laenge = len(Kfz)
for i in range(laenge):
   Ergebnis.append([Staedte[i],Kfz[i]])
print Ergebnis
```

Lösung 3.1.5

Bei der folgenden Lösung wird eine Liste namens *Stapel* als globale Variable erzeugt. Jede Funktion kann auf diesen Namen zugreifen und die Liste damit verändern oder auslesen.

```
Stapel = []
def AufDenStapel(eintrag):
   Stapel.append(eintrag)
   print "Der Eintrag ",eintrag,\
       " wurde auf den Stapel gelegt"
def StapelLaenge():
   return len(Stapel)
def StapelAusgeben():
   print
   for i in Stapel:
      print i,
   print
def VonDemStapel():
   if len(Stapel)<>0:
      oben = Stapel[-1]
      Stapel.remove(oben)
      print "Das Element ",oben,\
          " wurde vom Stapel entfernt"
   else:
      print "Der Stapel ist leer!"
      print "Es kann nichts entfernt werden!"
```

Eine typische interaktive Sitzung zeigt die Anwendung:

```
>>> AufDenStapel(29)
Der Eintrag  29  wurde auf den Stapel gelegt
>>> AufDenStapel(155)
Der Eintrag  155  wurde auf den Stapel gelegt
>>> AufDenStapel(12)
Der Eintrag  12  wurde auf den Stapel gelegt
>>> print StapelLaenge()
3
>>> StapelAusgeben()

29 155 12
>>> VonDemStapel()
Das Element  12  wurde vom Stapel entfernt
>>> VonDemStapel()
```

```
Das Element 155 wurde vom Stapel entfernt
>>> StapelAusgeben()

29
>>> VonDemStapel()
Das Element 29 wurde vom Stapel entfernt
>>> VonDemStapel()
Der Stapel ist leer!
Es kann nichts entfernt werden!
>>>
```

Lösung 3.1.6

Die Grundidee zur Lösung ist folgende: wir suchen in der Liste das Minimum und hängen dies an die Ergebnisliste an. Anschließend löschen wir diesen Minimalwert in der Originalliste. Dieser Vorgang wird wiederholt, bis die Originalliste leer ist. Nachfolgend geben wir diesen Algorithmus zunächst in Pseudocode (umgangssprachlich) wieder und schreiben ihn dann in ein Python-Programm um.

```
# Originalliste vorgeben
# Ergebnisliste als leere Liste definieren
# Wiederhole - bis die Originalliste leer ist - den folgenden Code:
        # Finde das Minimum in der Originalliste
        # Hänge das Minimum an die Ergebnisliste an
        # Lösche den Minimalwert aus der Originalliste
# Ausgabe der Ergebnisliste
```

Hier nun die Lösung in Python:

```
OriginalListe = [45, 23, 12.5, 2, 119.23, 44]
ErgebnisListe = []
while len(OriginalListe)<>0:
   Minimum = min(OriginalListe)
   ErgebnisListe.append(Minimum)
   OriginalListe.remove(Minimum)
print ErgebnisListe
```

An diesem Beispiel kann man sehen, dass es durchaus hilfreich sein kann, einen Algorithmus zunächst umgangssprachlich zu beschreiben und erst danach in ein lauffähiges Programm zu konvertieren.

3.2 Tuples

Ein Tuple ist eine geordnete Zusammenfassung beliebiger Objekte (ganz ähnlich zur Liste). Im Gegensatz zu Listen sind Tuples jedoch *unveränderlich*. Es gibt also keine Methoden zum Löschen von Elementen oder zum Überschreiben von Elementen in Tuples. Die Elemente eines Tuples werden in *runde Klammern* eingeschlossen. Der folgende Dialog zeigt, was man mit einem Tuple anfangen kann.

```
>>> werte = (10,20,30)          #1
>>> type(werte)                 #2
<type 'tuple'>
>>> zahlen = 10,20,30           #3
>>> type(zahlen)
<type 'tuple'>
>>> werte==zahlen               #4
True
>>> werte+zahlen                #5
(10, 20, 30, 10, 20, 30)
>>> 3*werte                     #6
(10, 20, 30, 10, 20, 30, 10, 20, 30)
>>> 30 in werte                 #7
True
>>> 60 in zahlen
False
>>> for i in werte:             #8
        print i,

10 20 30
```

Diskussion:

- Tuples werden erklärt, in dem deren Elemente in runde Klammern eingeschlossen werden. Neben Ganzzahlen können auch Zeichenketten, Gleitpunktzahlen und andere Objekte ein Tupel bilden (#1).
- Mit der Funktion type() kann der Typ eines Objektes ermittelt werden (#2).
- Alternativ können die Klammern bei der Erstellung von Tuples weggelassen werden (#3).
- Tuples können auf Gleichheit getestet werden (#4).
- Mithilfe des +-Operators können Tuples verkettet (aneinandergehängt) werden (#5).
- Tuples können mit dem *-Operator n-fach wiederholt werden (#6)
- Es kann mit dem in-Operator getestet werden, ob ein Objekt in einem Tupel enthalten ist oder nicht (#7).
- Schließlich kann über einem Tupel iteriert werden. Mit einer Schleife werden die Objekte aus einem Tupel am Bildschirm angezeigt (#8)

Für den Programmieranfänger stellt sich die Frage, warum die Erfinder von Python zwei derartig ähnliche Datenstrukturen wie Tuples und Listen vorgesehen haben. Diese Frage kann so beantwortet werden: Programme nehmen oft auf Daten Bezug, die *unveränderlich* sein sollen. Diese Daten in Listen zu speichern, wäre gefährlich, weil Listen potenziell veränderbar sind. Es kann bei der Programmierung vorkommen, dass Listenobjekte versehentlich verändert werden. Werden diese Daten jedoch in Tuples gespeichert, führt dies zu einem Fehler.

3.3 Sets - Mengen

Ein *Set (Menge)* ist eine ungeordnete Zusammenfassung von Objekten, wobei jedes Objekt nur einmal darin vorkommen kann. Im Gegensatz zu Listen gibt es also keinen Index, der die Reihenfolge der Objekte im Set festlegt. Wir können zwar über eine Menge iterieren, z.B. mittels einer Schleife, dabei ist aber nicht festgelegt, in welcher Reihenfolge diese Objekte erscheinen. Auch können in Listen Objekte mehrfach vorkommen, bei Mengen (Sets) ist das nicht möglich. Sets können verändert werden. Es gibt in Python allerdings auch die Datenstruktur des *Frozenset*, welche unveränderlich (eingefroren) ist. Im Rahmen dieser Einführung wird darauf *nicht* eingegangen. Listen können *keine* Elemente von Mengen sein.

Auf zwei Mengen können drei verschiedene Operationen (&,-,|) angewendet werden. In der folgenden Grafik sind die beiden Mengen durch Kreise repräsentiert. Das Ergebnis der nachfolgend definierten Mengenverknüpfungen ist schraffiert dargestellt.

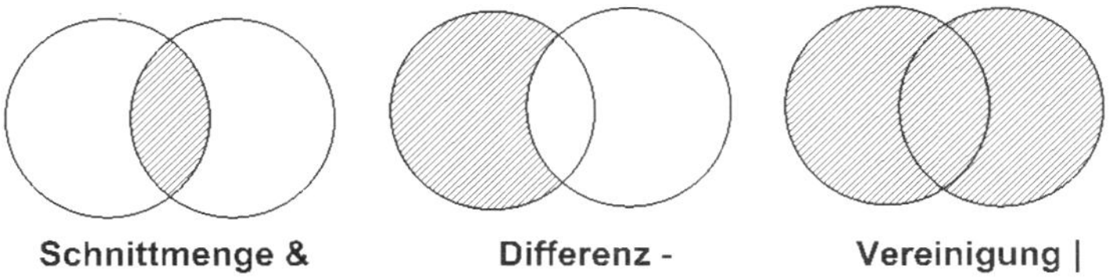

- Bei der *Schnittmenge* handelt es sich um ein Set aus jenen Elementen, die beiden Mengen angehören. Diese Operation wird auch *Durchschnitt* genannt (Operator &).
- Die *Differenzmenge* besteht aus jenen Elementen, die der ersten Menge angehören, verringert um jene Elemente, die auch in der zweiten Menge enthalten sind (Operator -).
- Die *Vereinigungsmenge* umfasst alle Elemente der ersten und der zweiten Menge (Operator |).

In dem nachfolgenden Shell-Dialog wird gezeigt, wie Mengen definiert werden, und wie die Mengenoperationen angewendet werden.

```
>>> Menge1 = set([12,34,60,12,72,34,90])     #1
>>> print Menge1
set([72, 60, 34, 12, 90])                    #2
>>> Menge2 = set([17,90,34,34,112,9,12])
>>> print Menge2
set([34, 9, 12, 112, 17, 90])
>>> Menge1&Menge2                            #3
set([34, 12, 90])
>>> Menge1-Menge2                            #4
set([72, 60])
>>> Menge2-Menge1                            #5
set([112, 9, 17])
>>> Menge1|Menge2                            #6
set([34, 72, 9, 12, 112, 17, 90, 60])
>>> for i in Menge1:                         #7
        print i,

72 60 34 12 90
```

Diskussion:

- Mengen werden erklärt, in dem deren Elemente aufgezählt werden (#1). Es wird eine Liste aus Elementen übergeben.
- Bei der Erstellung von Mengen werden Elemente, die mehrfach vorgegeben werden, nur einmal in der Menge berücksichtigt (#2).
- Der Durchschnitt (die Schnittmenge) wird durch jene Elemente bestimmt, die beiden Mengen gleichermaßen angehören (#3).
- Die Differenzmenge besteht aus jenen Elementen der erstgenannten Menge, deren Elemente nicht in der zweiten Menge enthalten sind. Es kommt bei dieser Operation auf die Reihenfolgen an (#4,#5).
- Bei der Vereinigung zweier Mengen handelt es sich um ein Set, welches alle Elemente beider Mengen umfasst (#6).
- Schließlich kann über eine Menge iteriert werden. Wenn die Elemente einer Menge mit einer Schleife ausgelesen werden, sind diese willkürlich angeordnet (#7).

3.4 Dictionaries

Neben Listen sind *Dictionaries* die bedeutendsten Datenstrukturen in der Programmiersprache Python. Es handelt sich dabei um eine *ungeordnete Sammlung von Schlüssel-Wert-Paaren.* Dictionaries werden auch als *assoziative Arrays* oder als *assoziative Felder* bezeichnet. Dem Programmieranfänger sagen diese Begriffe zunächst nichts. Er kann sich aber in guter Näherung ein Dictionary als *Tabelle* vorstellen, die aus zwei Spalten besteht. In der ersten Spalte ist ein so genannter Schlüsselwert eingetragen (engl. key-value), die zweite Spalte enthält den so genannten Datenwert (engl. data-value). Aus unserem Alltagsleben kennen wir eine Vielzahl solcher Zuordnungen. Nachfolgend werden zwei solcher Tabellen gezeigt. Die erste Tabelle stellt ein verkürztes deutsch-englisches Wörterbuch dar (Dictionary heißt ja Wörterbuch).

Schlüssel (Key Value)	Wert (Data Value)
rot	red
gelb	yellow
grün	green

Jedem Schlüsselwert ist eindeutig ein Datenwert zugeordnet. In Python kann diese Tabelle mit folgendem Dictionary abgebildet werden:

```
woerterbuch = {"rot":"red","gelb":"yellow","gruen":"green"}
```

Die folgende Tabelle enthält zu jedem Autokennzeichen als Schlüsselwert den Namen der zugehörenden Stadt.

Schlüssel (Key Value)	Wert (Data Value)
DO	Dortmund
E	Essen
W	Wuppertal

Auch diese Tabelle kann mithilfe eines Dictionary abgebildet werden:

```
kfz = {"DO":"Dortmund","E":"Essen","W":"Wuppertal"}
```

Dictionaries bestehen aus einer Folge von *Schlüssel-Wert-Paaren*, die durch Kommata getrennt werden. Schlüssel und Wert werden durch einen Doppelpunkt getrennt. Das Dictionary wird mit geschweiften Klammern eingerahmt. Die Datenwerte können im Prinzip beliebige Objekte sein. Ein Datenwert kann also auch aus einer Liste bestehen. Die Schlüsselwerte dürfen jedoch *nicht* aus Listen oder anderen Dictionaries bestehen.

Der folgende Shell-Dialog zeigt grundlegende Eigenschaften und Vorgehensweisen im Umgang mit Dictionaries.

```
>>> woerterbuch = {"rot":"red","gelb":"yellow","gruen":"green"}      #1
>>> kfz = {"DO":"Dortmund","E":"Essen","W":"Wuppertal"}
>>> print kfz["DO"]                                                  #2
Dortmund
>>> print woerterbuch["yellow"]                                      #3

Traceback (most recent call last):
  File "<pyshell#7>", line 1, in <module>
    print woerterbuch["yellow"]
KeyError: 'yellow'
>>> print woerterbuch["gelb"]                                        #4
yellow
>>> type(kfz)                                                        #5
<type 'dict'>
>>> kfz["B"]="Berlin"                                                #6
>>> print kfz                                                        #7
{'DO': 'Dortmund', 'B': 'Berlin', 'E': 'Essen', 'W': 'Wuppertal'}
>>> neu = {}                                                         #8
>>> type(neu)
<type 'dict'>
>>> print neu                                                        #9
{}
```

Diskussion:

- Die Dictionaries werden durch Aufzählung der Schlüssel-Wert-Paare erstellt (#1).
- Auf einen Datenwert kann zugegriffen werden, in dem hinter dem Namen des Dictionary in *eckigen Klammern* der Schlüsselwert angegeben wird (#2).
- Der Ausdruck *woerterbuch["yellow"]* führt zu einem Fehler. Python meldet einen KeyError (Schlüssel-Fehler), weil *yellow kein* Schlüssel ist, sondern nur in den Datenwerten vorkommt (#3). Dagegen ist *gelb* ein Schlüsselwert, mit dem ein Datenwert abgerufen werden kann (#4).
- Mittels der *type()*-Funktion kann auch für Dictionaries deren Typ ermittelt werden (#5).

- Ein bestehendes Dictionary kann erweitert werden (#6). Die folgende Ausgabe zeigt die erfolgreiche Erweiterung (#7).
- Durch Zuweisung der leeren Klammern {} kann ein leeres Dictionary erzeugt werden (#8), das noch keine Einträge enthält.

Für die Arbeit mit Dictionaries gibt es in Python viele eingebaute Methoden. Hier sollen nur die wichtigsten - zusammen mit dem in-Operator - vorgestellt werden.

dict.keys()
Gibt eine Liste mit den Schlüsselwerten des Dictionary *dict* zurück.

dict.values()
Gibt eine Liste mit den Datenwerten des Dictionary *dict* zurück.

dict.items()
Gibt eine Liste mit Tupeln zurück. Jedes Tupel enthält ein Schlüssel-Wert-Paar aus *dict*.

dict.has_key(x)
Es wird überprüft, ob der Schlüsselwert *x* im Dictionary *dict* enthalten ist. Falls dies zutrifft, wird eine 1, sonst 0 zurückgegeben.

del dict[x]
Löscht für den Schlüsselwert *x* ein Schlüssel-Wert-Paar aus dem Dictionary *dict*. Achtung! Falls der Schlüssel *nicht* im Dictionary enthalten ist, ergibt sich ein KeyError!

x in dict
Es wird geprüft, ob x ein Schlüssel des Dictionary dict ist. Wenn dies zutrifft, wird 1, sonst 0 ausgegeben.

Nachfolgend sollen diese Methoden beispielhaft angewendet werden.

```
>>> print kfz                                                    #1
{'DO': 'Dortmund', 'B': 'Berlin', 'E': 'Essen', 'W': 'Wuppertal'}
>>> "Do" in kfz                                                  #2
False
>>> "DO" in kfz                                                  #3
True
>>> schluessel = kfz.keys()                                      #4
>>> werte = kfz.values()                                         #5
>>> print schluessel                                             #6
['DO', 'B', 'E', 'W']
>>> print werte                                                  #7
['Dortmund', 'Berlin', 'Essen', 'Wuppertal']
>>> del kfz["E"]                                                 #8
>>> kfz                                                          #9
{'DO': 'Dortmund', 'B': 'Berlin', 'W': 'Wuppertal'}
>>> print kfz.items()                                            #10
[('DO', 'Dortmund'), ('B', 'Berlin'), ('W', 'Wuppertal')]
```

Diskussion:

- Das Dictionary *kfz* ist definiert und wird ausgegeben (#1).
- Mit dem Operator *in* wird geprüft, ob die Zeichenkette "Do" als Schlüssel in *kfz* enthalten ist (#2). Python antwortet mit *False*, weil der Schlüsselwert nicht "Do" sondern "DO" ist (#3).
- Die Variable *schluessel* erhält die Schlüsselwerte des Dictionary als Liste zugewiesen (#3). Entsprechend enthält die Variable *werte* die zugehörenden Werte (hier: Städtenamen, #4). Diese beiden Listen werden anschließend ausgegeben (#6, #7).
- Mit *del kfz["E"]* wird das Schlüssel-Werte-Paar *"E":"Essen"* aus dem Dictionary entfernt. Wir überzeugen uns von der erfolgreichen Löschung durch eine weitere Ausgabe des Dictionary (#9).
- Der Methodenaufruf *kfz.items()* erzeugt eine *Liste* aus Zweier-Tupeln, wobei jedes Tupel ein Schlüssel-Wert-Paar des Dictionary enthält. Diese Liste wird mit *print* direkt ausgegeben (#10).

Da Dictionaries ungeordnet sind, kann über diese nicht direkt iteriert werden. Jedoch können hierfür stattdessen die Schlüsselwerte des Dictionary verwendet werden, wie das folgende Beispiel zeigt.

```
>>> for i in kfz.keys():
        print i,kfz[i]

DO Dortmund
B Berlin
W Wuppertal
```

Oder noch einfacher: in der Schleife wird der Name des Dictionary angegeben, dann wird implizit über die Schlüsselwerte iteriert.

```
>>> for i in kfz:
        print i,kfz[i]

DO Dortmund
B Berlin
W Wuppertal
```

Aufgaben

Aufgabe 3.4.1
Gegeben sind zwei Listen. Die erste Liste enthält eine Folge von Postleitzahlen, die zweite Liste die zugehörigen Städtenamen.

Postleitzahlen = [42097,45289,44137]
Staedte = ["Wuppertal","Essen","Dortmund"]

Erstellen Sie aus diesen Listen ein Dictionary unter Verwendung einer Programmschleife. Die Postleitzahlen sollen dabei als Schlüsselwerte dienen. Geben Sie das Dictionary anschließend aus.

Aufgabe 3.4.2
Gegeben ist ein Dictionary mit dem Namen *Quadrat*, das ganze Zahlen als Schlüssel und die Quadrate dieser Zahlen als Werte hat. Löschen Sie mittels einer Programmschleife alle Schlüssel-Werte-Paare aus dem Dictionary, deren Schlüssel ohne Rest durch drei teilbar ist.

Quadrat = {0: 0, 1: 1, 2: 4, 3: 9, 4: 16, 5: 25, 6: 36, 7: 49, 8: 64, 9: 81}

Hinweis: Der Einfachheit halber können Sie das vorgegebene Dictionary ebenfalls mittels einer Schleife erzeugen.

Aufgabe 3.4.3
Schreiben Sie ein Programm, das vom Benutzer beliebig viele deutsch-englische Wortpaare anfordert. Mittels der deutschen Worte als Schlüssel soll dabei ein Dictionary namens *Woerterbuch* angelegt und mit Werten gefüllt werden. Die Eingabe soll beendet sein, wenn der Benutzer ohne weitere Eingabe die Return-Taste drückt.

Aufgabe 3.4.4
Erweitern Sie das Programm aus Aufgabe 3 dahingehend, dass nach der Abfrage der Worte zunächst geprüft wird, ob zu einem deutschen Wort (Schlüssel) schon ein Eintrag vorhanden ist. In diesem Fall soll das Programm eine Meldung und den vorhandenen Eintrag ausgeben. Der Benutzer soll dann entscheiden können, ob er diesen Eintrag überschreiben will oder nicht.

Aufgabe 3.4.5
Schreiben Sie ein Programm, das bei Eingabe des Namens einer mathematischen Funktion die Ableitung dieser Funktion als Zeichenkette ausgibt. Verwenden Sie ein Dictionary, das die folgende Tabelle abbildet. Wenn ein Funktionsname eingegeben wird, der nicht in dem Dictionary enthalten ist, soll eine Fehlermeldung ausgegeben werden. Der Programmabbruch soll wie bei Aufgabe 3 dadurch geschehen, dass der Benutzer ohne weitere Eingabe die Enter-Taste drückt.

Funktionsname	sin(x)	cos(x)	exp(x)	ln(x)	x
Ableitung	cos(x)	-sin(x)	exp(x)	1/x	1

Lösungen

Lösung 3.4.1
Wir unterstellen, dass beide Listen gleich lang sind und ermitteln die Länge der Listen mit der *len()*-Funktion. Das Dictionary *Plz* wird zunächst als leeres Dictionary er-

stellt. Anschließend werden mittels einer for-Schleife die Schlüssel-Wert-Paare zugewiesen. Die Schleifenvariable i repräsentiert dabei den Index der Listen.

```
Postleitzahlen = [42097,45289,44137]
Staedte = ["Wuppertal","Essen","Dortmund"]
Plz = {}
laenge = len(Staedte)
for i in range(laenge):
   Plz[Postleitzahlen[i]] = Staedte[i]
print Plz
```

Ausgabe:

```
{42097: 'Wuppertal', 44137: 'Dortmund', 45289: 'Essen'}
```

Lösung 3.4.2
Zunächst wird das Dictionary *Quadrat* als leeres Dictionary erstellt. Eine Programmschleife durchläuft die Werte 0 bis 9 und füllt das Dictionary mit den entsprechenden Quadratzahlen. Dann wird *Quadrat* ausgegeben. Anschließend durchläuft eine zweite for-Schleife die Schlüsselwerte des Dictionaries. Es wird geprüft, ob der aktuelle Schlüsselwert ohne Rest durch 3 teilbar ist (i%3==0). Falls dies zutrifft, wird das Schlüssel-Wert-Paar gelöscht. Abschließend wird *Quadrat* nochmals ausgegeben.

```
Quadrat = {}
for i in range(10):
   Quadrat[i]=i**2
print Quadrat

for i in Quadrat.keys():
   if i%3==0:
      del Quadrat[i]
print Quadrat
```

Lösung 3.4.3
Zunächst wird ein leeres Dictionary mit dem Namen Woerterbuch angelegt. In einer while-Schleife werden mit der Funktion raw_input() deutsche und äquivalente englische Worte abgefragt und anschließend in das Dictionary eingetragen. Die Schleife läuft solange, bis der Benutzer nichts mehr eingibt und nur die Enter-Taste drückt. In diesem Fall gibt raw_input() nur eine leere Zeichenkette zurück. Damit die while-Schleife überhaupt anlaufen kann, wird vor der Schleife schon das erste deutsche Wort abgefragt. Dann enthält die Variable wortDE einen nicht leeren String:

```
Woerterbuch = {}
wortDE = raw_input("Bitte ein deutsches Wort eingeben: ")

while wortDE!="":
   wortEN = raw_input("Bitte ein englisches Wort eingeben: ")
   Woerterbuch[wortDE] = wortEN
   wortDE = raw_input("Bitte ein deutsches Wort eingeben: ")
print Woerterbuch
```

Beispielhafter Programmlauf:

```
Bitte ein deutsches Wort eingeben: Kirche
Bitte ein englisches Wort eingeben: church
Bitte ein deutsches Wort eingeben: Strasse
Bitte ein englisches Wort eingeben: street
Bitte ein deutsches Wort eingeben: Schiff
Bitte ein englisches Wort eingeben: ship
Bitte ein deutsches Wort eingeben:
{'Strasse': 'street', 'Schiff': 'ship', 'Kirche': 'church'}
```

Lösung 3.4.4

Wir übernehmen die Grundstruktur des Programms aus Aufgabe 3. Jedoch wird nach der Eingabe der beiden Worte zunächst geprüft, ob schon ein Eintrag unter dem Schlüssel vorhanden ist. Dies geschieht mittels der Methode *has_key()*. Wenn der Eintrag schon vorhanden ist, wird dies dem Benutzer mitgeteilt und nachgefragt, ob der Eintrag überschrieben werden soll. Dies kann z.B. deshalb beabsichtigt sein, wenn ein Eintrag fehlerhaft ist. Nur wenn der Benutzer mit "J" bzw. "j" antwortet, wird der Eintrag überschrieben. Die Methode upper(), die auf die Zeichenkette *antwort* angewendet wird, stellt sicher, dass die Antwort immer in Großbuchstaben vorliegt.

```
Woerterbuch = {}
wortDE = raw_input("Bitte ein deutsches Wort eingeben: ")
while wortDE!="":
    wortEN = raw_input("Bitte ein englisches Wort eingeben: ")
    # Ist ein Schlüssel schon vorhanden?
    if Woerterbuch.has_key(wortDE):
        # Schlüssel ist schon vorhanden
        print "Warnung! Ein Eintrag ist schon vorhanden!"
        print "Schluessel: ",wortDE," Wert: ", Woerterbuch[wortDE]
        antwort = raw_input("Sollen diese Werte ueberschrieben werden? (j/n)")
        if antwort.upper()=="J":
            Woerterbuch[wortDE] = wortEN
    else:
        # Schlüssel ist noch nicht vorhanden
        Woerterbuch[wortDE] = wortEN
    wortDE = raw_input("Bitte ein deutsches Wort eingeben: ")
print Woerterbuch
```

Programmlauf:

```
Bitte ein deutsches Wort eingeben: Kirche
Bitte ein englisches Wort eingeben: kitchen
Bitte ein deutsches Wort eingeben: Sommer
Bitte ein englisches Wort eingeben: summer
Bitte ein deutsches Wort eingeben: Regen
Bitte ein englisches Wort eingeben: rain
Bitte ein deutsches Wort eingeben: Kirche
Bitte ein englisches Wort eingeben: church
```

```
Warnung! Ein Eintrag ist schon vorhanden!
Schluessel:  Kirche  Wert:  kitchen
Sollen diese Werte ueberschrieben werden? (j/n)j
Bitte ein deutsches Wort eingeben:
{'Sommer': 'summer', 'Regen': 'rain', 'Kirche': 'church'}
```

Lösung 3.4.5
Die Tabelle wird zunächst als Dictionary (Name: Diff) dargestellt. Anschließend kann der Benutzer Funktionsnamen (Schlüssel) eingeben. Die Ableitung wird dann aus dem Dictionary über den Schlüssel ermittelt.

```
Diff = {"sin(x)":"cos(x)","cos(x)":"-sin(x)",\
      "exp(x)":"exp(x)","ln(x)":"1/x","x":"1"}
funktion = raw_input("Bitte eine Funktion eingeben: ")
while funktion!="":
   if Diff.has_key(funktion):
      print "Die Funktion ",funktion," hat die Ableitung",
      print Diff[funktion]
   else:
      print "Diese Funktion ist nicht in der Tabelle enthalten!"
   funktion = raw_input("Bitte eine Funktion eingeben: ")
```

Programmlauf:

```
Bitte eine Funktion eingeben: sin(x)
Die Funktion  sin(x)  hat die Ableitung cos(x)
Bitte eine Funktion eingeben: ln(x)
Die Funktion  ln(x)  hat die Ableitung 1/x
Bitte eine Funktion eingeben: tan(x)
Diese Funktion ist nicht in der Tabelle enthalten!
Bitte eine Funktion eingeben: x
Die Funktion  x  hat die Ableitung 1
Bitte eine Funktion eingeben: cos(x)
Die Funktion  cos(x)  hat die Ableitung -sin(x)
Bitte eine Funktion eingeben: exp(x)
Die Funktion  exp(x)  hat die Ableitung exp(x)
Bitte eine Funktion eingeben:
>>>
```

3.5 Slicing

In diesem Abschnitt werden nochmals die so genannten sequenziellen Objekttypen betrachtet. Wie in den vorangegangenen Kapiteln dargestellt wurde, gibt es Datentypen, die *geordnet* sind. Hierzu gehören die Zeichenketten (Strings), die Listen und die Tuples. Alle diese Objekte sind intern durch eine Nummerierung indiziert, wobei der am weitesten links stehende Eintrag die Ordnungszahl 0 zugeordnet bekommt. Die folgende Grafik zeigt diese Nummerierung am Beispiel der verschiedenen Typen.

```
Satz = "Stadt Wuppertal"  # String
```

S	t	a	d	t		W	u	p	p	e	r	t	a	l
0	1	2	3	4	5	6	7	8	9	10	11	12	13	14

Liste = [1, 4, 9, 16, 25, 36, 49, 64] # Liste

1	4	9	16	25	36	49	64
0	1	2	3	4	5	6	7

Kfz = ("W", "E", "DO", "BO" , "K", "D") # Tuple

"W"	"E"	"DO"	"BO"	"K"	"D"
0	1	2	3	4	5

Mithilfe dieses Index kann leicht auf ein einzelnes Element des jeweiligen Objekts zugegriffen werden, wie schon in den vorangegangenen Kapiteln gezeigt wurde. In dem folgenden Dialog wird dies nochmals gezeigt.

```
>>> Satz = "Stadt Wuppertal"                        #1
>>> print Satz[0],Satz[14]                          #2
S l
>>> print Satz[-1]                                  #2
l
>>> Liste = [ 1, 4, 9, 16, 25, 36, 49, 64 ]         #1
>>> print Liste[0],Liste[7],Liste[-1]               #2
1 64 64
>>> Kfz = ( "W", "E", "DO", "BO" , "K", "D")        #1
>>> print Kfz[0],Kfz[5],Kfz[-1]                     #2
W D D
>>> print Kfz[-2], Liste[-2],Satz[-2]               #3
K 49 a
```

Diskussion:

- Zunächst werden die unterschiedlichen sequenziellen Datentypen erzeugt (#1).
- Anschließend wird das erste Element (Index: 0) und das letzte Element (#2) ausgegeben. Um das letzte Element über den positiven Index anzusprechen, muss man wissen, wie viele Elemente in der Datenstruktur gespeichert sind. Falls dies unbekannt ist, kann das mittels der *len()*-Funktion ermittelt werden, die auf alle sequenziellen Typen angewandt werden kann.
- Bequemer ist es jedoch, das letzte Element durch den Index -1 anzusprechen. Hierbei handelt es sich um eine inverse Nummerierung, die am Ende der Datenstruktur beginnt und rückwärts läuft. Konsequenterweise wird mit dem Index -2 das vorletzte Element angesprochen etc. (#3).

Darüber hinaus kann mittels *Slicing* ein ganzer Teilbereich einer sequenziellen Datenstruktur angesprochen und kopiert werden. Die Anwendung dieser Technik wird nachfolgend gezeigt.

```
>>> Satz = "Stadt Wuppertal"                #1
>>> Name = Satz[6:14]                       #2
>>> print Name
Wupperta
>>> Name = Satz[6:15]                       #3
>>> print Name
Wuppertal
>>> print Satz[6:]                          #4
Wuppertal
>>> print Satz[6:-1]
Wupperta
>>>
>>> Liste = [ 1, 4, 9, 16, 25, 36, 49, 64 ] #1
>>> print Liste[0:3]                        #3
[1, 4, 9]
>>> print Liste[:3]                         #4
[1, 4, 9]
>>>
>>> Kfz = ( "W", "E", "DO", "BO" , "K", "D") #1
>>> Ruhrgebiet = Kfz[1:4]                   #7
>>> print Ruhrgebiet
('E', 'DO', 'BO')
>>> Kennzeichen = Kfz[:]                    #6
>>> print Kennzeichen
('W', 'E', 'DO', 'BO', 'K', 'D')
>>>
```

Diskussion:

- Nach der Zuweisung der sequenziellen Objekte (#1), wird das Herausschneiden durch Slicing (#2) demonstriert. Es werden zwei Indizes angegeben, die den herauszuschneidenden Bereich festlegen. Die beiden Indizes werden durch einen Doppelpunkt getrennt.
- Dabei ist wichtig, dass die Ordnungszahl des letzten herauszuschneidenden Elementes um 1 größer ist als der wirkliche Index dieses Elementes (vergleichen Sie das Ergebnis #2 mit #3). Zur Erklärung können wir uns vorstellen, dass der Schnitt *hinter dem auszuschneidenden Element* stattfindet.
- Soll der Schnitt ganz vorn beginnen oder ganz hinten enden, dann kann der Index weggelassen werden (#4).
- Schließlich kann auch die gesamte Datenstruktur *kopiert* werden, indem sowohl der erste als auch der letzte Index weggelassen werden (#6).
- Die Kfz-Kennzeichen der Ruhrgebietsstädte können aus dem Tuple Kfz durch die Angabe Kfz[1:4] herausgeschnitten werden. Dieses Ergebnis kann dann einer neuen Variablen (z.B. Ruhrgebiet) zugewiesen werden.

3.6 List Comprehensions

List Comprehensions erzeugen aus einer *Eingabeliste* eine *Ausgabeliste*. Sie können streng genommen jederzeit durch eine Kombination von for-Schleife, if-Anweisung und anderen Ausdrücken ersetzt werden. List Comprehensions bilden eine Art "Kurzschrift" für Code-Abschnitte und bringen Programme auf eine sehr kompakte Form. Weil sie häufig verwendet werden, sollen sie auch in dieser Einführung kurz erklärt werden.

Die einfache Form der List Comprehensions ist in allgemeiner Form:

Ausgabeliste = [Ausdruck for Element in Eingabeliste]

Die Wirkung ist einfach zu verstehen. Die for-Schleife läuft über alle Elemente der Eingabeliste. Für jedes Element wird dabei der Ausdruck (z.B. ein arithmetischer Ausdruck) angewendet und die so entstehenden modifizierten Elemente werden in der Ausgabeliste aufgesammelt. Nachfolgend wird das an Beispielen demonstriert.

```
>>> Ein = [ 1,5,10,16 ]                          #1
>>> Aus = [i+3 for i in Ein]                     #2
>>> Aus                                          #3
[4, 8, 13, 19]
>>> Aus2 = [k**2 for k in Ein]                   #4
>>> Aus2
[1, 25, 100, 256]
>>> Rein = ["Kugel","Zylinder","Quader"]         #5
>>> Raus = [len(x) for x in Rein]                #6
>>> Raus                                         #7
[5, 8, 6]
```

Erläuterung:

- Nach der Erklärung einer Liste durch Aufzählen der Listenelemente (#1) wird zu jedem Element der Liste *Ein* die Zahl 3 addiert (#2). Das Ergebnis wird in der Liste *Aus* gespeichert (#3).
- Die Liste Aus2 wird dadurch erzeugt, dass die Variable k die Liste *Ein* durchläuft und für jedes Element k die Quadratzahl k**2 gebildet wird (#4).
- List Comprehensions können natürlich auf Listen angewendet werden, die *keine* Zahlen enthalten. Im folgenden Beispiel (#5) besteht die Liste *Rein* aus Zeichenketten. Bei der folgenden List Comprehension wird diese Liste durchlaufen und für jedes Element x die Länge mittels der Funktion *len()* ermittelt (#6). Die Ergebnisse bilden die Liste *Raus*.

Die erweiterte, allgemeine Form der List Comprehensions wird durch eine zusätzliche if-Anweisung ergänzt:

Ausgabeliste = [Ausdruck for Element in Eingabeliste if Bedingung]

Bei der List Comprehension wird der Ausdruck nur ausgewertet, wenn das aktuelle Element die Bedingung erfüllt. Das wird anhand der folgenden Beispiele verständlich:

```
>>> Ein = range(10)                              #1
>>> Ein                                          #2
[0, 1, 2, 3, 4, 5, 6, 7, 8, 9]
>>> Aus = [ x**3 for x in Ein if x%2==0 ]        #3
```

```
>>> Aus                                              #4
[0, 8, 64, 216, 512]
>>> Liste1 = [ 1,5,6,12,17]                          #5
>>> Liste2 = [ 2,5,6,19,12,23]                       #6
>>> Liste3 = [u for u in Liste1 if u in Liste2]      #7
>>> Liste3                                           #8
[5, 6, 12]
```

Erläuterung:

- Mithilfe der *range()*-Funktion wird eine Liste der ganzen Zahlen kleiner als 10 erzeugt (#1.#2). Die Bedingung in der List Comprehension (#3) testet, ob das Element x eine gerade Zahl ist. Trifft das zu, so wird die Kubikzahl dieses Elementes gebildet und in der Ausgabeliste gespeichert (#4).
- *Liste1* und *Liste2* enthalten teilweise die gleichen Zahlen (#5,#6). Mittels der List Comprehension (#7) wird getestet, ob ein Element u aus *Liste1* auch in *Liste2* vorkommt. Wenn dies zutrifft, wird das Element in der Ausgabeliste *Liste3* abgelegt. Es entsteht eine Liste jener Elemente, die in beiden Listen enthalten sind.

Listen, die durch List Comprehensions als Ergebnis entstanden sind, können natürlich wieder als Eingabe in nachfolgenden List Comprehensions verwendet werden. Dadurch entstehen sehr übersichtliche und klar strukturierte Programme.

3.7 Iteratoren und die Zip-Funktion

Eine häufig anzutreffende Aufgabe in der wissenschaftlichen Programmierung besteht darin, mehrere Listen gleichzeitig zu durchlaufen. Dies kann z.B. mittels einer for-Schleife geschehen, die auf die Listenelemente über deren Index zugreift. Zuvor muss allerdings die Länge der Listen ermittelt werden.

Iteratoren erleichtern das Durchlaufen von Listen. Am besten kann das an einem Beispiel gezeigt werden.

```
>>> Staedte = ["Essen", "Dortmund", "Wuppertal"]
>>> k = iter(Staedte)
>>> k.next()
'Essen'
>>> k.next()
'Dortmund'
>>> k.next()
'Wuppertal'
>>> k.next()

Traceback (most recent call last):
  File "<pyshell#38>", line 1, in <module>
    k.next()
StopIteration
```

Die *iter()*-Funktion erzeugt für die vorgegebene Liste einen Iterator k. Bei jedem Aufruf von der Methode *next()* wird das nächste Element der Liste zurückgegeben. Es ist allerdings Vorsicht geboten: nachdem das Ende der Liste erreicht wurde, ist der Iterator verbraucht. Ein zusätzlicher Aufruf erzeugt dann einen Fehler.

Für ein und dieselbe Liste können durchaus mehrere Iteratoren erzeugt werden. Ebenso können mehrere Listen mittels Iteratoren gleichzeitig durchlaufen werden. Das folgende Beispiel zeigt, wie zwei Listen miteinander kombiniert werden können. Dazu wird nochmals das Beispiel aus Aufgabe 4 (Kapitel 3.1.1) betrachtet.

Beispiel
Gegeben ist die Liste von Städten und eine weitere Liste mit deren Kfz-Kennzeichen.

```
Staedte = ["Essen", "Dortmund", "Wuppertal"]
Kfz = ["E", "DO", "W"]
```

Überführen Sie beide Listen mittels eines Python-Programms in eine Liste von Tupeln der folgenden Form:

```
Ergebnis = [ ('Essen', 'E'), ('Dortmund', 'DO'), ('Wuppertal', 'W') ]

>>> Staedte = ["Essen", "Dortmund", "Wuppertal"]
>>> Kfz = ["E", "DO", "W"]
>>> k = iter(Kfz)
>>> Ergebnis = [ ]
>>> for s in Staedte:
        t = k.next()
        Ergebnis.append((s,t))

>>> Ergebnis
[('Essen', 'E'), ('Dortmund', 'DO'), ('Wuppertal', 'W')]
```

Weil diese Problematik der Zusammenführung zweier Listen in der Programmierpraxis häufig auftritt, hält Python hierfür eine Standardfunktion namens *zip()* bereit. Damit wird weder eine Schleife noch ein Iterator benötigt, wie der folgende Codeabschnitt beweist.

```
>>> Staedte = ["Essen", "Dortmund", "Wuppertal"]
>>> Kfz = ["E", "DO", "W"]
>>> Ergebnis = zip(Staedte,Kfz)
>>> Ergebnis
[('Essen', 'E'), ('Dortmund', 'DO'), ('Wuppertal', 'W')]
```

Die Funktion *zip()* kann auch mehrere Listen zusammenführen.

3.8 Funktionen, Module und Rekursion

Der Begriff der Funktion wurde schon in Kapitel 2.4 eingeführt. Eine Funktion beinhaltet einen Programmcode, der mehrfach verwendet werden soll. Die meisten Funktionen haben Übergabe-Parameter (auch *formale Parameter* oder einfach *Parameter* genannt) und sie können auch Werte zurückgeben (Rückgabewerte, Return-Values). Bei den Parametern der Funktion kann es aber auch *optionale Parameter* geben, die im folgenden Abschnitt eingeführt werden sollen.

3.8.1 Schlüsselwort-Parameter

Das folgende Beispiel zeigt den Programmcode einer Funktion zum Zeichnen von Quadraten mittels der Turtle-Grafik.

```
from turtle import *
def Quadrat(x,y,Laenge,Farbe,Dicke):            #1
    pensize(Dicke)
    pencolor(Farbe)
    penup()
    goto(x,y)
    pendown()
    for i in range(4):
        forward(Laenge)
        left(90)

# Aufrufe der Funktion
Quadrat(0,0,100,"red",4)                              #2
Quadrat(100,-100,100,"blue",2)                        #3
```

Die Funktion Quadrat() hat fünf Parameter: die x- und die y-Komponente des linken unteren Eckpunktes des Quadrates, seine Kantenlänge, die Farbe und die Liniendicke (#1). Alle Parameter *müssen* übergeben werden, wenn die Funktion aufgerufen wird (#2,#3). Wir können sie als Pflichtparameter bezeichnen. Das Weglassen eines Wertes würde konsequenterweise zu einer Fehlermeldung führen.

In der Programmierpraxis kommt es aber immer wieder vor, dass bestimmte Parameter als nicht bedeutsam betrachtet werden und deshalb bereits voreingestellte Werte (so genannte *Default-Werte*) besitzen. In unserem Beispiel könnte es vorkommen, dass wir eine große Zahl von Quadraten zeichnen wollen, wobei die Linienfarbe einheitlich schwarz sein soll und die Liniendicke 3 Pixel beträgt. Hier helfen optionale Schlüsselwort-Parameter weiter. Das folgende Beispiel zeigt, wie die Linienfarbe und Liniendicke als optionale Parameter erklärt werden können (#1).

```
from turtle import *
def Quadrat(x,y,Laenge,Farbe="black",Dicke=3):        #1
    pensize(Dicke)
    pencolor(Farbe)
    penup()
    goto(x,y)
    pendown()
    for i in range(4):
        forward(Laenge)
```

```
    left(90)

# Aufrufe der Funktion
Quadrat(0,0,100)                                      #2
Quadrat(100,-100,100)                                 #3
Quadrat(200,0,100,Farbe="red")                        #4
```

Beim Aufruf der Funktion müssen die drei ersten Parameter übergeben werden. Sie bleiben *Pflichtparameter (auch Positionsparameter)*. Die folgenden beiden Parameter, die in Zeile (#1) als Schlüsselwortparameter definiert wurden, können weggelassen werden (#2,#3). Allerdings steht es uns frei, einen oder alle Schlüsselwort-Parameter zu nennen und ihnen beliebige Werte zuzuweisen (#4). Damit schaffen wir die Ausnahme von der Regel.

Merke

Wenn Schlüsselwort-Parameter verwendet werden, so müssen diese *nach* den Pflichtparametern (Positionsparametern) stehen. Diese voreingestellten Parameter werden erklärt, in dem einem Namen ein Standardwert (Default) zugewiesen wird. Wird dieser Parameter beim Aufruf der Funktion später weggelassen, so wird immer der voreingestellte Wert verwendet.

3.8.2 Module

Der Vorteil von Funktionen ist offensichtlich. Wurde eine Funktion einmal erstellt und anschließend gründlich getestet, so braucht man sie später lediglich aufzurufen, ohne sich über die Details der Lösung Gedanken zu machen. Funktionen können also als *Black-Boxes* betrachtet werden, die lediglich durch ihre Funktionsweise definiert sind: sie erhalten Eingabewerte (Übergabe-Parameter) und liefern gegebenenfalls Ausgabewerte (Rückgabewerte) ab. So richtig produktiv wird ein Programmierer, wenn er möglichst viele Funktionen später in anderen Programmen wiederverwenden kann. Dies kann potenziell dadurch geschehen, dass man den Quellcode der Funktion kopiert. Davon ist aber abzuraten. Denn wenn die Funktion doch einmal geändert werden muss, weil evtl. ein Fehler gefunden wurde, dann müssen alle Varianten in allen Programmen geändert werden. Diese Vorgehensweise ist damit fehleranfällig und umständlich. Es ist sinnvoller, die Funktion in einem Modul zu speichern und diesen bei Bedarf zu *importieren*. Die grundlegende Vorgehensweise soll nun gezeigt werden. Sie ist in Python extrem einfach.

Zur Demonstration wird die Funktion *Quadrat()* verwendet, die im vorigen Kapitel 3.8.1 entwickelt wurde. Sie wird zunächst im Editor geöffnet und dann unter einem *anderen Namen* als *normale Python-Datei* abgespeichert. Stellen wir uns vor, wir speichern diese Datei unter dem Namen *geometrie.py*. Dort sollen in Zukunft alle geometrieorientierten Funktionen zusammen mit *Quadrat()* abgelegt werden. Die Datei geometrie.py ist eine so genannte *Moduldatei*. Jedoch enthält sie nur die Funktion (evtl. mit ergänzenden Variablen), aber *kein* Hauptprogramm.

Soll die Funktion *Quadrat()* in einem anderen Programm verwendet werden, so wird sie aus der Moduldatei importiert. Hierzu wird die *import*-Anweisung verwendet, die wir schon kennen gelernt haben. Das folgende Programm erstellt ein schachbrettartiges Gitter unter Verwendung der *Quadrat()*-Funktion.

```
from geometrie import Quadrat

for x in range(0,200,40):
   for y in range(0,200,40):
      Quadrat(x,y,40)
```

Ausgabe:

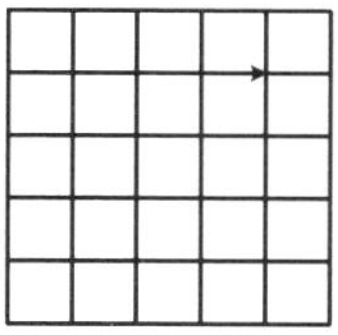

Die Anweisung *from geometrie import Quadrat* stellt *die Funktion Quadrat* im Hauptprogramm zur Verfügung. Das Programm verhält sich dann so, als wenn die Funktion *Quadrat()* mit dem Quellcode eingefügt worden wäre. Als Alternative hätte man auch schreiben können: *from geometrie import **. Diese Variante importiert *alle* Funktionen, die in geometrie.py gespeichert sind. Da aber in diesem Modul bislang nur eine Funktion enthalten ist, sind die beiden Anweisungen gleichwertig. Beim Import wird nur der Modulname *ohne* Namenserweiterung angegeben. Also

```
from geometrie import *
```

und *nicht*

```
from geometrie.py import *
```

Bei dem Import der Funktion aus dem Modul wird automatisch aus der Moduldatei eine zweite Datei erzeugt. Diese hat die Namenserweiterung .pyc statt .py. Es handelt sich dabei um eine *übersetzte (kompilierte) Python-Datei*. Diese kann schneller geladen und ausgeführt werden. Aus diesem Grund prüft Python bei einer import-Anweisung immer, ob eine kompilierte Datei vorhanden ist. Wenn das zutrifft, wird *immer* diese Version verwendet. Das hat schon manchen Python-Anfänger zur Verzweiflung gebracht, der Änderungen im Quelltext der Moduldatei vorgenommen hatte und trotzdem keine Veränderung im Programmverhalten feststellen konnte. Die übersetzte Moduldatei muss nämlich von Hand gelöscht werden, erst dann wird wieder die aktuelle Moduldatei ausgewertet und neu übersetzt.

Merke

Wenn Veränderungen in der Moduldatei vorgenommen wurden, muss zuerst die kompilierte Moduldatei mit der Namenserweiterung *.pyc* von Hand gelöscht werden, damit die Änderungen wirksam werden können.

Moduldateien können eine Vielzahl von Funktionen und zusätzlich bestimmte vorbesetzte Variablen enthalten. Im Kapitel 4 wird gezeigt, dass auch Klassen und Objekte in einer solchen Datei gespeichert werden können.

Schon im Kapitel 1 wurde ein Modul importiert. Er stellt alle mathematischen Funktionen bereit. Sein Name: *math.* Hier ist nochmals ein kurzer Shell-Dialog, der uns zeigt, dass in diesem Modul auch Variablen definiert sind. Diese sind (leider) nicht gegen Überschreiben gesichert. Also Vorsicht: an die Variablen pi und e sollten niemals Werte zugewiesen werden, wenn *math* importiert wurde!

```
>>> from math import *
>>> pi
3.1415926535897931
>>> e
2.7182818284590451
>>> pi=5
>>> pi
5
```

3.8.3 Rekursion

Funktionen können andere Funktionen aufrufen. Eine Funktion, die zum Beispiel die Fakultät berechnet, kann von einer anderen Funktion aufgerufen werden, welche die Binomialkoeffizienten einer nichtnegativen Zahl berechnen soll. Besonders interessant sind Funktionen, die sich selbst aufrufen. Dies erscheint auf den ersten Blick sinnlos, weil eine unendliche Kette von Aufrufen die Folge zu sein scheint. Es müssen also Vorkehrungen getroffen werden, damit dieses *Sich-Selbst-Aufrufen* irgendwann sinnvoll beendet werden kann. Dieser Vorgang wird *Rekursion* genannt. Funktionen, die sich selbst aufrufen, heißen *rekursive Funktionen*. Nachfolgend wird die Grundidee der rekursiven Funktionen an zwei Beispielen eingeführt.

Beispiel: Berechnung der Fakultät
Die folgende Funktion berechnet die Fakultät mittels einer Programmschleife (siehe Kapitel 2.8.1). Es handelt sich also um eine iterative Lösung.

```
def faku1(n):
    p = 1
    for i in range(n):
        p = p*(i+1)
    return p

print faku1(1)
print faku1(5)
```

Das Hauptprogramm besteht lediglich aus zwei *print*-Anweisungen, welche die korrekten Werte 1 und 120 ausgeben.

Jetzt soll ein alternativer Ansatz mittels *Rekursion* versucht werden. Hierzu schreiben wir die Definition der Fakultät in einer anderen Form:

n! = n * (n-1)!
1! = 1

Über die erste Gleichung wird die Fakultät von n auf die Fakultät von n-1 zurückgeführt. Dieselbe Gleichung kann dann verwendet werden, um die Fakultät von n-1 durch jene von n-2 zu berechnen. Dies wird fortgesetzt, wobei die Zahlenwerte fortwährend kleiner werden. Schließlich sorgt die zweite Gleichung 1!=1 dafür, dass der Prozess irgendwann einmal abbricht. Nachfolgend wird dieser Ansatz in ein Programm umgesetzt.

```
def faku2(n):
    print "n=",n              #1
    if n==1:
        p = 1                 #2
    else:
        p = n*faku2(n-1)      #3
    return p

print faku2(1)
print faku2(5)
```

Auch diese rekursive Lösung ergibt das richtige Ergebnis. Die print-Anweisung (#1) zeigt dem Programmieranfänger, wie oft und mit welchem Argument die Funktion aufgerufen wird. Diese Anweisung sollte später entfernt oder mithilfe eines führenden #-Zeichens auskommentiert werden. Der rekursive Aufruf der Funktion findet in Zeile #3 statt. Wenn n gleich 1 ist, wird dem Ergebnis der Wert 1 zugewiesen (#2).

Solche rekursiven Lösungen sind für viele Probleme einfacher zu entwickeln als alternative iterative Lösungen. Wir zeigen dies nochmals an einem klassischen Problem, das in vielen Lehrbüchern zu finden ist: die Fibonacci-Zahlen.

Beispiel: Fibonacci-Zahlen
Die Zahlenreihe

1, 1, 2, 3, 5, 8, 13, 21, 34, 55, 89, 144....

wird als Fibonacci-Reihe bezeichnet. Der italienische Mathematiker Fibonacci versuchte damit um das Jahr 1200 die Vermehrung von Kaninchen zu beschreiben. Jede Zahl dieser Reihe wird durch *die Summe der beiden Vorgängerzahlen* bestimmt. Die ersten beiden Zahlen sind vorgegeben. Dies kann auch so ausgedrückt werden:

fibo(n) = fibo(n-1) + fibo(n-2)
fibo(2) = 1
fibo(1) = 1

Dieses rekursive Bildungsgesetz kann unmittelbar in ein Python-Programm umgesetzt werden.

```
def fibo(n):
    if n==1:
        p = 1
    elif n==2:
        p = 1
```

```
    else:
        p = fibo(n-1)+fibo(n-2)
    return p

print fibo(6)
print fibo(12)
```

Durch die print-Anweisungen werden die Zahlen 8 und 144 ausgegeben.

3.8.4 Globale und lokale Variablen

Funktionen verfügen über einen eigenen *Namensraum*. Was dies bedeutet, soll mit dem folgenden Beispiel erklärt werden. Vorab sei aber schon gesagt: dieses Beispiel enthält einen (häufigen) Fehler!

```
def eins():
    y = 10
    print "y in Funktion eins(): ",y


def zwei():
    z = y + 10
    print "z in Funktion zwei(): ",z

eins()
zwei()
```

Das Programm enthält zwei Funktionen mit den - einfallsreich gewählten - Namen *eins()* und *zwei()*. In der Funktion *eins()* wird einer Variablen y der Wert 10 zugewiesen und dann ausgegeben. In der zweiten Funktion wird der Wert von y um 10 erhöht, der Variablen z zugewiesen und anschließend ausgegeben. Wenn die beiden Funktionen im Hauptprogramm gestartet werden, dann funktioniert die erste korrekt. Beim Aufruf der Funktion *zwei()* gibt es allerdings einen Fehler. Hier ist die Programmausgabe (ein Teil der Fehlermeldung wurde aus Platzgründen weggelassen):

```
>>>
y in Funktion eins():  10
Traceback (most recent call last):
........
   z = y + 10
NameError: global name 'y' is not defined
>>>
```

Mit der Fehlermeldung wird ausgedrückt, dass die Variable y nicht definiert wurde. Trifft dies wirklich zu? Wir haben doch y in der Funktion *eins()* einen Wert zugewiesen und die Variable damit erzeugt. Was läuft hier falsch?

Der Hintergrund dieser Fehlermeldung ist, dass jede Funktion einen eigenen *Namensraum* hat. Dies bedeutet, dass in zwei verschiedenen Funktionen der gleiche

Name (hier y) vorkommen kann. Trotzdem haben diese Variablen *nichts* miteinander zu tun. In Kapitel 2 wurden Variablen als *Behälter* für unterschiedliche Datentypen veranschaulicht. In dem obigen Beispiel existieren also *zwei* Behälter, die beide mit dem Namen y angesprochen werden. Python merkt sich die Variablennamen immer im Zusammenhang mit den Funktionen, in denen diese Variablen definiert sind. Und deshalb ist die Zuweisung z = y +10 in der Funktion *zwei()* falsch! Denn der Variablen y wurde im Namensraum der Funktion zwei() nichts zugewiesen. Die Fehlermeldung ist damit völlig konsequent. Etwas irritierend mag der Begriff der *globalen* Variablen sein, der in der Fehlermeldung vorkommt.

Wir wandeln das Beispiel etwas ab und erleben eine zweite Überraschung.

```
y = 100
def eins():
   y = 10
   print "y in Funktion eins(): ",y

def zwei():
   z = y + 10
   print "z in Funktion zwei(): ",z

eins()
zwei()
```

Dieses Programm erzeugt die folgende Ausgabe:

```
>>>
y in Funktion eins():  10
z in Funktion zwei():  110
>>>
```

Nun laufen beide Funktionsaufrufe ohne Fehlermeldung ab. Und überraschenderweise wird in der Funktion zwei der Zahlenwert 100 verwendet, der einer Variablen y im Hauptprogramm (vor den Funktionsdefinitionen) zugewiesen wurde.

3.9 Turtle-Grafik - verbessert

Die Turtle-Grafik ist ein nützliches Werkzeug, um mit Anfängern das Programmieren zu üben. Für praktische Anwendungen ist sie aber zunächst nicht geeignet, weil Linienlängen in Pixeln anzugeben sind. Das ist unkomfortabel. Wissenschaftler und Ingenieure haben andere Bedürfnisse. Ein Bauingenieur möchte vielleicht den Grundriss eines Hauses zeichnen und benötigt dafür eine virtuelle Zeichenfläche von 20mx20m. Ein Maschinenbauingenieur möchte evtl. eine Maschinenwelle in der Einheit Millimeter skizzieren. Für alle diese Ansprüche sind Benutzerkoordinaten sinnvoll. In dem folgenden Beispiel wird die Turtle-Grafik etwas abgewandelt, um dies zu realisieren.

```
from turtle import *
minwert = -20
```

```
maxwert = 220
setworldcoordinates(minwert,minwert,maxwert,maxwert)    #1
speed(0)                                                #2

def linie(x1,y1,x2,y2,farbe="black",dicke=3):           #3
   penup()
   pensize(dicke)
   pencolor(farbe)
   goto(x1,y1)
   pendown()
   goto(x2,y2)
   hideturtle()                                         #4

# Hauptprogramm
linie(0,0,0,50,"red",3)                                 #5
linie(0,0,50,0,"red",3)                                 #6
linie(50,50,150,150,"blue",4)
```

Für alle folgenden graphischen Programmieraufgaben werden wir diese Variante benutzen. Wir benötigen zwei spezielle Funktionsaufrufe der Turtle-Grafik: *speed()* und *setworldcoordinates()* sowie eine selbstgeschriebene Funktion *linie()*.

Mit dem Aufruf von *setworldcoordinates()* legen wir den kleinsten und den größten Wert fest, der im Zeichenfenster dargestellt werden soll (#1). Wir übergeben zwei Variablen minwert und maxwert mit diesen beiden Zahlen. Natürlich könnten diese Zahlen auch direkt an die Funktion übergeben werden. Der Funktionsaufruf *speed(0)* sorgt dafür, dass die Schildkrötengrafik im schnellsten Modus arbeitet (#2). Bei größeren Graphiken wird es leicht langweilig, der Schildkröte bei ihrer voreingestellten, langsamen Kriechbewegung zu folgen.

Die Funktion *linie()* zeichnet eine Linie zwischen zwei Punkten mit den Koordinaten x1,y1 und x2,y2. Die Linienstärke und die Farbe der Linie sind optionale Parameter, die weggelassen werden können. Die Koordinaten *müssen* jedoch angegeben werden (#3). In der letzten Zeile der Funktionsdefinition (#4) wird mit dem Aufruf von *hideturtle()* die Schildkröte ausgeblendet. Deren Symbol (standardmäßig eine Pfeilspitze) ist oft störend, nachdem eine Graphik gezeichnet wurde.

Das abschließende Hauptprogramm zeichnet drei Linien, wobei die ersten beiden als Darstellung eines x-y-Koordinatensystems betrachtet werden können (#5,#6). Diese sollen in den folgenden Beispielen und Aufgaben übernommen werden, weil der Programmierer damit eine anschauliche Vorstellung bekommt, wo der Ursprungspunkt der Zeichnung liegt. Lediglich die Länge der Achsen sollte an das Beispiel angepasst werden. Bei allen folgenden Beispielen wird nur das Hauptprogramm verändert.

Beispiel: T-Profil zeichnen
Das folgende einfache Beispiel zeigt deutlich die Unterschiede in der Handhabung der neuen Turtle-Variante im Vergleich zur älteren. Das pixelorientierte Zeichnen entfällt und wir können nun mit Koordinaten arbeiten.

```
from turtle import *
minwert = -20
maxwert = 220
setworldcoordinates(minwert,minwert,maxwert,maxwert)
speed(0)

def linie(x1,y1,x2,y2,farbe="black",dicke=3):
   penup()
   pensize(dicke)
   pencolor(farbe)
   goto(x1,y1)
   pendown()
   goto(x2,y2)
   hideturtle()

# Koordinatenachsen + Ursprung
linie(0,0,50,0)
linie(0,0,0,50)
# T-Profil zeichnen
linie(50,150,150,150,dicke=4)
linie(50,150,50,120,dicke=4)
linie(150,150,150,120,dicke=4)
linie(50,120,80,120,dicke=4)
linie(150,120,120,120,dicke=4)
linie(80,120,80,30,dicke=4)
linie(120,120,120,30,dicke=4)
linie(80,30,120,30,dicke=4)
```

Das Ergebnis des Hauptprogramms ist in der folgenden Abbildung dargestellt.

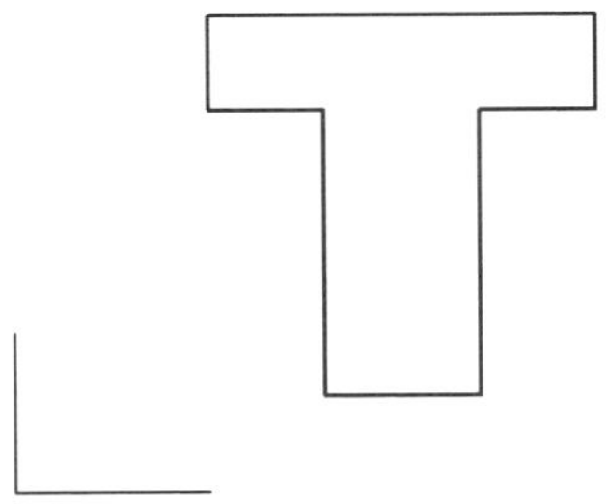

3.10 Dateien lesen und schreiben

In diesem Abschnitt beschäftigen wir uns mit Textdateien, die mit einem Editor-Programm erstellt werden können. Solche Dateien werden auch sequenzielle Dateien genannt. Die Frage ist, wie diese Dateien von einem Python-Programm gelesen und geschrieben werden können.

Textdatei lesen
Hierzu erstellen wir zunächst eine Datei mit einem Texteditor (z.B. dem *Editor* unter MS-Windows, siehe folgende Abbildung). Die verwendeten Daten entstammen dem Internet-Lexikon Wikipedia.

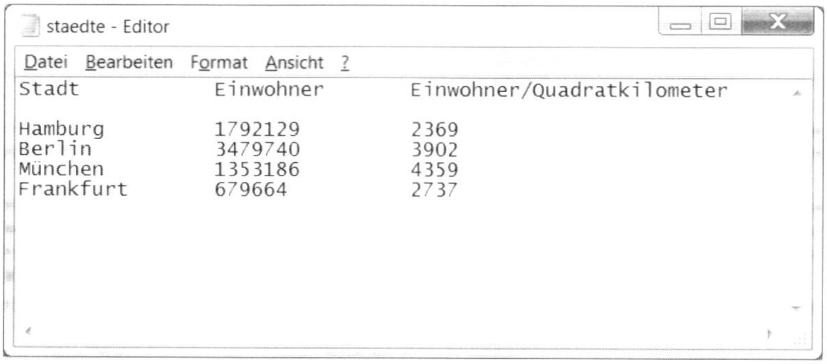

Die Datei besteht aus drei Spalten. Die erste Spalte enthält vier Städtenamen, die zweite Spalte die Einwohnerzahlen dieser Städte und die dritte Spalte die Anzahl der Einwohner pro Quadratkilometer. Die erste Zeile der Datei benennt die Spalten, die zweite Zeile wurde aus optischen Gründen leer gelassen. Die Datei wird unter dem Namen *staedte.txt* abgespeichert. Der Leser findet diese Datei im Downloadbereich zu diesem Buch.

Zum Lesen und Schreiben von Dateien gibt es eine Vielzahl unterschiedlicher Ansätze, so dass in diesem einführenden Buch nur ein einziger gezeigt werden kann. Dieser ist aber verblüffend elegant und effizient. Die Grundidee ist: mit zwei Zeilen Programmcode wird die Datei gelesen und in eine Liste umgewandelt. Im weiteren Verlauf des Programms greifen wir dann auf die Listenelemente zu. Wir müssen also kaum etwas Neues lernen und können unser Wissen aus Kapitel 3.1 nutzen. Nachfolgend wird ein solcher Programmcode vorgestellt.

```
datei = open("staedte.txt","r")        #1
inhalt = datei.readlines()             #2
for i in inhalt:                       #3
   print i                             #4
datei.close()                          #5
```

Diskussion:

- Mit der Funktion *open()* wird die Datei geöffnet (#1). Nur bei einer geöffneten Datei kann auf den Inhalt zugegriffen werden. Diese Funktion hat zwei Parameter: den Namen der zu öffnenden Datei und ein Kürzel "r", "a" oder "w". Mittels des Parameters "r" wird ausgedrückt, dass die Datei *nur zum Lesen* geöffnet werden soll. Ein zufälliges Beschreiben der Datei ist damit ausgeschlossen. Das Kürzel "w" öffnet dagegen die Datei zum Beschreiben und mit "a" ist Lesen und Schreiben möglich.
- Die Funktion *open()* gibt ein *Dateiobjekt* zurück. Das kann einer Variablen zugewiesen werden (hier mit dem Namen *datei*). Mit der Funktion *readlines()* werden alle Zeilen der Textdatei als Liste eingelesen. Die Liste wird einer Variablen *inhalt* zugewiesen (#2).

- Die Variable *inhalt* enthält den vollständigen Inhalt der Textdatei als Liste. Diese Liste wird durch eine Schleife (#3,#4) ausgegeben. Anschließend muss die Datei mit *close()* wieder geschlossen werden.

Die Ausgabe des Programms sieht wie folgt aus:

```
>>>
Stadt        Einwohner  Einwohner/Quadratkilometer



Hamburg          1792129          2369

Berlin       3479740          3902

München          1353186          4359

Frankfurt    679664           2737
>>> print inhalt
['Stadt\t\tEinwohner\tEinwohner/Quadratkilometer\n', '\n', 'Hamburg\t\t1792129\t\t2369\n', 'Berlin\t\t3479740\t\t3902\n', 'M\xfcnchen\t\t1353186\t\t4359\n', 'Frankfurt\t679664\t\t2737']
>>>
```

Es fällt auf, dass fast jede Zeile von der nachfolgenden durch eine Leerzeile getrennt ist, die *nicht* in der Datei enthalten ist. Die erste Zeile ist gar durch *drei* Leerzeilen von der zweiten abgetrennt. Warum? Der Grund ist erkennbar, wenn die Liste *inhalt* mit der *print*-Anweisung in der Shell ausgegeben wird. Dort ist ersichtlich, dass neben den Texten auch Sonderzeichen aus der Datei gelesen wurden. Das Zeichen '\t' ist das Tabulatorzeichen. Offensichtlich wurden die Einträge beim Erstellen der Datei mit Tabulatorstopps voneinander getrennt. Weiterhin enthält jede Zeile bzw. jeder Listeneintrag als letztes Zeichen ein '\n'. Dieses Zeichen entsteht beim Drücken der Eingabetaste und erzeugt eine neue Zeile (engl. *line feed*). Nun ist verständlich, warum die meisten Textzeilen von einer Leerzeile gefolgt werden. Die *print*-Anweisung (#4) erzeugt eine neue Zeile; jedoch enthält die zu druckende Zeichenkette ebenfalls ein '\n'-Zeichen, das nochmals eine neue Zeile erstellt. Diese zweite Zeile der Datei erscheint im Editor leer. Dennoch enthält diese Zeile genau ein '\n'-Zeichen. Und damit wird auch diese Leerzeile doppelt dargestellt.

Zur Weiterverarbeitung der Daten, die in der Datei enthalten sind, interessieren uns diese Sonderzeichen recht wenig. Es wäre schön, wenn wir diese auf elegantem Weg loswerden könnten. In der folgenden Programmvariante wurde eine Funktion *entfernen()* hinzugefügt, die mittels der *replace()*-Methode für Zeichenketten die Sonderzeichen durch einfache Leerzeichen ersetzt (#1).

```
def entfernen(liste):                    #1
   ergebnis = []
   for i in liste:
      a = i.replace('\t',' ')
      b = a.replace('\n',' ')
```

```
      ergebnis.append(b)
   return ergebnis

datei = open("staedte.txt","r")
inhalt = datei.readlines()
inhalt2 = entfernen(inhalt)                    #2
for i in inhalt2:
   print i
datei.close()
```

Im Hauptprogramm wird die Funktion *entfernen()* aufgerufen (#2) und liefert dann *eine Liste aus Strings* zurück, welche die beiden Sonderzeichen *nicht* mehr enthalten.

Merke

Was hier mit der Funktion *entferne()* geleistet wurde, kann auch einfacher mit der eingebauten Funktion *strip()* realisiert werden (siehe Aufgabe 4 in Kapitel 3.11).

Die Ausgabe ist nachfolgend wiedergegeben.

```
>>>
Stadt  Einwohner Einwohner/Quadratkilometer

Hamburg  1792129  2369
Berlin  3479740  3902
München  1353186  4359
Frankfurt 679664  2737
>>>
```

Aus den Zahlenwerten könnte die ungefähre Fläche der Städte in Quadratkilometern ermittelt werden, in dem die Zahl der Einwohner durch die Einwohnerdichte (Anzahl Einwohner pro Quadratkilometer) dividiert wird. Hierzu muss das Programm aber die entsprechenden Zeichenketten in Zahlen umwandeln. Hier ist eine Programmvariante, die dies berechnet.

```
def entfernen(liste):
   ergebnis = []
   for i in liste:
      a = i.replace('\t',' ')
      b = a.replace('\n',' ')
      ergebnis.append(b)
   return ergebnis

datei = open("staedte.txt","r")
inhalt = datei.readlines()
inhalt2 = entfernen(inhalt)

del inhalt2[0]                    #1
del inhalt2[0]                    #2
for i in inhalt2:
```

```
    s, e, epq = i.split()                 #3
    s, e, epq = s,float(e),float(epq)     #4
    flaeche = e/epq                       #5
    print s,flaeche
datei.close()
```

Die zwei ersten Zeilen der Liste werden gelöscht (#1,#2), weil sie die Überschrift der Tabelle und eine Leerzeile enthalten. Mit der Methode *split()* wird jedes Listenelement in drei Bestandteile zerlegt. Der Name der Stadt, die Anzahl der Einwohner sowie die Anzahl der Einwohner pro Quadratkilometer sind nach dem Entfernen der Sonderzeichen durch Leerzeichen voneinander getrennt. Diese Zeichenketten werden den Variablen s, e und epq zugewiesen. Die Variablen e und epq sollen allerdings keine Zeichenketten, sondern Zahlen enthalten. Deswegen werden in der Folgezeile (#4) diese Zeichenketten mit der Funktion *float()* in Zahlen umgewandelt. Schließlich wird die Fläche (#5) berechnet.

Textdatei schreiben

Um aus einem Python-Programm in eine Textdatei zu schreiben, muss diese zunächst mit *open()* geöffnet werden. Anschließend werden mit der Methode *write()* die auszugebenden Größen als Strings in die Datei geschrieben. Diese Vorgehensweise soll am Beispiel der Tabelle des kleinen Einmaleins gezeigt werden. Das nachfolgend dargestellte Beispielprogramm wurde schon in Kapitel 2.8.1 entwickelt und wird hier nochmals wiedergegeben.

```
# Programm einmaleins2.py
for i in range(1,11,1):
    for j in range(1,11,1):
        print "%6d"%(j*i),
    print
```

Das nachfolgend dargestellte Programm schreibt die gleiche Tabelle in eine Textdatei namens *einmaleins.txt*.

```
# Programm: Beispiel_3_10c.py
dat = open("einmaleins.txt","w")              #1
dat.write("Kleines Einmaleins\n\n")           #2
for i in range(1,11,1):                       #3
    for j in range(1,11,1):                   #4
        dat.write("%6d"%(j*i))                #5
    dat.write("\n")                           #6
dat.close()                                   #7
```

Diskussion:

- Zunächst wird die Datei mit *open()* geöffnet (#1). Die Parameter dieser Funktion sind der Dateiname *"einmaleins.txt"* und die Option *"w"*. Durch diesen zweiten Parameter wird ausgedrückt, dass in die Datei geschrieben werden soll. Wenn sie noch nicht vorhanden ist, wird sie angelegt. Falls aber diese Datei schon vorhanden ist, dann wird sie überschrieben. Die Funktion *open()* gibt ein Dateiobjekt zurück, das einer Variablen (hier: *dat*) zugewiesen wird.

- Anschließend wird mit der Funktion *write()* eine Zeichenkette in die geöffnete Datei geschrieben (#2). Es handelt sich hierbei um eine Überschrift. Mit den Zeichen "\n\n" wird zweifach eine neue Zeile erzeugt. Hierdurch entsteht nach der Überschrift eine leere Zeile.
- Mit geschachtelten Schleifen (#3,#4) wird die Einmaleins-Tabelle erzeugt. Statt der print-Anweisung im Originalprogramm wird die Funktion *write()* dazu verwendet, die auszugebenden Zahlen als Strings in die Datei zu schreiben (#5, #6).
- Danach wird die Datei wieder geschlossen (#7).

Der Inhalt der Datei (im Windows-Editor) ist nachfolgend wiedergegeben.

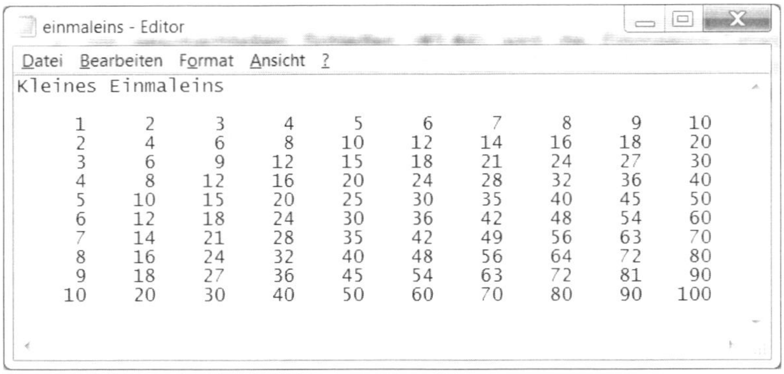
einmaleins - Editor

Datei Bearbeiten Format Ansicht ?

Kleines Einmaleins

1	2	3	4	5	6	7	8	9	10
2	4	6	8	10	12	14	16	18	20
3	6	9	12	15	18	21	24	27	30
4	8	12	16	20	24	28	32	36	40
5	10	15	20	25	30	35	40	45	50
6	12	18	24	30	36	42	48	54	60
7	14	21	28	35	42	49	56	63	70
8	16	24	32	40	48	56	64	72	80
9	18	27	36	45	54	63	72	81	90
10	20	30	40	50	60	70	80	90	100

Merke

Wenn eine - schon vorhandene - Datei mit der Option "w" geöffnet wird, wird deren Inhalt überschrieben. Für den Fall, dass die Datei noch nicht vorhanden ist, wird sie neu angelegt.

Aufgaben

Aufgabe 3.1

Die Turtle-Graphik stellt eine eigene Funktion *circle()* zum Zeichnen von Kreisen bereit, die wir aber aus didaktischen Gründen *nicht* verwenden wollen. Entwickeln Sie eine Funktion namens *kreis()*, die einen Kreis durch ein n-Eck annähert. Wird n groß genug gewählt, ist das n-Eck *nicht* von einem Kreis zu unterscheiden. Auch in Profi-CAD-Systemen werden Kreise so gezeichnet! Die Funktion *kreis()* soll folgende Parameter übergeben bekommen: die Koordinaten des Mittelpunktes x und y sowie den Radius r.

Aufgabe 3.2

Schreiben Sie eine Funktion mit Namen *palindrom()*, die feststellt, ob eine übergebene Zeichenkette ein Palindrom enthält oder nicht. Ein Palindrom ist ein String, der von vorn und von hinten gelesen gleich ist. Typische Beispiele sind: otto, reittier, reliefpfeiler, anna, rotor, rentner. Alle diese Beispiele wurden in Kleinbuchstaben geschrieben, weil Groß- von Kleinbuchstaben unterschieden werden müssen. Verwenden Sie das folgende Hauptprogramm, um damit verschiedene Eingaben zu testen.

```
wort = input("Bitte Zeichenkette eingeben: ")  #1
wort = wort.lower()                            #2
ergebnis = palindrom(wort)                     #3
if ergebnis == True:                           #4
   print "Dies ist ein Palindrom!"
else:
   print "Dies ist KEIN Palindrom!"
```

In diesem Hauptprogramm wird zunächst eine Zeichenkette vom Benutzer angefordert (#1). Der Benutzer muss allerdings die Zeichenkette in Anführungszeichen setzen, weil die *input()*-Funktion zur Eingabe verwendet wird. Nachfolgend wird die Zeichenkette, die in der Variablen *wort* gespeichert ist, in Kleinbuchstaben umgewandelt (#2) und dann die Funktion *palindrom()* aufgerufen (#3). Diese Funktion soll True oder False (wahr oder falsch) zurückgeben. Mittels der if-Anweisung (#4) wird dann eine entsprechende Meldung ausgegeben.

Aufgabe 3.3
Schreiben Sie für das Hauptprogramm aus Aufgabe 2 eine zweite Variante der Funktion *palindrom()*. Die Grundidee bei dieser zweiten Lösung soll sein, dass mithilfe der eingebauten Funktion *list()* eine Zeichenkette zunächst in eine Liste umgewandelt werden kann. Nach dieser Umwandlung soll die Liste kopiert und die Reihenfolge ihrer Elemente mittels der Listenmethode *reverse()* umgekehrt werden. Anschließend muss nur getestet werden, ob die beiden Listen gleich sind, um festzustellen, ob ein Palindrom vorliegt.

Aufgabe 3.4
Erstellen Sie ein Programm, welches eine STL-Datei einliest und die darin enthaltenen Punktkoordinaten in eine andere Datei *Dreiecke.dat* speichert. Eine STL-Datei kann von (fast) allen 3D-CAD-Programmen erstellt werden. Das STL-Format dient dazu, CAD-Geometrie an so genannte Rapid-Prototyping-Maschinen weiterzuleiten. Mit solchen Maschinen können dann Kunststoffmodelle der Geometrie schnell und effizient erzeugt werden. In einer *nachfolgenden Aufgabe* wollen wir die in den STL-Dateien gespeicherte Geometriebeschreibung verwenden, um die CAD-Modelle grafisch darzustellen. Zum Testen können Sie die Dateien "Pleuelstange.stl" und "Schraube.stl" verwenden, die im Downloadbereich bereitliegen. Öffnen wir eine STL-Datei in einem Texteditor, dann wird folgender beispielhafter Aufbau sichtbar:

```
solid CATIA STL
 facet normal -8.457193e-018 -9.749280e-001 -2.225209e-001
  outer loop
   vertex 3.300000e+001 -3.000000e+000 -7.347881e-016
   vertex 4.000000e+000 -3.000000e+000  3.673940e-016
   vertex 3.300000e+001 -2.702907e+000 -1.301651e+000
  endloop
 endfacet
.........
endsolid CATIA STL
```

Die Datei beginnt mit dem Eintrag *solid* und endet mit *endsolid*. Dazwischen befinden sich beliebig viele Blöcke, die durch *facet* und *endfacet* eingeschlossen sind. Diese Blöcke enthalten Zeilen die mit *vertex* (engl. Punkt) beginnen. In diesen Zeilen stehen die Koordinaten der Punkte, die in einem kartesischen Koordinatensystem definiert sind. Jeweils drei solcher Punkte bilden ein Dreieck. Die gesamte Oberfläche der CAD-Modelle wird also durch eine Folge von Dreiecken (Triangulierung) angenähert.

Aufgabe 3.5

Schreiben Sie ein Python-Programm, das eine Textdatei *Ergebnisse.txt* einliest. Diese Datei enthält die Ausgabe eines Simulationsprogramms (CATIA-FEM) in Tabellenform. Nachfolgend ist der Dateiinhalt auszugsweise dargestellt (in einem Texteditor geöffnet).

```
Positionsachse      Global
Werteachse  Global
x(mm)        y(mm)          z(mm)          Wert(MPa)
0       148,742      15,3671       47,2972
0       179,05       0             27,0711
12      178          0             28,6437
```

Die ersten beiden Zeilen können übergangen werden, weil sie allgemeine Hinweise enthalten. Die dritte Zeile enthält einen Hinweis auf die Organisation der Ergebnisse. Die ersten drei Spalten jeder Zeile enthalten die Koordinaten des Punktes in Millimeter, für den das zugehörige Ergebnis in der vierten Spalte wiedergegeben ist. Es handelt sich dabei um eine mechanische Spannung (in Mega-Pascal: MPa). Ermitteln Sie den Minimal- und den Maximalwert jeder Spalte der Tabelle. Ein besonderes Problem bilden dabei die Kommas, welche die Nachkommastellen abtrennen. Wie wir wissen, wird in Python stattdessen der Dezimalpunkt verwendet.

Aufgabe 3.6

Zeichnen Sie nochmals einige Kreise auf die Zeichenfläche (siehe Aufgabe 1). Zuvor sollen jedoch die Funktionen *speed(), linie()* und *kreis()* in einer eigenen *Moduldatei geometrie.py* abgespeichert werden. Auch die import-Anweisung zum Einbinden der Turtle-Grafik soll in diese Datei integriert werden. Zum Zeichnen der Kreise soll dann zunächst die Datei *geometrie.py* importiert werden. Achtung! Der Funktionsaufruf *setworldcoordinates()* kann nicht in der Moduldatei gespeichert werden, weil diese Funktion von Aufgabe zu Aufgabe unterschiedliche Parameter übergeben bekommt.

Aufgabe 3.7

Schreiben Sie ein Programm, das die in der Datei *Dreiecke.dat* enthaltene grafische Information als Liniengrafik darstellt. Die Datei enthält in jeder Zeile einen Punkt mit den Koordinaten x, y und z. Jeweils drei aufeinander folgende Zeilen beschreiben ein Dreieck. Zeichnen Sie die Dreiecke als Projektion in der x-y-Ebene. D.h. die dritte Komponente z wird beim Zeichnen nicht berücksichtigt. Zum Zeichnen soll die Turtle-Grafik benutzt werden, wie sie im Kapitel 3.9 eingeführt wurde. Damit Sie zeichnen können, muss die Datei geometrie.py importiert werden. Die Größe der Zeichenfläche wird durch einen Aufruf von *setworldcoordinates()* festgelegt (siehe Aufgaben 1 und 6)

Aufgabe 3.8
Erstellen Sie eine Python-Funktion *kreuz()*, die ein kleines +-Zeichen an einen Punkt (x,y) auf der Turtle-Zeichenfläche zeichnet. Testen Sie das Programm, in dem Sie 100 solcher Zeichen auf die Zeichenfläche zeichnen lassen, wobei deren Positionen durch Zufallszahlen bestimmt werden sollen. Das folgende Programmfragment zeigt, wie eine Zufallszahl in Python erzeugt wird.

```
>>> from random import randrange,random
>>> random()
0.91095665771596113
>>> random()
0.93674074063265722
>>> randrange(0,20)
10
>>> randrange(0,20)
18
```

Die Funktion *random()* erzeugt Zufallszahlen zwischen 0 und 1 in Gleitpunktdarstellung. Bei jedem Aufruf von *random()* wird eine neue Zufallszahl generiert. Ganze Zahlen werden dagegen von der Funktion *randrange()* bereitgestellt. Hier *muss* der Programmierer ein Intervall angeben, aus dem die Zufallszahl ausgewählt ("gezogen") wird. Die Obergrenze des Intervalls (im oben stehenden Beispiel die Zahl 20) wird jedoch niemals zurückgegeben. Hier ist eine Ähnlichkeit mit der *range()*-Funktion vorhanden!

Aufgabe 3.9
Schreiben Sie ein Python-Programm, welches an Aufgabe 5 anschließt. Es soll zunächst die Datei *Ergebnisse2.txt* gelesen werden. In dieser Datei sind die Ergebnisse einer mechanischen Simulationsberechnung enthalten. Die folgende Grafik zeigt die Darstellung der *mechanischen Vergleichsspannung* in einem *Simulationsprogramm* (diese Grafik ist in Farbe im Downloadbereich verfügbar).

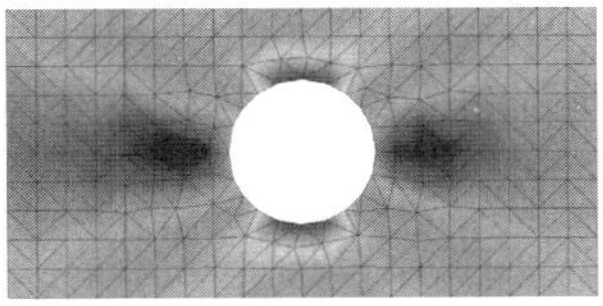

Nach dem Einlesen der Daten soll nun jeder in der Datei enthaltene Punkt durch ein +-Zeichen auf der Turtle-Zeichenfläche dargestellt werden. Die Darstellung soll in der y-z-Ebene erfolgen. Schließlich soll die Intensität des Ergebniswertes durch die Farbe des +-Zeichens ausgedrückt werden. Dabei soll folgende Zuordnung eingehalten werden:

Wert	Farbe
niedrig	blau
mittel	grün
hoch	gelb
sehr hoch	rot

Eine solche Darstellung wird auch *Falschfarbenbild* genannt (keine Angst: die Farben sind echt!).

Aufgabe 3.10
Schreiben Sie ein Programm, das ein Notenschema erstellt. Die höchste zu erreichende Punktzahl in einer Prüfung soll 60 betragen. Wenn ein Teilnehmer weniger als 30 Punkte erzielt hat, so erhält er die Note 5,0. Die Noten werden nach folgender Tabelle festgelegt.

Punkte	**Note**
<30	5
30,31,32	4,0
33,34,35	3,7
36,37,38	3,3
39,40,41	3,0
42,43,44	2,7
45,46,47	2,3
48,49,50	2,0
51,52,53	1,7
54,55,56	1,3
>56	1,0

Der Benutzer des Programms soll eine Punktzahl eingeben können, anschließend soll das Programm die zugehörige Note mittels einer Funktion ermitteln und diese ausgeben. Schreiben Sie auch eine möglichst kurze Programmvariante.

Aufgabe 3.11
Gegeben ist eine Liste:

```
punkte = [[40,60],[50,60],[60,60],[70,60],[80,60],
          [90,60],[100,60],[110,60],[120,60]]
```

Die Sublisten enthalten zwei Zahlen, welche die Koordinaten von Punkten darstellen. Der erste Punkt hat somit die Koordinaten x=40 und y=60. Es soll ein Programm erstellt werden, das entscheidet, ob diese Punkte innerhalb eines Kreises liegen. Als Beispiel soll ein Kreis mit den Mittelpunktkoordinaten xk=80 und yk=50 betrachtet werden. Der *Durchmesser* des Kreises soll dk=60 sein. Schreiben Sie das Programm in allgemeingültiger Form, so dass beliebige Kreise und beliebige Punktlisten betrachtet werden können. Als Ausgabe soll eine Liste namens *ergebnis* erstellt werden. Für das betrachtete Beispiel sollte die Liste so aussehen:

```
[[40, 60, False], [50, 60, False], [60, 60, True], [70, 60, True],
 [80, 60, True], [90, 60, True], [100, 60, True], [110, 60, False],
 [120, 60, False]]
```

Die Sublisten sollen neben den Punktkoordinaten den Eintrag *True* (wahr) oder *False* (falsch) enthalten, je nachdem, ob der Punkt innerhalb des Kreises liegt oder nicht.

Das Programm muss testen, ob der Abstand des betrachteten Punktes vom Kreismittelpunkt kleiner ist als der *Radius* des Kreises. Abschließend soll der Kreis mithilfe der Turtle-Grafik zusammen mit den Punkten gezeichnet werden. Dabei sollen jene Punkte, die innerhalb des Kreises liegen, in grüner Farbe, und jene, die außerhalb liegen, in roter Farbe gezeichnet werden. Zum Zeichnen der Punkte können Sie die Funktion *kreuz()* verwenden (siehe Aufgabe 8). Diese Funktion ist auch in der Moduldatei geometrie2.py enthalten, die Sie der Einfachheit halber importieren können.

Aufgabe 3.12
Schreiben Sie ein Programm zur Lösung der quadratischen Gleichung

$$x^2 + px + q = 0$$

Die Lösung ist:

$$x_{1,2} = -\frac{p}{2} \pm \sqrt{(\frac{p}{2})^2 - q}$$

wobei reelle Lösungen nur möglich sind, wenn der Radikand größer oder gleich Null ist. Die Berechnung soll durch eine Funktion durchgeführt werden. Schreiben Sie weiterhin ein Hauptprogramm zum Testen der Lösung.

Aufgabe 3.13
Schreiben Sie ein Programm, das alle Zahlen zwischen 1 und n in einer Liste zusammenfasst, wobei diese Zahlen alle durch 3 aber nicht durch 4 teilbar sein sollen. Die Zahl n soll der Benutzer vorgeben. Versuchen Sie auch eine Lösung mittels *List Comprehensions* (siehe Kapitel 3.6).

Lösungen

Lösung 3.1
Zunächst wird *turtle* importiert und die Größe der Zeichenfläche durch einen Aufruf der Funktion *setworldcoordinates()* definiert. Die Funktion *linie()* ermöglicht es uns, einfache Zweipunkt-Linien zu zeichnen (siehe Kapitel 3.9).

```
from turtle import *
minwert = -20
maxwert = 220
setworldcoordinates(minwert,minwert,maxwert,maxwert)
speed(0)

def linie(x1,y1,x2,y2,farbe="black",dicke=3):
    penup()
    pensize(dicke)
    pencolor(farbe)
    goto(x1,y1)
    pendown()
    goto(x2,y2)
    hideturtle()
```

```
def kreis(x,y,radius,farbe="black",dicke=3,n=8):      #1
   winkel = 2*pi/n                                    #2
   xa = x + radius                                    #3
   ya = y                                             #4
   for i in range(n):                                 #5
      phi2 = winkel*(i+1)                             #6
      xe = x + radius*cos(phi2)                       #7
      ye = y + radius*sin(phi2)                       #8
      linie(xa,ya,xe,ye,farbe,dicke)                  #9
      xa, ya = xe, ye                                 #10

# Koordinatenachsen + Ursprungspunkt
linie(0,0,50,0)                                       #11
linie(0,0,0,50)                                       #12
# Kreise zeichnen
kreis(50,50,15,farbe="red")                           #13
kreis(100,100,20,n=12,farbe="green")                  #14
kreis(150,150,18,n=16,farbe="blue")                   #15
kreis(200,200,15,n=20,farbe="brown")                  #16
```

Das Ergebnis des Hauptprogramms ist in der folgenden Abbildung dargestellt. Es werden dort zwei Linien als Koordinatenachsen gezeichnet, die im Ursprungspunkt (0,0) beginnen (#11,#12). Dann folgen vier Aufrufe der Funktion *kreis()*, wobei neben der Farbe auch die Anzahl der Eckpunkte der n-Ecke variiert wird (#13 bis #16).

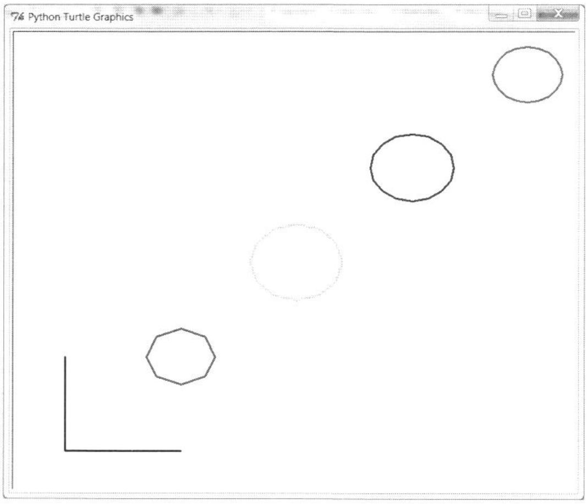

Wie zu sehen ist, erscheint uns das 20-Eck oben rechts in der Abbildung auf Seite 130 als Kreis. Selbst das 12-Eck kann noch als eine gute Annäherung an die Kreisgestalt angesehen werden.

In der oben gezeigten Funktionsdefinition von *kreis()* werden zunächst die Übergabe-Parameter erklärt. Der Kreismittelpunkt wird durch die Koordinaten x und y angegeben. Wie die Koordinaten ist auch der Kreisradius *kein* optionaler Parameter. Die Koordinaten x und y sowie der Radius müssen beim Aufruf angegeben werden. Die Parameter für die Farbe, die Liniendicke sowie die Anzahl n der Ecken sind optional und auf sinnvolle Default-Werte eingestellt (#1).

Die Kreisgestalt wird durch Linienstücke angenähert, wobei der Endpunkt dieser Linien für jede Linie neu berechnet wird. Der Anfangspunkt einer Teillinie ist der Endpunkt der vorab gezeichneten Linie. Für die erste Linie existiert allerdings kein Anfangspunkt. Dieser muss demzufolge vorab berechnet werden (#3,#4). In einer Schleife (#5) werden dann alle Kanten des n-Ecks mit dem Aufruf von *linie()* gezeichnet (#9). Der Anfangspunkt hierfür wird vor diesem Aufruf berechnet (#6,#7,#8). Für die zweite und alle folgenden Linien wird der Endpunkt nach dem Zeichnen der Kante zum Anfangspunkt der nachfolgenden Linie erklärt (#10).

Lösung 3.2

Zur Entwicklung der Lösung sehen wir uns zunächst einmal einen beispielhaften String *rotor* mit der internen Indizierung an (siehe Kapitel 3.5).

r	o	t	o	r
0	1	2	3	4

Die Grundidee dabei ist, das erste und das letzte Zeichen, das zweite und das vorletzte Zeichen usw. auf Gleichheit zu testen. Diese Zeichen müssen bei einem Palindrom immer gleich sein. Wenn die Anzahl der Zeichen ungerade ist, so muss das mittlere Zeichen *nicht* getestet werden.

```
def palindrom(s):            #1
   erg = True                #2
   l = len(s)/2              #3
   for i in range(l):        #4
      if s[i]<>s[-i-1]:      #5
         erg=False           #6
   return erg                #7
```

Nach der Eröffnung der Funktionsdefinition durch *def* (#1) wird eine Ergebnisvariable *erg* auf True gesetzt (#2). Am Ende der Funktion wird der Wert dieser Variablen mittels *return* zurückgegeben (#7). Dazwischen wird getestet, ob es sich wirklich um ein Palindrom handelt. Die Variable l enthält die halbe Anzahl der Zeichen des Strings (#3). Die folgende for-Schleife prüft, ob die Zeichen wirklich symmetrisch zur Mitte angeordnet sind (#4). Wird nur eine einzige Abweichung gefunden, so wird die Ergebnisvariable auf False gesetzt (#5,#6). Dabei ist zu beachten, dass die Indizierung von links mit 0 beginnt. Das erste Zeichen von links ist also s[0]. Dagegen ist das erste Zeichen von rechts s[-1]. Das vollständige Programm befindet sich im Downloadbereich zu diesem Buch. Testen Sie es mit möglichst vielen Beispielen.

Lösung 3.3

```
def palindrom(s):
   liste = list(s)              #1
   liste2 = liste[:]            #2
   liste2.reverse()             #3
   if liste == liste2:          #4
      erg = True
```

```
else:
   erg = False
return erg
```

Nach der Eröffnung der Funktionsdefinition durch *def* wird die Zeichenkette zunächst in eine Liste gewandelt (#1). Anschließend wird diese Liste kopiert (#2) und die Reihenfolge ihrer Elemente umgekehrt (#3). Wenn ein Palindrom vorliegt, müssen die Listen gleich sein (#4).

Lösung 3.4

```
rein = open("Schraube.stl","r")               #1
raus = open("Dreiecke.dat","w")               #2
inhalt = rein.readlines()                     #3
rein.close()                                  #4
for i in inhalt:                              #5
   if "vertex" in i:                          #6
      string,x,y,z = i.split()                #7
      raus.write(x+" "+y+" "+z+"\n")          #8
raus.close()                                  #9
```

Diese Lösung ist überraschend kurz. Es werden zwei Dateien geöffnet. Die Datei *Schraube.stl* zum Lesen (#1) und die Datei *Dreiecke.dat* zum Beschreiben (#2). Wenn die letztere Datei schon vorhanden ist, wird diese überschrieben (Option "w"). Mit der Methode *readlines()* wird der gesamte Dateiinhalt von *Schraube.stl* in eine einzige Liste namens *inhalt* eingelesen (#3). Anschließend wird die *erste* Datei wieder geschlossen (#4). Mittels einer for-Schleife (#5) wird nun die gesamte Liste und damit der Dateiinhalt Zeile für Zeile durchlaufen. Wenn die Zeichenkette *vertex* in einer solchen Zeile gefunden wird (#6), dann wird der Zeileninhalt in vier Bestandteile zerlegt (#7). Dies leistet die Methode split(), die die im String enthaltenen Leerzeichen benutzt, um diese Bestandteile aufzufinden. Die Variablen x, y und z enthalten die gewünschten Koordinaten. Diese Variablen sind allerdings ebenfalls wieder Strings und können anschließend direkt mittels der Methode write() in die zweite Datei geschrieben werden (#8). Dabei werden Leerzeichen eingefügt, um die Zeichenketten voneinander abzutrennen. Schließlich wird auch die zweite Datei geschlossen (#9). Die Datei *Dreiecke.dat* enthält in jeder Zeile drei Einträge: die drei Punktkoordinaten. Jeweils drei solcher aufeinander folgenden Punkte (Zeilen) repräsentieren ein Dreieck. Die Ergebnisdatei befindet sich ebenfalls im Downloadbereich zu diesem Buch.

Lösung 3.5

```
rein = open("Ergebnisse.txt","r")             #1
inhalt = rein.readlines()                     #2
rein.close()                                  #3
X=[]; Y=[]; Z=[]; W=[]                        #4
for i in 0,1,2:                               #5
   del inhalt[0]                              #6
```

```
for i in inhalt:                                    #7
    j = i.replace(",",".")                          #8
    x,y,z,w = j.split()                             #9
    X.append(float(x))                              #10
    Y.append(float(y))
    Z.append(float(z))
    W.append(float(w))
print "X-Max-Min: ",max(X),min(X)                   #11
print "Y-Max-Min: ",max(Y),min(Y)
print "Z-Max-Min: ",max(Z),min(Z)
print "Wert-Max-Min: ",max(W),min(W)
```

Zunächst wird die Datei *Ergebnisse.txt* zum Lesen geöffnet (#1). Der Inhalt der gesamten Datei wird anschließend in eine Liste namens *inhalt* eingelesen (#2). Danach kann die Datei schon geschlossen werden (#3), denn der Dateiinhalt befindet sich jetzt in der Liste. In der folgenden Programmzeile (#4) werden vier neue Listen angelegt. Diese sind zunächst leer. Jede Liste soll später genau eine Spalte (Zahlenkolonne) der Datei aufnehmen. In den folgenden beiden Zeilen (#5,#6) werden die ersten drei Elemente der Liste *inhalt* (entsprechend den ersten drei Zeilen der Datei) entfernt. Hierzu wird das erste Listenelement mit dem Index 0 mit *del* gelöscht. Wird jedoch das erste Listenelement zerstört, wird automatisch das zweite Element zum ersten Listenelement. Wir müssen also diesen Vorgang dreimal ausführen, um die einleitenden Zeilen zu löschen. Dies leistet die for-Schleife (#5). Schließlich befinden sich nur noch "Zahlen" in der Liste. Mit einer weiteren for-Schleife wird diese durchlaufen (#7), wobei in jedem Schleifendurchlauf (entsprechend einer Dateizeile) die Kommata durch Punkte (#8) ersetzt werden (siehe hierzu auch Kapitel 2.1.4). Schließlich wird der in der Variablen j gespeicherte String mittels *split()* in seine Bestandteile zerlegt (#9). Diese Bestandteile (die Koordinaten und der Wert) werden dann in Dezimalzahlen umgewandelt und an die entsprechende Liste angehängt (#10). Schließlich werden mit den eingebauten Funktionen *min()* und *max()* die Extremwerte der jeweiligen Listen ermittelt und ausgegeben (#11).

Lösung 3.6
Wir wollen die gleiche Grafik wie in Aufgabe 1 erstellen. Die *Funktionen speed(), linie()* und *kreis()* werden zusammen mit der Anweisung *from turtle import* * in einer Datei mit Namen *geometrie.py* gespeichert. Eine solche Datei wird *Moduldatei* oder einfach *Modul* genannt (siehe Kapitel 3.8.2). Sie finden die Datei im Downloadbereich zu diesem Buch. Das Programm zum Zeichnen der Kreise ist nachfolgend angegeben. In der ersten Zeile wird die Moduldatei importiert. Man erspart sich damit ein Kopieren der Quelltexte in das Programm. Dieses wird damit stark verkürzt.

```
from geometrie import *
minwert = -20
maxwert = 220
setworldcoordinates(minwert,minwert,maxwert,maxwert)
# Koordinatenachsen + Ursprungspunkt
linie(0,0,50,0)
linie(0,0,0,50)
# Kreise zeichnen
```

```
kreis(50,50,15,farbe="red")
kreis(100,100,20,n=12,farbe="green")
kreis(150,150,18,n=16,farbe="blue")
kreis(200,200,15,n=20,farbe="brown")
```

Merke

Sie werden vielleicht auf die Idee kommen, die Datei *geometrie.py* zu verändern oder zusätzliche Funktionen darin zu speichern. Dies ist durchaus möglich. Denken Sie aber daran, nach jeder Änderung im Quelltext die Datei *geometrie.**pyc*** zu löschen. Sonst werden Sie von Ihren Änderungen nichts bemerken! Der Hintergrund ist folgender: jedes Mal, wenn Python eine import-Anweisung ausführt, übersetzt es die Moduldatei in eine so genannte compilierte Bytecode-Datei mit der Namenserweiterung .pyc. Bei jedem weiteren Import wird diese übersetzte Datei benutzt, weil der Programmcode dann viel schneller ausgeführt werden kann. Sie können also in der Datei *geometrie.py* so viel ändern wie Sie wollen, wenn Sie *geometrie.pyc* nicht löschen, wird diese mit dem darin enthaltenen veralteten Code benutzt.

Lösung 3.7

Zunächst wird die Moduldatei geometrie.py importiert. In ihr sind Funktionen zum Zeichnen von Linien und Kreisen enthalten (siehe Aufgabe 6). Die Größe der Zeichenfläche wird durch Aufruf von *setworldcoordinates()* definiert.

```
from geometrie import *
minwert = -10; maxwert = 35
tracer(False)
setworldcoordinates(minwert,minwert,maxwert,maxwert)

rein = open("Dreiecke.dat","r")                #1
inhalt = rein.readlines()                      #2
rein.close()                                   #3
laenge = len(inhalt)                           #4
for i in range(0,laenge,3):                    #5
   x1,y1,z1 = inhalt[i].split()                #6
   x1,y1,z1 = float(x1),float(y1),float(z1)    #7
   x2,y2,z2 = inhalt[i+1].split()
   x2,y2,z2 = float(x2),float(y2),float(z2)
   x3,y3,z3 = inhalt[i+2].split()
   x3,y3,z3 = float(x3),float(y3),float(z3)
   linie(x1,y1,x2,y2)                          #8
   linie(x2,y2,x3,y3)
   linie(x3,y3,x1,y1)
```

Dann wird die Datei zum Lesen geöffnet (#1), der gesamte Dateiinhalt in eine Liste eingelesen (#2) und anschließend die Datei wieder geschlossen (#3). Der gesamte Dateiinhalt befindet sich nun in der Liste, wobei jede Dateizeile einem String in der Liste entspricht. Die Länge der Liste (entsprechend der Anzahl der Zeilen in der Datei) wird mit der Funktion *len()* ermittelt (#4). Danach wird eine for-Schleife zum Zeichnen der Dreiecke benutzt (#5). Da jeweils drei Zeilen bzw. drei aufeinander folgende Elemente der Liste ein Dreieck definieren, werden in jedem Schleifendurchlauf drei Strings mithilfe der Funktion *split()* in Teilstrings zerlegt (#6) und dann in Zahlen umgewandelt (#7). Schließlich wird die Grafik gezeichnet (#8). Achtung! Der Funktionsaufruf *tracer(False)* beschleunigt das Zeichnen der Grafik. Diese ist nachfolgend dargestellt.

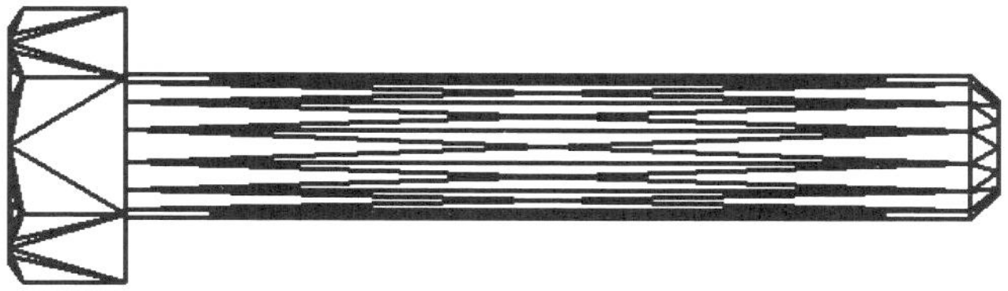

Lösung 3.8
Der nachfolgende Programmcode beginnt mit zwei import-Anweisungen. Neben der Moduldatei geometrie.py wird auch ein Modul random.py zur Berechnung von Zufallszahlen importiert. Die erste Moduldatei stellt Funktionen zum Zeichnen von Linien und Kreisen bereit (siehe Aufgabe 1 und 6).

```
from geometrie import *
from random import randrange
minwert = 0
maxwert = 100
setworldcoordinates(minwert,minwert,maxwert,maxwert)

def kreuz(x,y,laenge=1,farbe="black",dicke=3):#1
    linie(x,y,x+laenge,y,farbe,dicke)
    linie(x,y,x-laenge,y,farbe,dicke)
    linie(x,y,x,y+laenge,farbe,dicke)
    linie(x,y,x,y-laenge,farbe,dicke)

for i in range(100):
    x = randrange(minwert,maxwert)                #2
    y = randrange(minwert,maxwert)                #3
    kreuz(x,y)                                    #4
```

Die Funktion *kreuz()* weist fünf Parameter auf, wobei drei davon optionale Parameter sind (#1). Diese optionalen Parameter haben vordefinierte Standardwerte, die immer dann verwendet werden, wenn sie beim Aufruf der Funktion nicht explizit angegeben werden. Die Funktion *kreuz()* ruft ihrerseits die Funktion *linie()* viermal auf. Diese Funktion ist in der Moduldatei geometrie.py definiert. Im Hauptprogramm wird eine for-Schleife aktiv, mit der 100-mal zwei Koordinaten eines Punktes durch Aufruf des Zufallszahlengenerators erzeugt werden (#2,#3). Anschließend wird der Punkt auf der Zeichenfläche gezeichnet (#4).

Lösung 3.9
Der Programmcode wird wegen des erheblichen Umfangs nicht mehr vollständig dargestellt. Vielmehr wird nur der entscheidende und neu zu entwickelnde Teil des Programms diskutiert. Die vollständige Lösung finden Sie im Downloadbereich zu diesem Buch. Neben dem Einlesen der Datei *Ergebnisse2.txt* müssen auch die Funktionen *linie()* und *kreuz()* zum Zeichnen bereit gestellt werden.

```
yiter = iter(Y); ziter = iter(Z); witer = iter(W)    #1
for i in X:                                          #2
  y = yiter.next()                                   #3
  z = ziter.next()                                   #4
  w = witer.next()                                   #5
  rel = w/wmax                                       #6
  if rel<0.25:                                       #7
    farbe = "blue"
  elif 0.25<=rel<0.5:
    farbe = "green"
  elif 0.5<=rel<0.75:
    farbe = "yellow"
  else:
    farbe = "red"
  kreuz(y,z,farbe=farbe)
```

Bei diesem Programm wird die Anwendung von *Iteratoren* gezeigt (#1). Mit Iteratoren kann man mehrere Listen elegant durchlaufen (siehe Kapitel 3.7). Mithilfe einer for-Schleife wird über die Anzahl der Punkte iteriert (#2). Hierzu wird die Liste X durchlaufen. In jedem Schleifendurchlauf, der ja jeweils einer Zeile der eingelesenen Datei entspricht, wird mittels der Methode *next()* das jeweils nächste Element der Listen Y, Z und W bereitgestellt (#3,#4,#5). Die hierfür notwendigen Iteratoren müssen vor der Schleife erzeugt werden (#1). Der Maximalwert der Liste W, welche die darzustellenden Zahlenwerte enthält, wurde vorab ermittelt. Wenn der aktuelle Zahlenwert *w* durch *wmax* dividiert wird, so ist dieser Wert immer kleiner als 1 (#6). In der folgenden if-Anweisung wird ein Farbwert abhängig von der Größe dieser Verhältniszahl festgelegt (#7).

Lösung 3.10

Die einfachste Lösung ist es, die vorgegebene Punkte-Noten-Tabelle mittels if-elif-Anweisungen in ein Programm umzusetzen. In dem folgenden Lösungsvorschlag ermittelt die Funktion *notenschema2()* die Noten (#1). Im Hauptprogramm wird diese Funktion dann aufgerufen (#8).

```
def notenschema2(punkte):                              #1
  if punkte<0 or punkte>60:                            #2
    print "Diese Punktzahl ist nicht moeglich!"
    return None
  if type(punkte)<>int:                        #3
    print "Punkte koennen nur Ganzzahlen sein!"
    return None
  note = 5                                             #4

 if 30<=punkte<=32:                                    #5
    note = 4.0
  elif 33<=punkte<=35:
    note = 3.7
  elif 36<=punkte<=38:
    note = 3.3
  elif 39<=punkte<=41:
```

```
        note = 3.0
    elif 42<=punkte<=44:
        note = 2.7
    elif 45<=punkte<=47:
        note = 2.3
    elif 48<=punkte<=50:
        note = 2.0
    elif 51<=punkte<=53:
        note = 1.7
    elif 54<=punkte<=56:
        note = 1.3
    elif punkte>56:
        note = 1.0
    return note                                        #6

punkte = input("Bitte die Punktzahl eingeben: ")       #7
note = notenschema1(punkte)                            #8
print "Die Note ist: ", note                           #9
```

Zunächst wird innerhalb der Funktion geprüft, ob die Punktzahl wirklich zwischen 0 und 60 liegt (#2). Wenn dies *nicht* der Fall ist, wird *None* zurückgegeben. Das ist eine in Python fest eingebaute Konstante. Durch die Rückgabe von *None* wird sichergestellt, dass nicht versehentlich eine falsche Note festgelegt wird. Nachfolgend wird geprüft, ob die eingegebene Punktzahl ganzzahlig ist (#3). Diese Prüfung erfolgt mittels der *type()*-Funktion. Auch hier wird None zurückgegeben, wenn die Punktzahl *nicht* ganzzahlig ist. Die Variable *note* wird anschließend auf einen Standardwert gesetzt (#4). Mit einer Folge von if- und elif-Anweisungen werden dann die Noten den entsprechenden Punktzahlen zugewiesen (#5). Schließlich wird die Note mit *return* zurückgegeben (#6). Das folgende Hauptprogramm fordert vom Benutzer eine Punktzahl an (#7), ruft die Funktion auf (#8) und gibt schließlich den von der Funktion zurückgegebenen Wert aus (#9).

Wegen der Folge der if- und elif- Anweisungen besteht das Programm aus vielen Zeilen. Der nachfolgende Code ersetzt diese Anweisungsfolge und kommt überraschenderweise mit einer einzigen if-Anweisung aus.

```
def notenschema1(punkte):                                      #1
    note = 5.0                                                 #2
    if punkte>=30:                                             #3
        m = (punkte-30)/3                                      #4
        notenliste = [4.0,3.7,3.3,3.0,2.7,2.3,2.0,1.7,1.3,1.0,1.0]   #5
        note = notenliste[m]                                   #6
    return note                                                #7
```

Diese if-Anweisung testet, ob die zum Bestehen notwendige Punktzahl erreicht wurde (#3). Wenn das nicht der Fall ist, wird von der Funktion (#1) die vorbesetzte Note (#2) mit *return* (#7) zurückgegeben. Die Grundidee bei dieser Lösung ist folgende: die erreichte Punktzahl wird in einen Indexwert umgerechnet (#4). Die Noten sind in einer Liste gespeichert (#5). Mittels des Index m wird schließlich die Note durch Zugriff auf das entsprechende Listenelement ermittelt (#6). Liegt die erreichte Punktzahl zwischen

30 und 32, so ist m gleich 0. Damit wird die Note 4 aus der Liste ermittelt. Beträgt die Punktzahl 60, so ist m gleich 10. Aus der Liste der Noten wird dann über den Index 10 die Note 1.0 ermittelt. Bedenken Sie, dass bei der Berechnung von m eine Ganzzahl-Division durchgeführt wird! Mit der hier demonstrierten Methode können viele Probleme mit Mehrfachauswahlen effektiv gelöst werden. Die im Downloadbereich verfügbare Musterlösung zu dieser Aufgabe enthält beide Lösungsansätze.

Lösung 3.11

```
from geometrie2 import *                          #1
def punkte_in_kreis(punkte,x,y,D):                #2
    ergebnis = []                                 #3
    for i in punkte:                              #4
        xp = i[0]                                 #5
        yp = i[1]                                 #6
        drin = False                              #7
        if ((xp-x)**2+(yp-y)**2)<(D/2.)**2:       #8
            drin = True                           #9
        ergebnis.append([xp,yp,drin])             #10
    return ergebnis                               #11

# Hauptprogramm
punkte = [[40,60],[50,60],[60,60],[70,60],[80,60],
          [90,60],[100,60],[110,60],[120,60]]
xk = 80
yk = 50
Dk = 60
Ergebnis = punkte_in_kreis(punkte,xk,yk,Dk)
print Ergebnis
xmin=10
xmax=130
setworldcoordinates(xmin,xmin,xmax,xmax)
kreis(xk,yk,Dk/2.,n=40,farbe="black",dicke=3) #12
for i in Ergebnis:                                #13
    x = i[0]
    y = i[1]
    drin = i[2]                                   #14
    if drin==True:                                #15
        kreuz(x,y,farbe="green")
    else:
        kreuz(x,y,farbe="red")
```

Bei dieser Lösung wird zunächst die Moduldatei *geometrie2* importiert (#1). Der Modul enthält auch die Funktion *kreuz(),* mit der die Punkte gezeichnet werden. Im zweiten Schritt wird die Funktion *punkte_in_kreis()* definiert (#2) und darin zunächst eine leere Ergebnisliste erzeugt (#3). Weiterhin läuft eine for-Schleife (#4) durch die Liste der Punkte, deren x- und y-Koordinaten ermittelt werden (#5,#6). Die Variable *drin* wird auf *False* gesetzt (#7). Diese Variable soll am Schluss die Information enthalten, ob der Punkt im Kreis liegt oder nicht. Deshalb wird im nächsten Schritt getestet, ob der Abstand zwischen Punkt und Kreismittelpunkt kleiner ist als der Radius des Kreises (#8). Falls dies zutrifft - und nur dann - wird die Variable *drin* auf *True* gesetzt

(#9). Schließlich werden die Koordinaten und der Inhalt der Variablen *drin* in einer Liste zusammengefasst und anschließend an die Ergebnisliste angehängt (#10). Diese Ergebnisliste wird dann zurückgegeben (#11). Im Hauptprogramm wird diese Funktion aufgerufen und das Ergebnis ausgegeben. Anschließend wird die Größe der Zeichenfläche durch einen Aufruf von *setworldcoordinates()* definiert. Dann wird der Kreis gezeichnet (#12) und die Ergebnisliste mittels einer for-Schleife durchlaufen (#13). Nachdem die Koordinaten und die Variable *drin* aus den Sublisten extrahiert wurden (#14), werden die Punkte durch einen Aufruf der Funktion kreuz() gezeichnet. Jene Punkte, die innerhalb des Kreises liegen, werden mit grüner Farbe gezeichnet, jene die außerhalb liegen, in roter Farbe. Hierzu dient die if-Anweisung, die den Wert der Variablen *drin* testet (#15).

Lösung 3.12

```
from math import sqrt                  #1
def quadratische_gleichung(p,q):       #2
    Radikand = (p/2.)**2-q             #3
    if Radikand<0.:                    #4
        print "Keine reelle Loesung!"
    else:                              #5
        x1 = -p/2.+sqrt(Radikand)      #6
        x2 = -p/2.-sqrt(Radikand)
        print "Loesungen:"
        print "x1 = ",x1
        print "x2 = ",x2

# Hauptprogramm
p = input("Bitte p eingeben: ")
q = input("Bitte q eingeben: ")
quadratische_gleichung(p,q)            #7
```

Bei diesem Programm wird zunächst die Wurzelfunktion *sqrt()* aus dem Modul *math* importiert. Nur diese mathematische Funktion wird anschließend benötigt (#1). Die Funktion mit dem Namen *quadratische_gleichung()* erhält die Koeffizienten der quadratischen Gleichung p und q als Parameter (#2). Innerhalb der Funktion wird als Erstes der Radikand berechnet (#3). Ist er negativ, gibt es keine Lösung der Gleichung im Bereich der reellen Zahlen (#4). Ist er jedoch positiv, werden die beiden Lösungen x1 und x2 berechnet und dann ausgegeben (#6). Im Hauptprogramm werden die Koeffizienten p und q vom Benutzer erfragt und anschließend die Funktion aufgerufen (#7). In diesem Fall wird die Ausgabe innerhalb der Funktion vorgenommen. Ob dies sinnvoll ist, muss jeweils der Programmierer entscheiden. Falls die Funktion nur die Berechnung ausführen soll, muss sie die Ergebnisse mit *return* an das aufrufende Programm zurückgeben. Auch für den Fall, dass keine reelle Lösung ermittelt werden konnte, muss ein Rückgabewert dies signalisieren. Hierzu könnte wieder der Wert *None* verwendet werden.

Lösung 3.13

Wie kann festgestellt werden, ob eine Zahl durch 3 oder 4 teilbar ist? Wir benutzen hierzu den Modulo-Operator %. Mit seiner Hilfe kann der Rest bei ganzzahliger Division ermittelt werden. Anschließend wird geprüft, ob dieser Rest 0 ist.

```
# Loesung ohne List Comprehensions
n = input("Bitte die Zahl n eingeben: ")                          #1
ergebnis = []                                                      #2
for i in range(n+1):                                               #3
   if i%3==0 and not i%4==0:                                       #4
      ergebnis.append(i)                                           #5
print ergebnis

# Loesung mit List Comprehensions
ergebnis2 = [i for i in range(n) if i%3==0 and not i%4==0]        #6
print ergebnis2
```

Zunächst wird vom Benutzer die Zahl n abgefragt (#1). Dann wird eine leere Liste angelegt, die später das Ergebnis aufnehmen soll (#2). Eine for-Schleife läuft anschließend zwischen der Untergrenze 0 und der Obergrenze n (#3). In jedem Schleifendurchlauf (also für jede Zahl) wird nun geprüft, ob diese Zahl durch 3 (n%3==0) und nicht durch 4 (not i%4==0) teilbar ist (#4). Wenn dies zutrifft, wird die Zahl an die Ergebnisliste angehängt (#5). Eine viel elegantere Lösung - noch dazu in einer einzigen Programmzeile - wird mit einer List Comprehension ermöglicht (#6) und liefert das gleiche Ergebnis.

Programmlauf:

```
>>>
Bitte die Zahl n eingeben: 27
[3, 6, 9, 15, 18, 21, 27]
[3, 6, 9, 15, 18, 21, 27]
>>>
```

In der Ergebnisliste fehlen die Zahlen 12 und 24. Die sind zwar durch 3 teilbar, aber auch durch 4. Demzufolge dürfen sie im Ergebnis *nicht* auftreten.

4 Objektorientiertes Programmieren

Eine Einführung in die Grundzüge der objektorientierten Programmierung folgt in diesem Kapitel. Nach der Vorstellung der grundlegenden Ideen wird der Unterschied zwischen Klassen und Objekten herausgearbeitet. Anschließend wird die Anwendung von Methoden und das Überladen von Operatoren gezeigt. Das Kapitel endet mit einem Ausblick auf die so genannte Vererbung.

4.1 Klassen und Objekte

Die objektorientierte Programmierung (kurz OOP) wurde schon in den siebziger Jahren des letzten Jahrhunderts entwickelt. Diese Programmiertechnik hat mehrere Vorteile und hat sich deshalb in den neunziger Jahren als Standard in der Programmierung durchgesetzt. Es gibt kaum eine Software (z.B. zum Download im Internet), die nicht objektorientiert entwickelt wurde. Auch wenn Sie selbst eine Software entwickeln und evtl. weitergeben wollen, wird heutzutage unterstellt, dass Sie dabei objektorientierte Techniken verwenden. Deshalb soll auch in diesem *einführenden* Buch ein erster Blick auf die OOP geworfen werden. Im Gegensatz zur objektorientierten Programmierung bezeichnet man jene Programmiertechniken, die im Kapitel 1 bis 3 dargestellt wurden, als *prozedurale* Programmierung. Objektorientierte Programme werden mit den gleichen Grundkonstruktionen (Schleifen, if-Anweisungen etc.) erstellt.

Die Grundidee

Die Grundidee ist - wie so oft - sehr einfach. In unserem Alltagsleben verwenden wir viele Begriffe, die implizit verschiedene Daten zu "Paketen" zusammenfassen. Abbildung 4.1 zeigt einige grafische Darstellungen hierfür. Die Beispiele sollen im Folgenden besprochen werden.

- Unter einem *Datum* verstehen wir die Zusammenfassung von Tag, Monat und Jahr. Beispielsweise kann ein Datum aus drei ganzen Zahlen bestehen, wobei in Mitteleuropa die erste Zahl den Tag, die zweite den Monat und die dritte das Jahr bedeutet.
- Eine *Adresse* bedeutet die Zusammenfassung von Straße, Hausnummer, Postleitzahl und Ort. Diese Daten können am effektivsten als Zeichenketten dargestellt werden.
- Ein *Student* wird innerhalb einer Hochschule durch Name, Vorname, Matrikelnummer und Adresse eindeutig identifiziert.
- Unter einer *komplexen Zahl* versteht man in der Mathematik eine Zusammenfassung zweier Gleitpunktzahlen: dem Realteil und dem Imaginärteil.
- Ein *Punkt* kann in einem 2D-Grafikprogramm durch einen Namen (z.B. P1, punkt.12) und den Koordinaten x und y repräsentiert werden.
- Ein *PkW* kann beschrieben werden, in dem man wesentliche Eigenschaften (Hersteller, Gewicht, Motorleistung, Herstellungsjahr etc.) zusammenfasst.

Datum
Tag
Monat
Jahr

Adresse
Straße
Hausnummer
Postleitzahl
Ort

Student
Name
Vorname
Matrikelnummer
Adresse

Komplexe Zahl
Realteil
Imaginärteil

Punkt
Name
x-Koordinate
y-Koordinate

PkW
Hersteller
Gesamtgewicht
Motorleistung
Herstellungsjahr

Abb. 4.1 Zusammenfassung von Daten zu Datenpaketen (Verbunde)

In allen diesen Beispielen werden unterschiedliche Daten zu *Datenpaketen* gebündelt und mit einem einheitlichen Begriff beschrieben. Es handelt sich dabei um eine Abstraktion, wobei jeder Mensch evtl. unterschiedliche Auffassungen über einzelne Begriffe hat. Beispielsweise wird ein Ingenieur, der eine dreidimensionale Darstellung programmieren will, Punkte definieren, welche im Gegensatz zu dem Beispiel aus Abb. 4.1 durch *drei* Koordinaten (x, y und z) sowie zusätzlich durch den Namen der Punktfarbe beschrieben werden.

Diese Datenpakete werden in der Informatik als *Verbunde* (bzw. *Verbundstrukturen*) bezeichnet. Aus diesen Datenpaketen werden Objekte, in dem zusätzliche Funktionen zur Manipulation dieser Daten hinzugefügt werden. Ein Objekt besteht also aus *Daten und Funktionen*. Die Daten, die in den Objekten zusammengefasst sind, werden in der OOP als *Attribute* bezeichnet. Man spricht auch von *Eigenschaften* (engl. Properties). Tag, Monat und Jahr sind also Attribute des Objektes *Datum*. Realteil und Imaginärteil sind Attribute des Objektes *Komplexe Zahl*. Wie am Beispiel des Datenpakets *Student* sichtbar wird, können andere Verbunde (bzw. Objekte) selbst wieder Attribute einer solchen Definition sein. Bei der Definition von *Student* wurde *Adresse* als Attribut verwendet.

Klassen

Neben dem Begriff des Objektes spielt in der OOP der Begriff der *Klasse* eine wichtige Rolle. Eine Klasse kann als Bauplan oder Schablone zur Erzeugung von Objekten aufgefasst werden.

Betrachten wir die folgende Abbildung 4.2 in Tabellenform. Auf der linken Seite befinden sich die Darstellungen der Klassen *Datum* und *Punkt*. Auf der rechten Seite sind mehrere *Realisierungen* dieser Klassen zu sehen. Was bedeutet das?

Das Datum 12.3.1989 ist ein konkretes Datum, ebenso die beiden anderen Datumsangaben. Die Klassendefinition sagt dagegen in abstrakter Form nur aus, *wie* ein Datum aufgebaut ist (Tag, Monat und Jahr). Zu jeder Klasse gibt es also potenziell unendlich viele Realisierungen, die auch *Instanzen* genannt werden. Wir nennen sie *Objekte*.

Das Gleiche beobachten wir bei der Klasse *Punkt*. Auch hier sind beliebig viele Objekte möglich. Jedes Objekt hat den gleichen Aufbau wie die abstrakte Klasse.

Datum
Tag
Monat
Jahr

12.3.1989
19.2.2012
17.11.1968

Punkt
Name
x-Koordinate
y-Koordinate

P1: x=5.5, y=12.0
P12: x=-6.0, y=12.2
P2: x=7.6, y=8.12

Abb. 4.2 Klassendefinitionen (links) und deren Realisierungen

Das Objekt entspricht einem konkreten Punkt auf der Zeichenfläche. Zu beliebig vielen Punkten gibt es also genau eine Klassendefinition, die nur aussagt, *wie* ein Punkt aufgebaut ist. Es wird bei der Definition einer Punkt-Klasse *kein einziger* konkreter Punkt erzeugt.

Sehen wir uns nun die Realisierung von Klassen und Objekten in Python an (Abb. 4.3).

Datum
Tag
Monat
Jahr

```
class Datum(object):
    Tag = -1
    Monat = -1
    Jahr = -1
```

Punkt
Name
x-Koordinate
y-Koordinate

```
class Punkt():
    Name = "Nicht definiert!"
    x = "Nicht definiert!"
    y = "Nicht definiert!"
```

Abb. 4.3 Klassendefinitionen als Diagramm (links) und im Python-Programm

Eine Klasse wird mittels des Schlüsselworts *class* erzeugt. Danach folgt der Name der Klasse und in Klammern der Name *object*, der allerdings - wie das zweite Beispiel zeigt - auch weggelassen werden kann. Die erste Zeile der Klassendefinition wird dann mit einem Doppelpunkt abgeschlossen. Der folgende Programmcode, der zur Klassendefinition gehört, wird dann eingerückt (engl. indentation) dargestellt. Der Programmcode besteht hier aus Zuweisungen an die Attribute (Variablen). Im Gegensatz zur abstrakten Definition in Diagrammform muss im Python-Programm eine Zuweisung vorgenommen werden, um die Attribute bzw. Variablen zu erzeugen. Welche Werte sollen hier zugewiesen werden? Um dies zu entscheiden, führen wir erst einige interaktive Tests durch und probieren aus, wie man mit den so erzeugten Klassen umgeht.

Wenn die oben abgebildeten Klassendefinitionen in einer Python-Datei gespeichert und ausgeführt werden, lässt sich anschließend der folgende Dialog in der Python-Shell führen.

```
>>> heute = Datum()                    #1
>>> morgen = Datum()                   #2
>>> Datum                              #3
<class '__main__.Datum'>
```

```
>>> heute                                    #4
<__main__.Datum object at 0x029229D0>
>>> id(heute)                                #5
43133392
>>> id(morgen)                               #6
43133328
>>> heute.Tag                                #7
-1
>>> morgen.Tag                               #8
-1
>>> p1 = Punkt()                             #9
>>> p1.Name                                  #10
'Nicht definiert!'
```

Diskussion:

- Mit einer Zuweisung (#1) wird ein Objekt mit Namen *heute* erzeugt. Dieses Objekt hat genau den Aufbau der Klasse *Datum* (Achtung! Nicht die Klammern hinter Datum vergessen).
- Mit einer zweiten Zuweisung wird ein weiteres Objekt namens *morgen* erzeugt. Auch dieses Objekt hat den gleichen internen Aufbau. Im Prinzip könnte man jetzt beliebig viele Objekte des Typs *Datum* erzeugen.
- Werden nur die Namen der Klasse und der Objekte eingegeben, dann gibt Python eine kurze Meldung heraus (#3,#4). Daraus geht hervor, dass *Datum* als Klasse und *heute* als Objekt erkannt wird.
- Mittels der Funktion *id()* kann für jedes Objekt eine eindeutige Identifikation ermittelt werden (#5,#6). Diese ist für den Programmieranfänger zunächst nicht nutzbar. Jedoch erkennt man, dass Python über die erzeugten Objekte genau Buch führt.
- Um auf die Attribute der Objekte zuzugreifen, kann der so genannte *Punkt-Operator* verwendet werden. Mittels *heute.Tag* kann auf das Attribut *Tag* des Objektes *heute* zugegriffen werden (#7). Vergleichbar hierzu gibt *morgen.Tag* den Wert des entsprechenden Attributs für das Objekt morgen zurück (#8). Wie zu sehen ist, haben beide Attribute denselben Wert, da sie aus der gleichen Klassendefinition abgeleitet wurden (#1,#2).
- Schließlich wird ein Objekt p1 der Klasse *Punkt* erzeugt (#9). Auf die Attribute dieses Objektes kann wieder mit dem *Punkt-Operator* zugegriffen werden (#10). Der Name des Punktes ist "Nicht definiert!", weil dieser in der Klassendefinition dem Attribut *Name* zugewiesen wurde (siehe Abb. 4.3).

Wie wir sehen, weisen die Attribute der Objekte jene Werte auf, die bei der Klassendefinition verwendet wurden, um die Attribute zu definieren. Wir können diese als Standard- oder Default-Werte ansehen. Damit haben alle von einer Klasse abgeleiteten Objekte dieselben Attributwerte.

Wie kann dann aber ein bestimmtes Datum (z.B. 12.3.1989) einem Objekt zugewiesen werden? Offensichtlich fehlt noch etwas bei den Klassendefinitionen, das es uns erlaubt, die in den Objekten gespeicherten Informationen effektiv zu manipulieren: die *Methoden*.

Methoden

Die folgende Abbildung 4.4 zeigt den vollständigen Aufbau von Klassen in der objektorientierten Programmierung. Die Klasse besteht neben dem Klassennamen und den Attributen noch aus den *Methoden.* Methoden sind nichts anderes als Funktionen, die aber untrennbar zu einer Klasse und damit später auch zu den daraus abgeleiteten Objekten gehören.

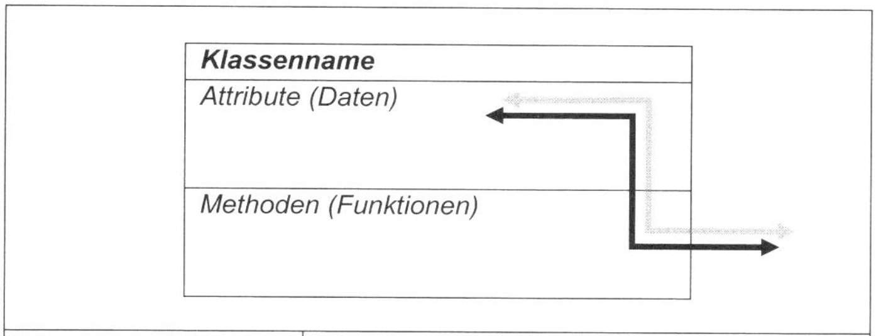

Datum
Tag
Monat
Jahr
vorgabe()
rueckgabe()
	class Datum(object):
	  Tag = -1
	  Monat = -1
	  Jahr = -1
	  def vorgabe(self,t,m,j):
	    self.Tag=t; self.Monat=m; self.Jahr=j
	  def rueckgabe(self):
	    return self.Tag,self.Monat,self.Jahr

Punkt
Name
x-Koordinate
y-Koordinate
vorgabe()
rueckgabe()
	class Punkt(object):
	  Name = "Nicht definiert!"
	  x = "Nicht definiert!"
	  y = "Nicht definiert!"
	  def vorgabe(self,n,x,y):
	    self.Name=n;self.x=x;self.y=y
	  def rueckgabe(self):
	    return self.Name,self.x,self.y

Abb. 4.4 Klassendefinitionen in der OOP

Die Pfeile in Abb. 4.4 zeigen an, dass auf die Attribute nur mittels bestimmter Methoden (Funktionen) zugegriffen werden sollte. In einigen Programmiersprachen ist das nicht anders machbar. Der Programmierer kommt dort nur an Attribute heran, wenn er entsprechende Methoden benutzt.

In Python können die Attribute jedoch direkt angesprochen werden. Wir haben dies ja gerade gezeigt, in dem wir den Punkt-Operator zur Abfrage des Wertes von Attributen verwendet haben. Das Prinzip, auf Attribute nur über Methoden zuzugreifen, wird *Datenkapselung* (engl. encapsulation) oder *Geheimnisprinzip (engl. information hiding)* genannt. Es spielt in der OOP eine wichtige Rolle. Objektorientierte Programme erhalten damit klare *Schnittstellen,* über die Objekte miteinander kommunizieren können (die Methoden). Ähnlich wie bei einem Computer, der mit seiner Umwelt über Standard-Schnittstellen (z.B. USB) kommuniziert, sollen Anwender sowie Programmierer sich nicht über die Details des internen Aufbaus von Objekten Gedanken machen müssen. Lediglich der richtige Umgang mit der Schnittstelle wird benötigt, um das Objekt zu beeinflussen.

Hinweis

Vermeiden Sie es zunächst, auf Attribute von Objekten direkt zuzugreifen, sondern verwenden Sie hierfür möglichst Methoden (Funktionen)! Python ermöglicht zwar den direkten Zugriff über den Punkt-Operator, weil es die Philosophie des Erfinders der Sprache ist, dem Programmierer volle Kontrolle - über fast alles - zu geben. Allerdings erzeugen Programmieranfänger oftmals unübersichtliche und fehleranfällige Programme, wenn sie direkt auf die Attribute zugreifen. Wenn Sie der Empfehlung folgen, werden Sie überschaubare und stabile Programme schreiben. Später - mit etwas Erfahrung - können Sie im Einzelfall zu Ihrem Vorteil auch anders verfahren.

Sehen wir uns nun die Methoden am Beispiel der Klasse *Datum* etwas genauer an. Der folgende Programmcode kann auch im Downloadbereich heruntergeladen werden.

```
class Datum(object):                        #1
   Tag = -1                                 #2
   Monat = -1
   Jahr = -1
   def vorgabe(self,t,m,j):                 #3
      self.Tag=t                            #4
      self.Monat=m
      self.Jahr=j
   def rueckgabe(self):                     #5
      return self.Tag,self.Monat,self.Jahr  #6
```

Diskussion:

- Nach der Definition der Klasse Datum (#1) werden die Attribute Tag, Monat und Jahr erzeugt und auf Standardwerte gesetzt (#2). Die Werte sind bewusst *unsinnig* gewählt. In dem nachfolgenden Shell-Dialog wird gezeigt, dass dies sinnvoll ist.
- Die Methode *vorgabe()* wird wie eine normale Funktion mit dem Schlüsselwort *def* definiert (#3). Dabei ist zu beachten, dass auch diese Funktionsdefinition eingerückt wird, um auszudrücken, *dass sie zur Klassendefinition gehört*. Ein Programm könnte zusätzlich auch Funktionen enthalten, die *nicht* an eine Klasse gebunden sind. In diesem Fall würde das Schlüsselwort *def* in der ersten Spalte der Zeile und *außerhalb der Klassendefinition* stehen. Die Aufgabe dieser Methode besteht darin, drei vom Anwender übergebene Parameter den Attributen des Objektes zuzuweisen (#3).
- Die Methode *rueckgabe()* hat gewissermaßen die umgekehrte Wirkung: sie soll die Attribute mittels *return* zurückgeben (#5,#6).
- Beide Methoden bzw. Funktionen haben mindestens einen Parameter namens *self* (#3,#5). Mit *self* wird eine Verbindung zu den Attributen hergestellt. Beachten Sie, dass der Name der Attribute *innerhalb der Methoden* immer in der Form *self.name* angegeben werden muss (#4,#6). Zum Beispiel wird das Attribut *Monat* in den Methoden als *self.Monat* qualifiziert (#6).

Die Methoden, die hier mit *vorgabe()* und *rueckgabe()* benannt wurden, erscheinen prinzipiell in vielen OOP-Programmen in ähnlicher Form. Sie heißen dort oft *get()* und *set()*. Ihre Aufgabe ist es, die Attributwerte, die in einem Objekt gekapselt sind, herauszuholen oder den Attributen neue Werte zuzuweisen.
Wenn das oben gezeigte Programm ausgeführt wird, kann anschließend der folgende Shell-Dialog geführt werden:

```
>>> heute = Datum()              #1
>>> heute.rueckgabe()            #2
(-1, -1, -1)
>>> heute.vorgabe(19,2,2012)     #3
>>> heute.rueckgabe()            #4
(19, 2, 2012)
```

Nachdem ein Objekt der Klasse *Datum* erzeugt und der Variablen *heute* zugewiesen wurde (#1), wird die Methode *rueckgabe()* aufgerufen. Da aber die Methode *vorgabe()* noch nicht ausgeführt wurde, weisen die Attribute jene Werte auf, die bei der Klassendefinition als Standardwerte zugewiesen wurden. Wir erkennen sofort, dass die Zahlenfolge -1,-1,-1 keine sinnvolle Datumsangabe ist. Eine solche Vorbesetzung kann bei der Programmierung behilflich sein, Fehler zu vermeiden. Nachdem mit dem Aufruf von *vorgabe()* eine sinnvolle Datumsangabe gemacht wurde, wird diese durch einen Aufruf von *rueckgabe()* "aus dem Objekt heraus geholt".

Viele Python-Programmierer bevorzugen aber die folgende Variante, die ohne explizite Zuweisungen an Attribute auskommt. Auf den ersten Blick scheint die folgende Variante gar keine Attribute zu haben.

```
class Datum(object):                          #1
  def vorgabe(self,t,m,j):                    #2
    self.Tag=t                                #3
    self.Monat=m
    self.Jahr=j
  def rueckgabe(self):                        #4
    return self.Tag,self.Monat,self.Jahr      #5
```

Der Platz zwischen der Klassendefinition durch class (#1) und der Definition der Methoden (#2) ist leer. Es *scheinen keine* Attribute definiert worden zu sein. Das ist jedoch ein Trugschluss. Immer wenn eine Anweisung der Form *self.name = ausdruck* in einer Methode erscheint, wird ein neues Attribut erzeugt oder - wenn es schon vorhanden ist - überschrieben. Wird bei dieser Variante *rueckgabe()* aufgerufen, ohne dass *vorgabe()* ausgeführt wurde, ergibt sich ein Laufzeitfehler: die Attribute sind dann nicht definiert!

Beispiel: Vektoren in der Ebene definieren
In einem ebenen kartesischen Koordinatensystem kann ein Vektor $\underline{V}$ als ein geordnetes Zahlenpaar, den Komponenten in x- und in y-Richtung, beschrieben werden (Abb. 4.5).

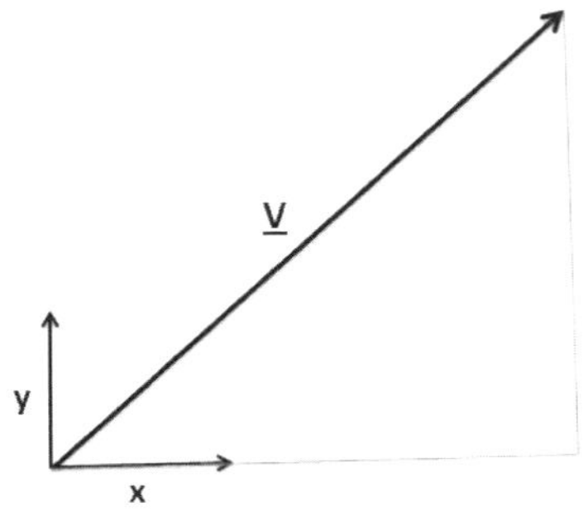

Abb. 4.5 Ein Vektor V im kartesischen x-y-Koordinatensystem

Nachfolgend ist ein Python-Programm angegeben, das eine Klasse für zweidimensionale Vektoren enthält. Diese Klassendefinition weist vier Methoden auf. Neben *vorgabe()* und *rueckgabe()* sind zwei Methoden *eingabe()* und *ausgabe()* definiert. Mit *eingabe()* kann der Benutzer interaktiv die Komponenten des Vektors angeben. Die Methode *ausgabe()* prüft, ob die Vektorkomponenten eingegeben oder mit *vorgabe()* definiert wurden und gibt dann die Länge des Vektors und die Komponenten aus.

```
from math import *
class vektor(object):
    x = None                                            #1
    y = None
    def vorgabe(self,x,y):
        self.x = x
        self.y = y
    def rueckgabe(self):
        return self.x, self.y
    def eingabe(self):
        self.x = input("Bitte die x-Komponente eingeben: ")
        self.y = input("Bitte die y-Komponente eingeben: ")
    def ausgabe(self):
        if self.x == None or self.y == None:            #2
            print "Es wurde noch kein Vektor definiert!"  #3
        else:
            betrag = sqrt(self.x**2+self.y**2)          #4
          print "X-Komponente: ",self.x
          print "Y-Komponente: ",self.y
          print "Der Betrag ist: ",betrag
```

In diesem Programm wird den Attributen x und y zunächst *None* zugewiesen (#1). In der Methode *ausgabe()* wird getestet, ob die Attribute immer noch diese Werte aufweisen (#2). Wenn ja, wurde keine der Methoden *eingabe()* oder *vorgabe()* aufgerufen und *ausgabe()* stoppt mit einer Fehlermeldung (#3). Wenn vom Benutzer Vorgaben bzw. Eingaben erfolgt sind, berechnet das Programm den Betrag (die Länge) des Vektors (#4) und gibt diesen, zusammen mit den Komponenten, aus.

Nach der Ausführung dieses Programmcodes kann folgende interaktive Sitzung in der Python-Shell durchgeführt werden:

```
>>> v = vektor()
>>> v.ausgabe()
Es wurde noch kein Vektor definiert!
>>> v.eingabe()
Bitte die x-Komponente eingeben: 3
Bitte die y-Komponente eingeben: 4
>>> v.rueckgabe()
(3, 4)
>>> v.ausgabe()
X-Komponente:  3
Y-Komponente:  4
Der Betrag ist:  5.0
>>> u = vektor()
>>> u.vorgabe(2,3)
>>> u.ausgabe()
X-Komponente:  2
Y-Komponente:  3
Der Betrag ist:  3.60555127546
>>>
```

4.2 Konstruktoren und Destruktoren

Im vorigen Kapitel wurde gezeigt, wie Methoden gestartet (initiiert, aufgerufen) werden. Die Methode wird aufgerufen, in dem zunächst der Objektname und dann, durch einen Punkt getrennt, der Methodenname genannt wird:

Objektname.Methodenname()

Gegebenenfalls werden noch zusätzliche Parameter übergeben. Nun gibt es einige besondere Methoden, die auf andere Art und Weise gestartet werden. Diese Methoden haben in Python fest definierte Namen. Zwei Methoden sind dabei besonders bedeutsam: *Destruktoren und Konstruktoren*. Ein Konstruktor ist eine Methode, die immer dann initiiert wird, wenn ein Objekt erzeugt wird. Umgekehrt wird ein Destruktor dann aufgerufen, wenn ein Objekt zerstört (gelöscht) wird. Der Konstruktor hat den vordefinierten Namen *__init__(),* der Destruktor dagegen wird mit dem Namen *__del__()* bezeichnet.

Das folgende Programm mit der Klasse *beispiel* soll helfen, die Wirkung von Konstruktor und Destruktor zu verstehen:

```
class beispiel(object):                               #1
   def __init__(self):                                #2
      print "Der Konstruktor wurde aufgerufen!"       #3
   def __del__(self):                                 #4
      print "Der Destruktor wurde aufgerufen!"        #5
```

In diesem kurzen Programm befindet sich nur eine einzige Klassendefinition (#1). Die Klasse *beispiel* beinhaltet zwei Methoden: *__init__()* und *__del__()* (#2,#4). An diesen vordefinierten Namen erkennt Python, dass es sich um den Konstruktor bzw. Destruktor handelt. In beiden Methoden ist wiederum nur eine einzige Programmzeile enthalten (#3,#5), mit der eine Meldung in das Ausgabefenster geschrieben wird. Nun erhalten wir eine Rückmeldung, wenn diese Methoden aufgerufen werden.

Wenn wir dieses Programm ausführen, kann anschließend der folgende Shell-Dialog ausgeführt werden:

```
>>> a = beispiel()                          #1
Der Konstruktor wurde aufgerufen!
>>> b = beispiel()                          #2
Der Konstruktor wurde aufgerufen!
>>> del a                                   #3
Der Destruktor wurde aufgerufen!
>>> del b                                   #4
Der Destruktor wurde aufgerufen!
>>> a                                       #5
Traceback (most recent call last):
  File "<pyshell#4>", line 1, in <module>
    a
NameError: name 'a' is not defined
```

Zunächst werden zwei Objekte a und b der Klasse *beispiel* erzeugt (#1,#2). In beiden Fällen wird ohne unser Zutun der Konstruktor *__init__()* aufgerufen. Er schreibt einen Hinweistext heraus. Anschließend wird das Objekt a mit *del* gelöscht (#3). Bei der Zerstörung des Objektes wird der Destruktor *__del__()* aufgerufen. Auch er schreibt eine entsprechende Meldung heraus. Das Gleiche geschieht, wenn das Objekt b gelöscht wird (#4). Nachdem die Objekte gelöscht wurden, gibt Python eine Fehlermeldung zurück, wenn versucht wird, das Objekt erneut anzusprechen (#5).

Dieses Beispiel soll dem Programmieranfänger lediglich zeigen, wann der Konstruktor bzw. der Destruktor aufgerufen wird. Normalerweise erzeugen diese Methoden keine Ausgaben. Auch eine Eingabe mittels *input()* ist bei diesen Methoden eher fehl am Platz. Das folgende Beispiel zeigt einen sinnvolleren Einsatz des Konstruktors am Beispiel der Klasse *vektor.*

Beispiel: Ein Konstruktor für Vektoren

Wenn ein Konstruktor Schlüsselwort-Parameter aufweist, *müssen* diese bei der Erzeugung des Objektes übergeben werden. Bei Optional-Parametern *können* diese auch weggelassen werden. In diesem Fall werden die Standardwerte (Default-Werte) verwendet. Wir definieren zunächst die Klasse *vektor* mit einem Konstruktor mit Pflicht-Parametern.

```
class vektor(object):                       #1
    def __init__(self,x,y):                 #2
        self.x = x                          #3
        self.y = y
    def ausgabe(self):                      #4
```

```
        print "X-Komponente: ",self.x         #5
        print "Y-Komponente: ",self.y

v1 = vektor(1,5)                              #6
v2 = vektor(-3,8)                             #7
v1.ausgabe()                                  #8
v2.ausgabe()                                  #9
v3 = vektor()                                 #10
```

Die Klassen-Definition (#1) enthält neben der Methode *ausgabe()* nur noch den Konstruktor (#4,#2). Der Konstruktor weist neben dem Parameter *self* noch zwei Pflicht-Parameter x und y auf (#2). Diese Übergabe-Parameter werden den Attributen zugewiesen (#3). Bei der Ausgabe werden diese Attribute herausgeschrieben (#5). Im Hauptprogramm werden zwei Vektoren erzeugt (#6,#7) und deren Komponenten (Attribute) ausgegeben (#8,#9). Schließlich wird versucht, einen weiteren Vektor v3 zu erzeugen. Hier werden keine Parameter übergeben (#10). Wenn dieses Programm ausgeführt wird, erscheint die folgende Ausgabe in der Python-Shell:

```
X-Komponente:  1
Y-Komponente:  5
X-Komponente:  -3
Y-Komponente:  8

Traceback (most recent call last):
  File
"C:/Users/Woyand_Office/Python/Buch/Python_Script_Kap4/vektor02.py", line
14, in <module>
    v3 = vektor()
TypeError: __init__() takes exactly 3 arguments (1 given)
```

Wir sehen, dass bei dem Versuch, den Vektor v3 zu erzeugen, eine Fehlermeldung ausgegeben wird. Python weist darauf hin, dass zu wenige Parameter übergeben wurden. Der Konstruktor erwartet zwingend die Übergabe von zwei zusätzlichen Parametern (self ist ein weiterer dritter Parameter).

Bei der folgenden Variante werden dagegen optionale Parameter verwendet:

```
class vektor(object):
    def __init__(self,x=0,y=0):          #1
        self.x = x
        self.y = y
    def ausgabe(self):
        print "X-Komponente: ",self.x
        print "Y-Komponente: ",self.y
v1 = vektor(1,5)
v1.ausgabe()
v3 = vektor()                            #2
v3.ausgabe()
```

Bei der Definition des Konstruktors (#1) ist 0 als Default-Wert für die Übergabe-Parameter vorgesehen. Der Vektor v3 wird erzeugt, ohne dass Parameter angegeben werden (#2). Stattdessen werden im Konstruktor die Default-Werte verwendet. Nachfolgend ist die Programmausgabe wiedergegeben:

```
>>>
X-Komponente: 1
Y-Komponente: 5
X-Komponente: 0
Y-Komponente: 0
>>>
```

Neben der gezeigten Anwendung werden Konstruktoren und Destruktoren häufig angewendet, wenn zu Beginn eines objektorientierten Programms Daten initialisiert oder (z.B. aus einer Datenbank) gelesen werden müssen. Bei der Zerstörung eines Objektes kann der Destruktor noch Daten herausschreiben, um eventuell wichtige Zwischenergebnisse zu sichern.

4.3 Überladen von Operatoren

Wir haben schon mehrfach beobachtet, dass Operatoren in Python mehrere *Bedeutungen* haben. Wenn ganze Zahlen dividiert werden, passiert etwas ganz anderes, als wenn diese Operation auf Gleitpunktzahlen ausgeführt wird (siehe Kapitel 1.3.2). Und schließlich wurde auch gezeigt, dass Zeichenketten sogar addiert und mit ganzen Zahlen multipliziert werden können (siehe Kapitel 2.4.1). Offensichtlich "weiß" der Operator, was er ausführen soll, abhängig von dem Typ der Operanden. In der objektorientierten Programmierung können Operatoren Objekte verknüpfen und dabei spezielle Methoden aufrufen. Um dies zu zeigen, soll im Folgenden zunächst eine OOP-Lösung für die Addition und Subtraktion von Vektoren vorgestellt werden. Anschließend wird an diesem Beispiel das so genannte Überladen von Operatoren gezeigt.

Beispiel: Vektoren addieren
Das Beispiel zu Vektoren im Kapitel 4.2 war nicht wirklich spannend. Es wurde dort nur gezeigt, wie Vektoren eingegeben und anschließend wieder ausgegeben werden können. Wir wollen aber mit Vektoren rechnen und diese zum Beispiel addieren oder subtrahieren. Rufen wir uns nochmals ins Gedächtnis, dass Vektoren addiert werden, in dem ihre entsprechenden Komponenten addiert werden. Um Vektoren zu addieren, werden also die x-Komponenten addiert, dann die y-Komponenten etc. Entsprechendes gilt sinngemäß für die Subtraktion. Das folgende Python-Programm realisiert die Addition von zwei Vektoren mithilfe der Funktion *addiere()*:

```
class vektor(object):
    def __init__(self,x=0,y=0):          #1
        self.x = x
        self.y = y
    def addiere(self,other):             #2
        x = self.x + other.x             #3
        y = self.y + other.y             #4
```

```
        return vektor(x,y)                  #5
    def ausgabe(self):                      #6
        print "(",self.x,",",self.y,")"     #7

v1 = vektor(1,5)                            #8
v1.ausgabe()                                #9
v2 = vektor(3,-2)                           #10
v2.ausgabe()                                #11
v3 = v1.addiere(v2)                         #12
v3.ausgabe()                                #13
```

Diskussion:

- In der Klassendefinition von *vektor* wird ein Konstruktor mit optionalen Schlüsselwort-Parametern verwendet (#1). Dieser weist den Attributen Werte zu.
- Die Methode *addiere()* hat zwei Parameter: *self* und *other* (#2). Der Name *other* ist willkürlich gewählt.
- Die Methode *addiere()* wird auf der rechten Seite einer Zuweisung aufgerufen (#12). Dies bedeutet, dass die Methode ein Objekt der Klasse *Vektor* mit *return* zurückgeben muss. In der letzten Zeile der Methodendefinition wird dies getan (#5).
- Bei der Definition von *addiere()* (#2) werden die Vektor-Komponenten von *self* und *other* addiert. Anschließend wird mit den so ermittelten Zahlenwerten ein neues Vektorobjekt erzeugt und zurückgegeben (#5). Die Variable *self* steht dabei für das erste zu addierende Objekt, entsprechend der Variablen *v1* beim Aufruf der Methode (#12). Die Methode *addiere()* wird für dieses erste Objekt aufgerufen. Die Variable *other* steht für das zweite zu addierende Objekt *v2*.
- Die Methode *ausgabe()* wurde etwas verändert (#6). Diese Methode gibt die Komponenten des Vektors in einer Zeile aus, wobei die Zahlen in runde Klammern gesetzt werden (#7). Das entspricht nicht ganz der mathematischen Schreibweise, bei der Vektoren zumeist als Spaltenvektoren (also die Komponenten untereinander stehend) geschrieben werden. Allerdings führt diese Schreibweise zu überschaubaren, kurzen Ausgaben.
- Im Hauptprogramm werden zwei Vektoren erzeugt, wobei die Komponenten an den Konstruktor übergeben werden (#8,#10). Anschließend werden die so definierten Vektoren zur Kontrolle nochmals ausgegeben (#9,#11).
- Die wichtigste Zeile des Hauptprogramms ist der Aufruf von *addiere()* (#12). Da diese Methode zur Klasse Vektor gehört, muss sie mithilfe des Punkt-Operators für ein Objekt (hier v1) aufgerufen werden. Zur Addition wird ein zweites Objekt (hier v2) übergeben. Dieses zweite Objekt (v2) entspricht in der Definition der Methode der Variablen *other* und die Variable *self* entspricht dem ersten Objekt (v1).
- Schließlich wird das Ergebnis der Addition v3 ausgegeben (#13).

Die Addition der Vektoren wurde durch den folgenden Methodenaufruf realisiert:

v3 = v1.addiere(v2)

Es wäre allerdings viel effizienter und natürlicher, wenn wir Folgendes schreiben könnten:

v3 = v1 + v2

Wenn wir das ausprobieren, gibt Python eine Fehlermeldung zurück, denn zwischen Objekten der Klasse Vektor ist zunächst *kein* Additionsoperator definiert. Mithilfe des *Überladens von Operatoren* (engl. operator overlaoding) lässt sich das ändern.

Neben dem Konstruktor und dem Destruktor gibt es noch weitere vordefinierte Methoden in Python. Ist die Methode *__add__()* in einer Klassendefinition enthalten, so wird der +-Operator auf Objekte dieser Klasse angewendet. In dem Programm ersetzen wir einfach den Namen *addiere()* durch *__add__().*

```
class vektor(object):
  def __init__(self,x=0,y=0):
    self.x = x
    self.y = y
  def __add__(self,other):                #1
    x = self.x + other.x
    y = self.y + other.y
    return vektor(x,y)
  def ausgabe(self):
    print "(",self.x,",",self.y,")"

v1 = vektor(1,5)
v1.ausgabe()
v2 = vektor(3,-2)
v2.ausgabe()
v3 = v1 + v2                              #2
v3.ausgabe()
```

Dieses Programm unterscheidet sich nur in zwei Zeilen von dem zuvor diskutierten Beispiel: die Methode *addiere()* wurde durch die vordefinierte Methode *__add__()* ersetzt (#1). Der Methodenaufruf wird anschließend durch die Anwendung des +-Operators (#2) ausgelöst. Mittels dieser Technik lassen sich leichter verständliche Programme erstellen.

Beispiel: Inneres Produkt von Vektoren berechnen

Als zweites Beispiel zum Operator-Overloading soll die Berechnung des inneren Produkts von Vektoren gezeigt werden. Wenn v1 und v2 Vektoren sind (wir schreiben diese der Einfachheit halber in Zeilenform):

v1 = (a, b)
v2 = (c, d)

dann ist das innere Produkt dieser beiden Vektoren:

ip = v1*v2 = a*c + b*d

Das nachfolgende Programm benutzt eine benutzerdefinierte Methode zur Berechnung. Dabei ist zu beachten, dass das innere Produkt zweier Vektoren *kein Vektor ist, sondern eine Zahl*, falls a,b,c,d ebenfalls Zahlen sind.

```
class vektor(object):
   def __init__(self,x=0,y=0):
      self.x = x
      self.y = y
   def InneresProdukt(self,other):            #1
      ip = self.x*other.x + self.y*other.y    #2
      return ip                               #3
   def ausgabe(self):
      print "(",self.x,",",self.y,")"

v1 = vektor(1,5)
v1.ausgabe()
v2 = vektor(3,-2)
v2.ausgabe()
iprod = v1.InneresProdukt(v2)                 #4
print iprod                                   #5
```

Gegenüber dem Additions-Beispiel gibt es nur wenige Änderungen. Die Methode *InneresProdukt()* berechnet den Wert des inneren Produkts (#1,#2) und gibt diesen Zahlenwert an das aufrufende Programm zurück (#3). Der Methodenaufruf (#4) erfolgt in der Form einer Zuweisung (#4). Der berechnete Wert ist eine Zahl und kann mit *print* ausgegeben werden (#5).

Neben *__add__()* gibt es in Python eine weitere vordefinierte Methode *__mul__(),* die eine Überladung des *-Operators erlaubt. In dem folgenden Programmcode wird die Methode *InneresProdukt()* einfach durch diese vordefinierte Methode ersetzt.

```
class vektor(object):
   def __init__(self,x=0,y=0):
      self.x = x
      self.y = y
   def __mul__(self,other):                   #1
      ip = self.x*other.x + self.y*other.y
      return ip
   def ausgabe(self):
      print "(",self.x,",",self.y,")"

v1 = vektor(1,5)
v1.ausgabe()
v2 = vektor(3,-2)
v2.ausgabe()
iprod = v1 * v2                               #2
print iprod
```

Die Anweisungen innerhalb der Methode bleiben gleich, lediglich der Methodenname wurde ausgetauscht (#1). Durch die Verwendung von *__mul__()* kann der *-Operator Vektoren miteinander verknüpfen (#2) und das innere Produkt berechnen.

Die folgende Tabelle gibt *einen Teil* der in Python überladbaren Operatoren und die zugehörigen vordefinierten Methoden wieder. Auch Vergleichsoperatoren können überladen werden.

Operator	Methode
+	__add__(self,other)
-	__sub__(self,other)
*	__mul__(self,other)
/	__div__(self,other)
**	__pow__(self,other)
==	__eq__(self, other)
>=	__ge__(self, other)
>	__gt__(self, other)
<=	__le__(self, other)
<	__lt__(self, other)

Tab. 4.1 Vordefinierte Methoden zum Überladen von Operatoren

4.4 Vererbung

Vererbung (engl. inheritance) in der OOP setzt keinesfalls voraus, dass ein Objekt oder eine Klasse stirbt! Diese spaßige Bemerkung hatte in ähnlicher Form schon ein bekannter Informatiker gemacht. Wir sollten den Begriff Vererbung eher durch *Übernahme* ersetzen. Bei der Vererbung *übernimmt* eine Klasse die Attribute und die Methoden einer anderen Klasse. Am besten und am anschaulichsten wird dies durch das folgende Programm und den anschließenden Shell-Dialog demonstriert.

Das folgende Programm enthält zwei Klassendefinitionen für ein Automobil und einen PKW. Automobil ist ein Oberbegriff für PKW, aber auch für LKW.

```
class Automobil(object):                     #1
    antrieb = "Ottomotor"                    #2
    leistung_in_kw = 120.0                   #3
    def ausgabe(self):                       #4
        print "Antrieb:  ", self.antrieb     #5
        print "Leistung: ", self.leistung_in_kw   #6

class PKW(Automobil):                        #7
    pass                                     #8
```

Die Klassendefinition von Automobil (#1) beinhaltet die Attribute *antrieb* (#2) und *leistung_in_kw* (#3), sowie die Methode *ausgabe(),* welche diese Attribute ausgibt (4,#5,#6). Die Definition der Klasse PKW enthält dagegen *keine* Attribute und *keine* Methodendefinition. Das Python-Schlüsselwort *pass* (#8) steht stellvertretend für einen beliebigen - später einzufügenden - Programmcode und sorgt einfach dafür, dass der Code vollständig und ausführbar ist. Damit scheint die Klasse PKW leer zu sein. Der folgende Shell-Dialog sorgt aber für Überraschungen:

```
>>> a = Automobil()
>>> a.ausgabe()
Antrieb:  Ottomotor
Leistung:  120.0
>>> b = PKW()
>>> b.ausgabe()
Antrieb:  Ottomotor
Leistung:  120.0
>>>
```

Wir können gut nachvollziehen, dass das Objekt a, welches von der Klasse *Automobil* abgeleitet wurde, die dort definierten Attribute aufweist und diese mit *ausgabe()* auch ausgeben kann. Aber wie verhält es sich mit dem Objekt b? Im Dialog verhält sich dieses Objekt so, als hätte es die gleichen Attribute und Methoden wie Objekte der Klasse *Automobil*. Tatsächlich *erbt bzw. übernimmt* die Klasse PKW die Attribute und Objekte von Automobil und zwar durch die folgende Zeile des Programms (#7):

class PKW(Automobil):

Bislang hatten wir hinter den Klassennamen immer *object* in runde Klammern geschrieben (#1). Das ist der Name einer *Standardklasse* in Python. Durch die Anweisung *class PKW(Automobil):* wird eine Klasse erzeugt, die *alle* Attribute und *alle* Methoden der Klasse Automobil *übernimmt bzw. erbt*. Die Klasse, von der geerbt wird, heißt auch *Oberklasse* oder *Superklasse*. Jene Klasse, die etwas übernimmt bzw. erbt, wird *Unterklasse* oder *Subklasse* genannt. Die *Subklasse* kann noch viele weitere Attribute und Methoden enthalten. Damit ist sie spezieller als die Oberklasse. Wir können die Oberklasse auch als abstrakter ansehen, weil sie weniger Merkmale (bzw. Attribute und Methoden) als die Subklasse aufweist. Mit dieser Technik können ganze Klassenhierarchien abgebildet werden, wie das folgende Beispiel zeigt.

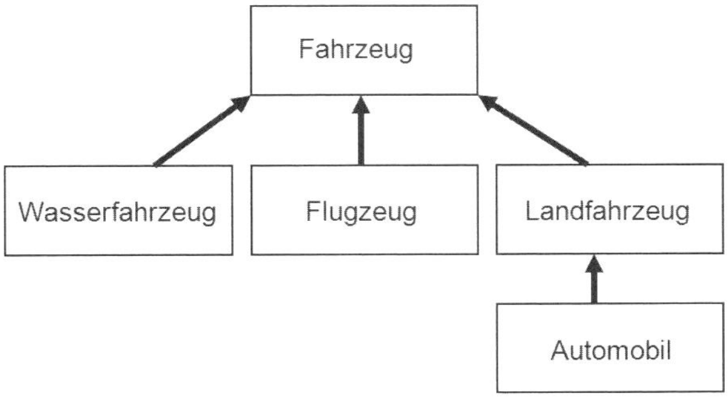

Abb. 4.6 Klassenhierarchie für Fahrzeuge

In solchen Darstellungen werden die Pfeile immer *in Richtung der übergeordneten Klassen* gezeichnet. Die Vererbungsbeziehung wird in der OOP auch oft als eine "Ist-ein-Beziehung" bezeichnet. In der Klassenhierarchie für Fahrzeuge bedeutet dies, dass ein Landfahrzeug ein Fahrzeug ist, ein Automobil ist ein Landfahrzeug und damit (indirekt) auch ein Fahrzeug.

Ein Teil der in Abb. 4.6 gezeigten Hierarchie kann in Python folgendermaßen abgebildet werden:

```
class Fahrzeug(object):
    gewicht = 1500.0
    zuladung = 500.0

    def ausgabe(self):
        print "Gewicht: ", self.gewicht
        print "Zuladung:", self.zuladung

class Landfahrzeug(Fahrzeug):
    pass

class Automobil(Landfahrzeug):
    pass

auto = Automobil()
auto.ausgabe()
```

Die Klasse *Automobil* erbt die Attribute der höchsten Klasse in der Hierarchie, weil *Automobil* von *Landfahrzeug* erbt und diese Klasse erbt wiederum von der Klasse *Fahrzeug*. Die Ausgabe dieses Programms ist:

```
>>>
Gewicht:  1500.0
Zuladung: 500.0
>>>
```

Auch eine so genannte Mehrfachvererbung ist möglich. Dabei übernimmt eine Klasse von zwei oder mehreren Klassen deren Attribute und Methoden. Nachfolgend ist ein einfaches Beispiel angegeben:

```
class PKW(object):                                          #1
    sitzplaetze = 5
    def ausgabePKW(self):
        print "Sitzplaetze: ", self.sitzplaetze

class LKW(object):                                          #2
    ladeflaeche = 6.0
    def ausgabeLKW(self):
        print "Ladeflaeche in qm:", self.ladeflaeche

class Pick_Up(PKW,LKW):                                     #3
    motorleistung = 120.0
    def ausgabe(self):                                      #4
        self.ausgabePKW()                                   #5
        self.ausgabeLKW()                                   #6
        print "Motorleistung in KW:",self.motorleistung     #7

a = Pick_Up()                                               #8
a.ausgabe()                                                 #9
```

Diskussion:

- Zunächst werden zwei Klassen *PKW* und *LKW* mit jeweils einem eigenen Attribut sowie einer Methode definiert (#1,#2). Die Klasse *Pick_Up* erbt nun von diesen beiden Klassen (#3) *alle* Attribute und Methoden. Ein Pick_Up ist ein Fahrzeug, was sowohl Eigenschaften eines LKW, als auch Eigenschaften eines PKW aufweist.
- Zusätzlich hat die Klasse Pick_Up ein eigenes Attribut *motorleistung* und eine Methode *ausgabe()* (#4). In dieser Methode werden die geerbten Methoden der Oberklassen aufgerufen (#5,#6). Zusätzlich wird das Attribut, welches nur in dieser Klasse definiert ist, mit *print* ausgegeben (#7).
- Im Hauptprogramm wird ein Objekt a von der Klasse *Pick_Up* erzeugt (#8) und dessen Methode *ausgabe()* aufgerufen (#9).

Die Programmausgabe ist:

```
>>>
Sitzplaetze: 5
Ladeflaeche in qm: 6.0
Motorleistung in KW: 120.0
>>>
```

Aufgaben

Aufgabe 4.1
Schreiben Sie ein objektorientiertes Programm, welches vom Benutzer einen Temperaturwert (Gleitpunktzahl) in Grad Celsius anfordert. Dieser Temperaturwert soll dann in Grad Fahrenheit umgerechnet und ausgegeben werden. Diese Aufgabenstellung war schon im Kapitel 1.4 mit einem nicht-objektorientierten Programm gelöst worden.

Aufgabe 4.2
Schreiben Sie ein objektorientiertes Programm, das vom Benutzer einen Druckwert in der Einheit Pascal (Pa) anfordert. Anschließend soll das Programm diesen Druck in andere Druckeinheiten umrechnen (siehe Aufgabe 11 in Kapitel 1.5) und diese anschließend ausgeben. Verwenden Sie zur Speicherung der Umrechnungsfaktoren ein *Dictionary* und lesen Sie es mithilfe einer Programmschleife aus.

Aufgabe 4.3
Programmieren Sie eine Oberklasse für geometrische Elemente, wie zum Beispiel: Linien, Kreise, Punkte, Rechtecke etc. Welche Eigenschaften (Attribute) sollte diese Oberklasse enthalten? Welche Methoden sollte sie bereitstellen? Die später zu erzeugenden geometrischen Elemente sollen von dieser Klasse erben. Weil wir in den folgenden Aufgaben ein kleines *Zeichenprogramm* entwickeln wollen, soll diese Oberklasse den Name *minicad* erhalten.

Aufgabe 4.4
Schreiben Sie eine Klassendefinition für geometrische Punkte. Die Klasse soll die grundlegenden Attribute und Methoden von der Klasse *minicad* erben (siehe Aufgabe 1). Der Konstruktor der Klasse soll die x- und y-Koordinaten sowie den Namen des

Punktes als Parameter übergeben bekommen. Farbe und Liniendicke sollen optionale Parameter sein. Entwickeln Sie eine Methode *zeichnen()*, die den Punkt auf der Turtle-Zeichenfläche darstellt (vergleichen Sie hierzu auch die Aufgabe 8 aus Kapitel 3.11). Erstellen Sie weiterhin einen Destruktor, der beim Löschen der Objekte auch den Punkt von der Zeichenfläche entfernt. Eine weitere Methode *information()* soll alle Informationen über den Punkt ausgeben.

Aufgabe 4.5
Schreiben Sie ein Python-Programm mit einer Klassendefinition für komplexe Zahlen. Eigentlich ist das überflüssig, den Python bietet komplexe Zahlen als eingebaute Datentypen an (siehe Kapitel 2.1.3: komplexe Zahlen - complex). Wir wollen es aber hier zur Übung tun und gewinnen damit eine ungefähre Vorstellung davon, wie der Erfinder der Programmiersprache die Datentypen implementiert hat. Erstellen Sie einen *Konstruktor* mit zwei optionalen Parametern: Realteil und Imaginärteil. Falls einer dieser Parameter weggelassen wird, soll stattdessen die Zahl 0 gesetzt werden. Weiterhin wird eine Ausgabemethode benötigt. Schreiben Sie eine Methode zur Addition von komplexen Zahlen und überladen Sie weiterhin den +-Operator so, dass komplexe Zahlen direkt verknüpft werden können. Testen Sie das Programm, in dem Sie die folgende Addition durchführen (j ist die so genannte imaginäre Einheit):

z1 = 3 + 5j
z2 = -1 + 4j
z3 = z1 + z2

Es ergibt sich die Zahl 2+9j für die Variable z3.

Aufgabe 4.6
Erstellen Sie zu der Klasse Komplex aus Aufgabe 5 zwei weitere Methoden. Die Methode *multipliziere()* soll zwei komplexe Zahlen multiplizieren. Die Methode *betrag()* soll den Betrag einer komplexen Zahl bestimmen. Für zwei komplexe Zahlen

z1 = a + b j
z2 = c + d j

ist die Multiplikation folgendermaßen definiert:

z3 = z1 * z2 = (a+b j)*(c+d j) = (a*c-b*d) + (a*d+b*c) j

Der Betrag k der komplexen Zahl z1 mit dem Realteil a und dem Imaginärteil b berechnet sich zu:

$$k = \sqrt{a^2 + b^2}$$

Aufgabe 4.7
In Aufgabe 5 zu Kapitel 3.1 haben wir die Datenstruktur des *Stapels* (engl. stack) kennen gelernt. In dieser Aufgabe wollen wir nun eine weitere wichtige Datenstruktur kennen lernen: die *Warteschlange* (engl. queue). Diese Datenstruktur wird auch FIFO-Speicher genannt (engl. first-in-first-out). Wir begegnen der Warteschlange im Alltag z.B. an der Kasse des Supermarktes oder am Postschalter (auch nach der Privatisierung). Die erste Person in der Warteschlange wird zuerst bedient. Die am wei-

testen hinten stehende Person muss am längsten warten. Solche Warteschlangen werden oft zur Simulation benötigt. Beispielsweise bei einem Gleis mit Eisenbahnwaggons: an einer Seite werden die Wagen angestellt (angehängt), an der anderen (gegenüberliegenden) Seite werden sie abgeholt (entfernt). Wir wollen ein Python-Programm schreiben, das die Wagen durch Zahlen simuliert. Schreiben Sie eine Klasse namens *Wschlange* zur Simulation einer Queue. Es sollen drei Methoden vorgesehen werden. Die Methode *anhaengen()* hängt eine Zahl an die Warteschlange an. Die Methode *abholen()* holt die vorn stehende Zahl ab und entfernt sie aus der Warteschlange. Das geht natürlich nur dann, wenn die Warteschlange *nicht leer* ist. Schließlich soll eine Methode *info()* Informationen über die Länge und den Inhalt der Warteschlange ausgeben.

Aufgabe 4.8
Schreiben Sie eine Klasse zur Repräsentation von Rechtecken. Die Rechtecke sollen durch einen Namen, den linken unteren und den rechten oberen Eckpunkt, sowie durch grafische Eigenschaften, wie Liniendicke der Umrandung, Füllfarbe etc. beschrieben werden. Die Rechtecke sollen mittels einer Methode *zeichnen()* als Turtle-Grafik dargestellt werden. Beim Löschen eines Objektes dieser Klasse soll der *Destruktor* dafür sorgen, dass auch die grafische Darstellung vom Zeichenbrett gelöscht wird. Eine Methode *information()* soll die Attribute der Objekte in Textform ausgeben. Die zu schreibende Klasse kann von der Klasse *minicad* erben (siehe Aufgabe 3).

Aufgabe 4.9
Erstellen Sie eine Klasse zur Repräsentation von *rationalen Zahlen*. Rationale Zahlen - auch Bruchzahlen genannt - sind Zahlen, die als Verhältnis zweier ganzer Zahlen dargestellt werden können. Typische Beispiele sind 1/3, 9/5 und 27/32. Der Konstruktor soll dafür sorgen, dass die Zahl 1/0 nicht definiert werden kann. Ermöglichen Sie eine Addition und Multiplikation der Zahlen durch Überladen der entsprechenden Operatoren. Die Ausgabe soll mittels der *__str__()*-Methode erfolgen. Versuchen Sie eine minimalistische Lösung mit möglichst wenigen Code-Zeilen!

Aufgabe 4.10
Wie in Kapitel 3.3 gezeigt wurde, gibt es in Python eine eingebaute Datenstruktur für Mengen (Sets). In dieser Aufgabe wollen wir eine eigene Klassendefinition für Mengen erstellen. Dabei erhalten wir ein Gefühl dafür, wie aufwändig eine solche Implementierung ist. Im Gegensatz zum eingebauten Datentyp *Set* sollen Elemente *mehrfach* in einer Menge vorkommen können. Der Konstruktor soll eine Liste von Elementen beliebigen Typs übergeben bekommen, welche die Menge bilden. Als weitere Methoden sollen die Vereinigung, die Subtraktion (Differenz) und die Schnittmenge (siehe Kapitel 3.3) definiert werden.

Lösungen

Lösung 4.1
Entsprechend dem so genannten EVA-Prinzip (siehe Kapitel 1.4) besteht die folgende Klassendefinition aus drei Methoden: *eingabe(), berechnen()* und *ausgabe()*.

```
class temperatur(object):
  celsius = 0.                                          #1
  def eingabe(self):                                    #2
    self.celsius = input("Temp. in Grad Celsius? ")
  def berechnen(self):                                  #3
    self.fahrenheit = 9/5.*self.celsius+32
  def ausgabe(self):                                    #4
    self.berechnen()                                    #5
    print "%7.3f Celsius entsprechen %7.3f Fahrenheit"\
        %(self.celsius,self.fahrenheit)
```

Nach der Klassendefinition wird ein Attribut *celsius* mit einem Standardwert vorbesetzt (#1). Dieser Wert (0.) wird dann benutzt, wenn der Benutzer vergessen sollte, die *eingabe()*-Methode (#2) aufzurufen. Die Methode *berechnen()* enthält nur eine einzige Umrechnungsformel (#3) und wird indirekt von der *ausgabe()*-Methode (#4) aufgerufen (#5). Damit wird sichergestellt, dass eine Umrechnung immer dann stattfindet, wenn die Ausgabemethode initiiert wird. Der folgende Dialog zeigt die Anwendung der Klasse.

```
>>> a = temperatur()
>>> a.eingabe()
Temp. in Grad Celsius? 100
>>> a.ausgabe()
100.000 Celsius entsprechen 212.000 Fahrenheit
>>> b = temperatur()                              #1
>>> b.ausgabe()                                   #2
  0.000 Celsius entsprechen  32.000 Fahrenheit
```

Darin wird gezeigt, wie nach der Erzeugung eines Objektes (#1) direkt die Methode *ausgabe()* aufgerufen wird. Wäre die Variable *self.celsius* nicht mit dem Wert 0. vorbesetzt worden, wäre hier ein Programmfehler aufgetreten.

Lösung 4.2

Bei dieser Lösung werden nur zwei Methoden verwendet: *eingabe()* und *ausgabe()*. Die Umrechnung der Druckeinheiten erfolgt direkt in der Ausgabemethode.

```
class druck(object):
  def eingabe(self):                                    #1
    self.druck = input("Druck in Pa? ")
  def ausgabe(self):
    faktoren = {"Bar":1.0e-5, "At":1.0197e-5,           #2
          "Atm":9.8692e-6, "Torr":7.5006e-3,
          "Psi":1.4504e-4}
    print "%7.3f Pascal ensprechen"%self.druck          #3
    for i in faktoren.keys():                           #4
      print "in ",i," : ",faktoren[i]*self.druck        #5

a = druck()                                             #6
a.eingabe()                                             #7
a.ausgabe()                                             #8
```

In der Methode *eingabe()* wird der Druckwert in Pascal eingelesen (#1). Wird im Hauptprogramm die Eingabemethode *nicht* aufgerufen, ist dieser Wert folglich nicht gesetzt und führt dann bei der Ausführung der Methode *ausgabe()* zu einem Fehler. In der Ausgabemethode wird zunächst ein lokales Dictionary namens *faktoren* erklärt (#2), welches die Umrechnungsfaktoren beinhaltet. Dieses Dictionary ist *nur in der Methode ausgabe()* definiert, bzw. gehört zu deren Namensraum. Anschließend wird der eingegebene Druck zunächst wieder ausgegeben (#3) und dessen Wert in die anderen Einheiten umgerechnet. Hierzu wird über die Schlüssel des Dictionaries iteriert (#4) und bei der Ausgabe die Umrechnung vorgenommen (#5). Das Hauptprogramm ist sehr kurz (#6,#7,#8) und damit typisch für objektorientierte Lösungen.

Lösung 4.3
Geometrische Elemente, wie Punkte, Kreise und Linien, haben Eigenschaften wie Farbe und Liniendicke gemeinsam. Um die Elemente unterscheiden zu können, muss jedes Element einen eindeutigen Namen zugeordnet bekommen (Beispiele: Punkt.1, Linie_A, Kreis12 usw.). Damit ist jedes Element eindeutig gekennzeichnet.

```
class minicad(object):                           #1
   farbe = "black"                               #2
   dicke = 3                                     #3
   name = "Kein Name"                            #4
   def ausgabe_Eigenschaften(self):              #5
      print "Die Farbe ist: ",self.farbe
      print "Die Liniendicke ist: ",self.dicke
      print "Der Name ist: ", self.name

class Linie(minicad):                            #6
   pass                                          #7

MeineLinie = Linie()                             #8
MeineLinie.ausgabe_Eigenschaften()               #9
```

Die Klassendefinition (#1) beinhaltet die Attribute Farbe, Liniendicke und Name (#2, #3,#4). Diese werden so vorbesetzt, dass eine spätere Realisierung mit der Turtle-Grafik möglich ist (die Liniendicke 3 und die Farbe "black" ist eine sinnvolle Vorbesetzung). Der Name wird auf "Kein Name" vorbesetzt. Die Methode *ausgabe_Eigenschaften()* gibt alle drei Attribute aus. Schließlich wird eine leere Klasse mit Namen Linie (#6,#7) erzeugt und ein Objekt daraus abgeleitet (#8). Durch den Aufruf der Methode (#9) überzeugt man sich davon, dass der Vererbungsmechanismus korrekt funktioniert.

Lösung 4.4
In dem folgenden Programmbeispiel wird zunächst eine Moduldatei *geometrie3* importiert (#1). Diese Moduldatei enthält die Funktion *kreuz(),* die zum Zeichnen eines Punktes auf der Turtle-Zeichenfläche benötigt wird, sowie die Klassendefinition *minicad* (siehe Aufgabe 3).

```
from geometrie3 import *                                          #1
minwert = 0; maxwert = 100                                        #2
setworldcoordinates(minwert,minwert,maxwert,maxwert)              #3

class Punkt(minicad):                                             #4
    def __init__(self,name,x,y,farbe="blue",dicke=4,laenge=1):    #5
        self.name = name
        self.x = x
        self.y = y
        self.farbe = farbe
        self.dicke = dicke
        self.laenge = laenge
    def zeichnen(self):                                           #6
        kreuz(self.x,self.y,self.laenge,self.farbe,self.dicke)    #7
    def __del__(self):                                            #8
        kreuz(self.x,self.y,self.laenge,"white",self.dicke)       #9

def information(self):
        print "Punktinformation: "
        print "Name: ",self.name
        print "x,y: ",self.x,self.y
        print "Farbe: ",self.farbe
        print "Liniendicke: ",self.dicke
        print "Linienlaenge des Kreuzsymbols: ",self.laenge

P1 = Punkt("P1",10,30,farbe="red")                                #10
Punkt_B = Punkt("B",40,70,dicke=2)                                #11
P1.zeichnen()                                                     #12
Punkt_B.zeichnen()
raw_input("Weiter?")                                              #13
del P1                                                            #14
del Punkt_B
```

Nach der Import-Anweisung wird zunächst die Größe der Zeichenfläche festgelegt (#2,#3). Die Klasse *Punkt* erbt von der Klasse *minicad* alle Attribute und Methoden (#4). Der Punkt-Konstruktor hat drei Pflichtparameter: den Namen des Punktes, die x-Koordinate und die y-Koordinate. Die Farbe, die Liniendicke und die Linienlänge (#5) sind dagegen *optionale* Parameter. Die Methode *zeichnen()* ruft die Funktion *kreuz()* auf, die in *geometrie3.py* definiert ist (#6,#7). Wird ein Objekt des Typs *Punkt* gelöscht, so wird der Destruktor aufgerufen (#8). Dieser ruft nochmals die Funktion *kreuz()* auf. Dabei wird aber die Farbe auf "white" gesetzt. Die Farbe Weiß entspricht der Hintergrundfarbe der Zeichenfläche. Wird also der Punkt (bzw. das Kreuz-Zeichen) nochmals in der Hintergrundfarbe auf die gleiche Position gezeichnet, so verschwindet er von der Zeichenfläche (#9). Im Hauptprogramm wird ein Punkt mit der Bezeichnung "P1" in roter Farbe gezeichnet (#10). Er wird einer Variablen namens P1 zugewiesen. Die Übereinstimmung von Variablennamen und dem Namen des Punktes scheint verwirrend. Wir müssen uns jedoch im Klaren sein, dass Variablen auch gelöscht werden können. Folgende Zeilen sollen das erläutern:

```
P1 = Punkt("P1",10,30,farbe="red")
NeuerPunkt = P1
del P1
print id(NeuerPunkt)
```

Nach der Erzeugung des Punktes und der Zuweisung zur Variablen P1 wird eine neue Variable mit Namen *NeuerPunkt* erzeugt und erhält den zuvor erzeugten Punkt zugewiesen. Wird anschließend die Variable P1 gelöscht, so gibt es eine Variable (einen "Container", siehe Kapitel 2), die immer noch den Punkt "P1" beinhaltet, nämlich die Variable *NeuerPunkt*. Daraus lernen wir, dass der Variablenname, der auf der linken Seite der Zuweisung steht, *nichts mit dem Namen des Objektes* zu tun hat. Wir sind gut beraten, jedem Objekt einen eindeutigen Namen zuzuweisen, damit wir es eindeutig identifizieren können.

Hinweis

Python verwaltet Objekte intern, in dem es ihnen eine eindeutige Identifikation zuordnet. Die können wir mit der Funktion *id()* abfragen. Diese eindeutige Identifizierung ist jedoch nicht so aussagekräftig wie ein vom Programmierer vorgesehener Name.

Zurück zu der vorgeschlagenen Lösung! Im Hauptprogramm wird dann ein zweiter Punkt mit dem Namen "B" erzeugt und der Variablen *Punkt_B* zugewiesen (#11). Die beiden Punkte werden dann gezeichnet (#12), bevor eine Eingabe mit *raw_input()* zu einem Programmstopp führt (#13). Sobald der Benutzer irgendetwas eingibt, werden die beiden Punkte gelöscht bzw. die Objekte zerstört (#14). Dabei wird der *Destruktor* automatisch aufgerufen und die Punkte werden auch von der Zeichenfläche gelöscht.

Lösung 4.5

Die folgende Lösung beginnt mit der Definition der Klasse *Komplex* (#1). Der *Konstruktor* weist zwei optionale Parameter r und i auf. Dabei entspricht r dem Realteil und i dem Imaginärteil der komplexen Zahl (#2). Die Methode *ausgabe()* gibt r und i aus (#3).

```
class Komplex(object):                                  #1
   def __init__(self,r=0.0,i=0.0):                      #2
      self.r = r
      self.i = i
   def ausgabe(self):                                   #3
      print "Realteil = ",self.r," Imaginaerteil = ",self.i
   def addiere(self,other):                             #4
      r = self.r + other.r                              #5
      i = self.i + other.i                              #6
      return Komplex(r,i)                               #7
   def __add__(self,other):                             #8
      r = self.r + other.r                              #9
      i = self.i + other.i                              #10
      return Komplex(r,i)                               #11
   def __str__(self):                                   #12
      return " %5.2f+%5.2fj"%(self.r,self.i)            #13
```

```
z1 = Komplex(3,5)                 #14
z2 = Komplex(-1,4)                #15
z3 = z1.addiere(z2)               #16
print "z3: "
z3.ausgabe()                      #17
z4 = z1+z2                        #18
print "z4: "
z4.ausgabe()                      #19
print "z4: "
print z4                          #20
```

Bei der Erzeugung der Zahlen (#14,#15) werden zwei Zahlen (Ganzzahl oder Gleitpunktzahl) übergeben. Die erste der beiden Zahlen steht dabei für den Realteil der komplexen Zahl.
Die Methode *addiere()* hat zwei Übergabe-Parameter. Dabei bedeutet *self* das Objekt, für welches die Methode aufgerufen wird. Der zweite Parameter *other* steht für ein Objekt, das hinzuaddiert werden soll (#4,#16). Innerhalb dieser Methode werden die Realteile und die Imaginärteile der beiden Zahlen addiert und in lokalen Variablen r und i abgelegt (#5,#6). Mit diesen beiden Zahlen wird anschließend eine neue komplexe Zahl gebildet und mittels *return* zurückgegeben (#7).
Das Überladen des +-Operators geschieht durch die Definition der Methode *__add__()* (#8). Die Methode enthält den gleichen Programmcode wie *addiere()*. Das wäre vermeidbar, wenn man *addiere()* aus *__add__()* heraus aufruft.
Schließlich wird eine weitere Methode namens *__str__()* definiert (#12,#13). Diese Methode muss eine Zeichenkette zurückgeben. Der String wird ausgegeben, wenn ein Objekt dieser Klasse mit *print* ausgegeben wird (#20). Das ist eine effektive Alternative zur Ausgabefunktion (#17).

Lösung 4.6
Bei der folgenden Lösung handelt es sich um eine Erweiterung der Lösung von Aufgabe 5. Es werden deshalb nur jene Methoden angegeben, die zu der Klasse *Komplex* hinzugefügt wurden. Das vollständige (lauffähige) Programm findet der Leser im Downloadbereich zu diesem Kapitel.
Das Programm beginnt mit dem Import der Wurzelfunktion *sqrt()* aus dem Modul *math* (#1). Diese Funktion wird zur Berechnung des Betrags benötigt.
Die Multiplikation wird hier durch das Überladen des Operators * definiert. Hierzu wird die Methode *__mul__()* erzeugt (#4,#5,#6). Das Ergebnis der Multiplikation wird als komplexe Zahl mit *return* zurückgegeben (#7).

```
from math import sqrt                          #1

class Komplex(object):                         #2
    ......                                     #3
    ......
    def __mul__(self,other):                   #4
        r = self.r*other.r-self.i*other.i      #5
        i = self.r*other.i+self.i*other.r      #6
        return Komplex(r,i)                    #7
```

```
    def betrag(self):                            #8
        k = sqrt(self.r**2+self.i**2)            #9
        return k                                 #10

z1 = Komplex(3,5)                                #11
z2 = Komplex(-1,4)
z3 = z1*z2                                       #12
print z3                                         #13
print
print z1.betrag()                                #14
```

Die Methode *betrag()* berechnet den Betrag der komplexen Zahl (#8,#9). Dabei handelt es sich um eine Dezimalzahl, die mit *return* zurückgegeben wird (#10).
Im Hauptprogramm werden komplexe Zahlen erzeugt (#11) und anschließend multipliziert (#12). Die Ausgabe mit *print* nutzt die *__str__()*-Methode (#13). Schließlich wird der Betrag von z1 bestimmt (#14).

Lösung 4.7
Als Behälter (Container) für die Warteschlange soll eine *Liste* verwendet werden. Deshalb beginnt die nachfolgend dargestellte Klassendefinition (#1) mit der Erzeugung einer leeren Liste namens *wschlange* (#2). Jedes Objekt dieser Klasse verfügt damit über dieses Attribut. Der Methode *anhaengen()* wird eine Wagennummer übergeben (#3). Diese Wagennummer wird an die Liste *wschlange* angehängt (#4).

```
class Wschlange(object):                        #1
    wschlange = []                              #2
    def anhaengen(self,wagennummer):            #3
        self.wschlange.append(wagennummer)      #4
    def abholen(self):                          #5
        if len(self.wschlange)>0:               #6
            wagennummer = self.wschlange[0]     #7
            del self.wschlange[0]               #8
        else:
            wagennummer = None                  #9
        return wagennummer                      #10
    def info(self):                             #11
        print "Die Laenge der Warteschlange ist: ",\
              len(self.wschlange)
        print "Die Warteschlange ist: ",self.wschlange

w = Wschlange()                                 #12
w.anhaengen(111)                                #13
w.anhaengen(222)                                #14
w.anhaengen(333)                                #15
w.info()                                        #16
a = w.abholen()                                 #17
b = w.abholen()                                 #18
print a,b
w.info()                                        #19
```

Die Methode *abholen()* gibt die Nummer des Wagens zurück (#10), der an vorderster Position steht (Index 0 der Liste *wschlange*). Diese Zahl wird dann aus der Liste entfernt (#8). Das Entfernen ist aber nur möglich, wenn die Warteschlange *mindestens eine* Wagennummer enthält. Deshalb wird überprüft, ob die Liste nicht leer ist (#6). Für den Fall, dass die Warteschlange leer ist, wird *None* zurückgegeben (#9). Schließlich wird noch eine Methode *info()* erstellt (#11), welche die Warteschlange sowie deren Länge zurückgibt. Im Hauptprogramm wird ein Objekt der Klasse erzeugt (#12), drei Zahlen an die Warteschlange angehängt (#13,#14,#15) und anschließend die Methode *info()* aufgerufen (#16). Abschließend werden die beiden ersten Einträge aus der Warteschlange abgeholt (#17,#18) und ausgegeben.

Lösung 4.8

Die folgende Lösung beginnt mit dem Import der Moduldatei geometrie3. Dort ist die Klasse minicad (siehe Aufgabe 3) definiert (#1). Anschließend wird die Größe des Zeichenbretts festgelegt (#2,#3,#4). Schließlich beginnt die eigentliche Klassendefinition (#5), wobei die Klasse *Rechteck* von der Klasse *minicad* erbt (#5). Der Kon-struktor weist mehrere Parameter auf (#6). Dabei sind der Name des Objektes sowie die Koordinaten des linken unteren Eckpunktes x1,y1 sowie des rechten oberen Eckpunktes x2,y2 Pflichtparameter. Diese müssen angegeben werden. Weitere optionale Parameter sind: die Farbe der Umrandung, die Dicke der Umrandung in Pixeln sowie die Füllfarbe des Rechtecks (#7).

```
from geometrie3 import *                                   #1

minwert = 0                                                #2
maxwert = 100                                              #3
setworldcoordinates(minwert,minwert,maxwert,maxwert)       #4

class Rechteck(minicad):                                   #5
   def __init__(self,name,x1,y1,x2,y2,\                    #6
            farbe="blue",dicke=4,fuellfarbe=None):         #7
      self.name = name
      self.x1 = x1
      self.y1 = y1
      self.x2 = x2
      self.y2 = y2
      self.farbe = farbe
      self.dicke = dicke
      self.fuellfarbe = fuellfarbe
   def zeichnen(self):                                     #8
      speed(0)                                             #9
      if self.fuellfarbe <> None:                          #10
         fillcolor(self.fuellfarbe)                        #11
         fill(True)                                        #12
      penup()
      pencolor(self.farbe)
      pensize(self.dicke)
      goto(self.x1,self.y1)
      pendown()
      goto(self.x2,self.y1)
```

```
            goto(self.x2,self.y2)
            goto(self.x1,self.y2)
            goto(self.x1,self.y1)

           if self.fuellfarbe <> None:                    #13
              fill(False)                                 #14
        def __del__(self):                                #15
            speed(0)
            penup()
            pencolor("white")
            if self.fuellfarbe <> None:
               fillcolor("white")
               fill(True)
            pensize(self.dicke)
            goto(self.x1,self.y1)
            pendown()
            goto(self.x2,self.y1)
            goto(self.x2,self.y2)
            goto(self.x1,self.y2)
            goto(self.x1,self.y1)
            if self.fuellfarbe <> None:
               fill(False)
        def information(self):                            #16
            print "Rechteck: "
            print "Name: ",self.name
            print "Erster Punkt(links unten)",\
                 self.x1,self.y1
            print "Zweiter Punkt(rechts oben)",\
                 self.x2,self.y2
            print "Farbe: ",self.farbe
            print "Liniendicke: ",self.dicke
            print "Fuellfarbe: ",self.fuellfarbe

    R1 = Rechteck("R1",10,30,70,70,\                      #17
                 farbe="red",fuellfarbe="green")
    Rechteck_B = Rechteck("B",40,60,80,80,dicke=3)        #18
    R1.zeichnen()                                         #19
    R1.information()
    Rechteck_B.information()
    Rechteck_B.zeichnen()                                 #20
    raw_input("Weiter?")
    del R1                                                #21
    del Rechteck_B                                        #22
```

Die Methode *zeichnen()* erstellt die graphische Darstellung mithilfe der Turtle-Grafik (#8). Dabei wird zunächst die maximale Geschwindigkeit des Zeichenvorgangs erzwungen (#9). Das Rechteck wird nur dann mit einer Farbe gefüllt, wenn der Parameter *fuellfarbe* vom Benutzer gesetzt wurde. Als Voreinstellung weist dieser Parameter den Wert *None* auf (#7,#10). Mit *fillcolor()* wird die Füllfarbe festgelegt (#11) und mit *fill(True)* beginnt das Füllen, wenn eine geschlossene Kontur gezeichnet wird

(#12). Mit *fill(False)* wird der Füllvorgang abgeschlossen (#14). Das macht aber nur Sinn, wenn die Variable *fuellfarbe* gesetzt wurde (#13). Der *Destruktor* zeichnet die Umrandung und die Füllung in der weißen Hintergrundfarbe (#15). Die Befehlsfolge ist weitgehend mit jener der Methode *zeichnen()* identisch. Deshalb wäre auch eine Lösung denkbar, bei der der Destruktor diese Methode aufruft und zuvor die Parameter *farbe* und *fuellfarbe* verändert. Die Methode *information()* gibt die Attribute im Ausgabefenster aus (#16). Im Hauptprogramm werden zwei Rechtecke definiert (#17,#18) und dann gezeichnet (#19,#20). Dann stoppt das Hauptprogramm und wartet, bis der Benutzer irgendetwas eingibt. Danach werden die Rechtecke gelöscht und verschwinden von der Zeichenfläche (#21,#22).

Lösung 4.9

In der Klassendefinition (#1) wird der Konstruktor (#2) definiert. Diese Methode hat zwei Parameter: den Zähler und den Nenner (#2). Bevor diese Parameter den Attributen z und n zugewiesen werden (#5), wird geprüft, ob der Nenner ungleich Null ist (#3). Weiterhin prüft die if-Anweisung, ob die Parameter ganze Zahlen sind (#4). Ist das nicht der Fall (#6), wird eine Fehlermeldung ausgegeben (#7). Mit der Anweisung *raise ValueError* wird eine Fehlermeldung ausgelöst, die der Benutzer nicht von den Standard-Fehlermeldungen von Python unterscheiden kann. Im Hauptprogramm wird versucht, mit Ratio(1,7.5) (#18) eine rationale Zahl zu erzeugen. Der zweite Parameter ist eine Gleitpunktzahl (float) und damit *nicht* zulässig. Diese Anweisung löst eine Fehlermeldung aus. Probieren Sie einmal folgenden Aufruf: *Ratio("Hallo",5)*! Mit der Methode *__str__()* wird der Bruch in der Form z/n ausgegeben (#8,#9). Mit der Methode *__add__()* wird der +-Operator überladen (#10). Damit ist es möglich, Zahlen vom Typ Ratio zu addieren (#13,#14). Diese Methode gibt eine rationale Zahl mittels *return* zurück (#11). Dabei werden die Übergabeparameter des Konstruktors nach den bekannten Rechenregeln gebildet. Vergleichbar hierzu wird mit der Definition von *__mul__()* der *-Operator überladen (#12). Mit ihm können rationale Zahlen multipliziert werden (#16,#17).

```
class Ratio(object):                                   #1
   def __init__(self,zaehler,nenner):                  #2
      if nenner <> 0 and \                             #3
        type(zaehler)==int and type(nenner)==int:      #4
         self.z = zaehler; self.n = nenner             #5
      else:                                            #6
         raise ValueError                              #7
   def __str__(self):                                  #8
      return "%d/%d"%(self.z,self.n)                   #9
   def __add__(self,other):                            #10
      return Ratio(self.z*other.n+other.z*self.n,      #11
                   self.n*other.n)
   def __mul__(self,other):                            #12
      return Ratio(self.z*other.z,self.n*other.n)

a = Ratio(1,5)                                         #13
b = Ratio(2,3)
c = a+b                                                #14
print a,"+",b,"=",c                                    #15
d = a*b                                                #16
```

```
print a,"*",b,"=",d                          #17
e = Ratio(1,7.5)                             #18
```

Lösung 4.10

In der Klassendefinition (#1) wird dem Konstruktor eine Liste von Elementen (z.B. Ganzzahlen, Gleitpunktzahlen und Zeichenketten) übergeben (#2). Diese Liste wird dem Attribut m zugeordnet (#3). Im Hauptprogramm werden zwei Mengen erzeugt und den Variablen a und b zugewiesen (#25,#26).

```
class Menge(object):                     #1
    def __init__(self,liste):            #2
        self.m = liste                   #3
    def __add__(self,other):             #4
        ergebnis = self.m[:]             #5
        for i in other.m:            #6
            ergebnis.append(i)           #7
        return Menge(ergebnis)           #8
    def __sub__(self,other):             #9
        ergebnis = self.m[:]             #10
        for i in other.m:            #11
            if i in ergebnis:            #12
                ergebnis.remove(i)       #13
        return Menge(ergebnis)           #14
    def __div__(self,other):             #15
        ergebnis = []                    #16
        for i in other.m:            #17
            if i in self.m:              #18
                ergebnis.append(i)       #19
        return Menge(ergebnis)           #20
    def __str__(self):                   #21
        for i in self.m:                 #22
            print i,                     #23
        return ""                        #24


a = Menge([1,2,3,4,5])                   #25
b = Menge([4,5,6,7,8])                   #26
c = a+b                                  #27
d = a-b                                  #28
e = a/b                                  #29
print a                                  #30
print b
print c
print d
print e                                  #31
```

Damit zwei Mengen vereinigt (addiert) werden können, soll im Gegensatz zum eingebauten Mengentyp Set der +-Operator (siehe Kapitel 3.3) überladen werden (#27). Das geschieht durch die Definition der Methode *__add__()* (#4). Entsprechend wird die Mengendifferenz durch das Überladen des Minusoperators (#28) mittels der Methode *__sub__()* bestimmt (#9). Schließlich kann die Schnittmenge bestimmt werden (#29). Hierzu wird mit der Methode *__div__()* der Divisionsoperator überladen (#15). Die Methode *__str__()* dient zur Ausgabe der Elemente der Menge, wenn Objekte dieser Klasse durch *print* ausgegeben werden (#30 bis #31).

Die Anweisung *ergebnis = self.m[:],* die in zwei der Methoden vorkommt (#5,#10), erzeugt eine *Kopie* der Liste *self.m*. Anschließend kann die Variable *Ergebnis* in den Methoden bearbeitet und auch verändert werden. Erstellt man keine Kopie, werden die Mengen, die durch die Operatoren verknüpft werden, bei der Berechnung verändert.

5 Numerische Berechnungen mit Numpy

Numpy ist ein Erweiterungsmodul für numerische Berechnungen. Mit Numpy können Vektoroperationen mit hoher Geschwindigkeit ausgeführt werden. Weiterhin stellt Numpy grundlegende mathematische Werkzeuge für wissenschafliche Anwendungen zur Verfügung.

In der Einleitung zu diesem Buch wurde festgestellt, dass Python für schnelle Berechnungen eher nicht geeignet ist. Da Python eine Interpretersprache ist, sind Programme, die in C oder C++ geschrieben sind, im Allgemeinen schneller als vergleichbare Python-Programme. Zur Durchführung numerischer Berechnungen wurde deshalb ein Erweiterungspaket namens Numpy entwickelt, das es ermöglicht, Berechnungen erheblich schneller auszuführen. Weiterhin stellt Numpy viele Werkzeuge bereit, die zur Entwicklung von Berechnungsprogrammen benötigt werden. Häufig benötigte Grundaufgaben, wie z.B. das Lösen großer Gleichungssysteme, können mit wenigen Zeilen Programmcode in Numpy gelöst werden.

5.1 Hinweis zur Installation

Numpy gehört *nicht* zum Standardumfang von Python und muss deshalb zunächst heruntergeladen und installiert werden. Die Numpy-Homepage ist unter der folgenden Webadresse zu finden.

http://numpy.scipy.org/

Dort gibt es auch eine Download-Seite. Wenn Sie unter MS-Windows arbeiten, können Sie die Installationsdateien mit einer Anleitung im PDF-Format von der folgenden Webadresse herunterladen:

http://mbi-wiki.uni-wuppertal.de/python/python-buch/

5.2 Arrays

Bei der Erstellung von Berechnungsprogrammen wird eine Datenstruktur häufig gebraucht: das *Array*. Wir können uns ein Array als *Liste von Objekten bzw. Zahlen* vorstellen. Deshalb könnte man ein Array auch als „Vektor" bezeichnen. Solche Vektoren können hunderte oder gar tausende Zahlen umfassen. In der Messtechnik und Regelungstechnik betrachtet man ähnliche Listen, sie werden dort *Zeitreihen* genannt.

Wozu wird der Datentyp *Array* benötigt? Eigentlich sollte es ausreichen, eine solche Zahlenreihe durch eine Liste darzustellen. Im folgenden Beispiel sollen die Werte der Sinus-Funktion für die Zahlen 1 bis 6 berechnet werden. Hierzu wird eine for-Schleife über alle Listenelemente verwendet und das Ergebnis in einer anderen Liste aufgesammelt.

```
from math import *
zahlen = [ 1, 2, 3, 4, 5, 6 ]
ergebnis = []
for x in zahlen:
    y = sin(x)
    ergebnis.append(y)
print ergebnis
```

Ausgabe:

```
[0.8414709848078965, 0.90929742682568171, 0.14112000805986721,
-0.7568024953079282, -0.95892427466313845, -0.27941549819892586]
```

Viel effektiver ist aber die Lösung mit Numpy, die nachfolgend gezeigt wird. Dabei wird statt einer Liste zunächst ein so genanntes Array erzeugt. Anschließend kann mithilfe dieses Arrays direkt die Sinusfunktion ausgewertet werden. Es wird also gar keine Schleife mehr benötigt! Beim Aufruf der Sinus-Funktion werden implizit alle Werte des Arrays durchlaufen. Auch der Typ und die Größe des Ergebnisvektors werden automatisch ermittelt und anschließend das passende Array erzeugt. Dass dies intern auch noch viel schneller geht wie bei der oben gezeigten Variante, ist ein zusätzlicher Vorteil.

```
from numpy import *
zahlen = array( [1, 2, 3, 4, 5, 6] )
ergebnis = sin(zahlen)
print ergebnis
```

Arrays müssen aus Objekten des gleichen Typs bestehen. Im Rahmen dieser Einführung betrachten wir Felder aus Ganzzahlen, Gleitpunktzahlen oder booleschen Werten. Arrays mit komplexeren Python-Objekten sind zwar prinzipiell möglich, sollen aber hier nicht betrachtet werden. Die import-Anweisung wird in den folgenden Abschnitten aus Platzgründen *nicht* niedergeschrieben.

Mit dem Numpy-Attribut *dtype* kann der Typ des Arrays abgefragt werden. Nachdem das letzte Beispiel ausgeführt wurde, kann folgender Dialog ausgeführt werden:

```
>>> zahlen.dtype
dtype('int32')
>>> ergebnis.dtype
dtype('float64')
```

Da in dem Array namens *zahlen* nur Ganzzahlen enthalten sind, wurde der Typ des Vektors auf 'int32' gesetzt. Bei der Berechnung der Sinuswerte wurden die Ganzzahlen dann zu Gleitpunktzahlen gewandelt und das Array mit dem Namen *ergebnis* ist folgerichtig auch vom Typ Gleitpunktzahl (hier 'float64').

In den beiden oben stehenden Programmabschnitten ist eine potenzielle Fehlerquelle enthalten. In beiden Programmen wird eine Funktion *sin()* aufgerufen. Es ist sehr wichtig zu verstehen, dass diese beiden Funktionen zwar gleich heißen, aber durchaus unterschiedlich sind! Im ersten Fall handelt es sich um die Sinus-Funktion aus dem math-Modul, im anderen Fall um die Sinus-Funktion aus dem numpy-Modul. Python erkennt im Allgemeinen anhand der Argumente, welche dieser Funktionen gemeint ist, d.h. wenn der Sinus-Funktion ein Array als Argument übergeben wird, kommt die Funktion aus dem Numpy-Modul zum Einsatz.

Bei der Definition der Arrays kann auch der Typ vorgeschrieben werden, wie die folgenden Beispiele zeigen.

```
>>> x = array( [2,4,8,16], dtype=float)          #1
>>> x
array([ 2.,  4.,  8., 16.])
>>> y = array( [1,2,5,7], dtype=complex)         #2
>>> y
array([ 1.+0.j,  2.+0.j,  5.+0.j,  7.+0.j])
```

In #1 werden zwar Ganzzahlen benutzt um das Array x zu erzeugen. Wegen der Option *dtype=float* werden aber alle Zahlen sofort als Gleitpunktzahlen dargestellt. Die Zeile (#2) zeigt, dass auch komplexe Zahlen innerhalb von Arrays verwendet werden können. In diesem Beispiel wird durch die Option *dtype=complex* erreicht, dass alle Zahlen in komplexe Zahlen umgewandelt werden.

5.3 Darstellung von Matrizen

Matrizen können ebenfalls durch Arrays repräsentiert werden. In dem folgenden Beispiel wird eine 2x3-Matrix aus Ganzzahlen erstellt. Mithilfe des Attributes shape kann der Typ der Matrix ermittelt werden. Das Attribut enthält einen Tupel aus zwei Werten, wobei der erste Wert die Anzahl der Zeilen und der zweite Wert die Anzahl der Spalten bedeutet. Beachten Sie die Reihenfolge der runden und eckigen Klammern!

```
>>> M1 = array( [ [1, 2, 3], [4, 5, 6] ] )   # Array erklären
>>> M1                                        # Array ausgeben
array([[1, 2, 3],
       [4, 5, 6]])
>>> M1.shape                                  # Anzahl der Zeilen und Spalten
(2, 3)                                        # abfragen
```

5.4 Spezielle Funktionen

Zwei Funktionen *zeros()* und *ones()* erlauben es, spezielle, häufig gebrauchte Matrizen zu erstellen. Die Funktion *zeros()* füllt ein Array mit Nullen, die Funktion *ones()* mit Einsen.

```
>>> M2 = zeros((3,3))          #1
>>> M2
array([[ 0.,  0.,  0.],
       [ 0.,  0.,  0.],
       [ 0.,  0.,  0.]])
>>> M3 = ones((3,4))           #2
>>> M3
array([[ 1.,  1.,  1.,  1.],
       [ 1.,  1.,  1.,  1.],
       [ 1.,  1.,  1.,  1.]])
>>> x = zeros(5)               #3
>>> x
array([ 0.,  0.,  0.,  0.,  0.])
```

In #1 wird eine 3x3-Matrix aus Nullen erstellt. Die Matrix M3 (#2) wird als 3x4-Matrix aus Einsen definiert. Schließlich können die Funktionen zeros() und *ones()* auch auf „einfache" Arrays angewendet werden (#3).

Die Funktion *arange(s,e,i)* erlaubt es, eine Sequenz von Zahlen (auch Gleitpunktzahlen) mit aufsteigenden oder absteigenden Werten zu erstellen. Sie kann mit der Funktion *range()* verglichen werden, die allerdings nur ganzzahlige Argumente akzeptiert. Die Zahl s bedeutet den Startwert, e den Endwert und i das Inkrement. Aufgrund der Gleitpunktarithmetik kann man nicht genau voraussagen, wie viele Einträge ein Array haben wird, das durch diese Funktion entstanden ist. Eine Alternative ist die Funktion *linspace(s,e,n),* bei der neben dem Start- und Endwert auch die Anzahl der gewünschten Arrayelemente n angegeben wird. Das hierfür notwendige Inkrement wird dann automatisch bestimmt. Die folgenden Codeschnipsel zeigen die Anwendung dieser Funktionen:

```
>>> time = arange(0,5,0.5)
>>> time
array([ 0. ,  0.5,  1. ,  1.5,  2. ,  2.5,  3. ,  3.5,  4. ,  4.5])
>>> t = linspace(0,5,11)
>>> t
array([ 0. ,  0.5,  1. ,  1.5,  2. ,  2.5,  3. ,  3.5,  4. ,  4.5,  5. ])
```

5.5 Operationen

Das folgende Beispiel zeigt die Anwendung der Addition, Subtraktion und Potenzierung auf einfache Arrays. Die Operatoren werden Element für Element angewendet.

```
>>> x = arange(1,6,1)
>>> y = arange(2,12,2)
>>> x
array([1, 2, 3, 4, 5])
>>> y
array([ 2,  4,  6,  8, 10])
>>> x+y
array([ 3,  6,  9, 12, 15])
```

```
>>> x-y
array([-1, -2, -3, -4, -5])
>>> x**2
array([ 1,  4,  9, 16, 25])
```

Sehr gewöhnungsbedürftig ist, dass auch die Multiplikation und Division elementweise durchgeführt werden (das gilt auch für Matrizen).

```
>>> x = array([1,3,0,-1])
>>> y = array([2,0,5,3])
>>> x*y
array([ 2,  0,  0, -3])
```

Soll bei Matrizen wirklich das *Matrizenprodukt* berechnet werden, muss die Funktion *dot(X,Y)* angewendet werden.

```
>>> X = array( [[1,2], [0,1]])
>>> Y = array( [[1,0], [1,2]])
>>> X
array([[1, 2],
       [0, 1]])
>>> Y
array([[1, 0],
       [1, 2]])
>>> Z= dot(X,Y)
>>> Z
array([[3, 4],
       [1, 2]])
```

Letztlich können alle mathematische Funktionen wie *sin(), cos(), exp(), log()* etc. auf Arrays angewendet werden. Ein Beispiel hierzu wurde schon am Anfang des Kapitels gezeigt. Aber auch *Vergleichsausdrücke* können mithilfe von Arrays formuliert werden. Das Ergebnis ist dann ein *boolesches Array*, das aus den Elementen *True* und *False* besteht.

```
>>> x = arange(1,11,1)                         #1
>>> x
array([ 1,  2,  3,  4,  5,  6,  7,  8,  9, 10])
>>> y = x%3==0                                 #2
>>> y
array([False,False,True,False,False,True,False,False,True,False], dtype=bool)
```

Bei diesem Beispiel wird in #1 die Folge der natürlichen Zahlen zwischen 1 und 10 erzeugt. In Zeile (#2) wird getestet, ob die Arrayelemente ohne Divisionsrest durch 3 teilbar sind. Dies ist für die Zahlen 3, 6 und 9 der Fall. Das Ergebnisfeld y enthält diese Wahrheitswerte. Solche Arrays werden auch *Masken* genannt.

Wird eine Konstante zu einem Array addiert oder subtrahiert - wie im folgenden Beispiel gezeigt - so wird dieser Wert zu jedem Element addiert bzw. subtrahiert.

```
>>> x = array([1,0,-2])
>>> x+5
array([6, 5, 3])
>>> x-1
array([ 0, -1, -3])
```

Abschließend wird noch das *innere Produkt* zweier Vektoren, die durch einfache Arrays dargestellt werden, betrachtet. Dies kann mit der Funktion *inner()* berechnet werden:

```
>>> x = array([1,2,3])
>>> y = array([1,4,-5])
>>> z = inner(x,y)
>>> z
-6
```

5.6 Lineare Algebra

Rechenoperationen wie die Bildung des inneren Produkts und die Matrizenmultiplikation, die wir bereits vorgenommen haben, gehören zur linearen Algebra. Weiterführend wird hier die Lösung von linearen Gleichungssystemen und die Berechnung der inversen Matrix besprochen.

Als einführendes Beispiel sollen zwei Gleichungen mit zwei Unbekannten gelöst werden:

$$1*x_1 + 2*x_2 = 5$$
$$3*x_1 + 4*x_2 = 11$$

```
A = array([[1,2], [3,4]])          #1
b = array([[5],[11]])              #2
y = linalg.solve(A,b)              #3
print y                            #4
```

Die Koeffizientenmatrix des Gleichungssystems wird in #1 erzeugt. Anschließend (#2) wird der Vektor der rechten Seite (Spaltenvektor) definiert. Mit der Funktion linalg.solve() (#3) wird schließlich die richtige Lösung (x_1 = 1, x_2 = 2) berechnet und anschließend ausgegeben (#4). Diese Funktion verlangt zwei Argumente. Das erste Argument ist die Koeffizientenmatrix des Gleichungssystems, das zweite ist der Vektor der rechten Seite des Gleichungssystems.

Alternativ kann die Berechnung auch so geschehen, dass zuerst die inverse Matrix der Koeffizientenmatrix berechnet wird. Anschließend wird diese Matrix mit dem Vektor der rechten Seite des Gleichungssystems multipliziert.

Beachten Sie, dass hierfür die Funktion dot() und *nicht das Multiplikationszeichen* * benötigt wird.

```
A = array([[1,2], [3,4]])          #1
b = array([[5], [11]])             #2
Ainv = linalg.inv(A)               #3
print Ainv                         #4
print
y = dot(Ainv,b)                    #5
print y                            #6
```

Nachdem in #1 und #2 die Koeffizientenmatrix A sowie der Vektor b der rechten Seite des Gleichungssystems erzeugt wurde, wird die inverse Matrix berechnet, die mit Ainv bezeichnet wird (#3). Diese Matrix wird ausgegeben (#4) und schließlich (#5) mit dem Vektor b multipliziert. Die Ausgaben #4 und #6 sind nachstehend wiedergegeben.

```
>>>
[[-2.  1. ]
 [ 1.5 -0.5]]

[[ 1.]
 [ 2.]]
```

Schließlich können wir testen, ob *dot(Ainv,A)* wirklich eine Einheitsmatrix ergibt.

```
>>> dot(Ainv,A)
array([[ 1., 0.],
       [ 0., 1.]])
```

5.7 Zufallswerte

Mithilfe der Funktion *random.randn()* kann ein Array mit Zufallswerten gefüllt werden, die der Standard-Normalverteilung von Zufallszahlen entsprechen. Das kann für einfache Zahlen (#1), Arrays (#2) oder Matrizen (#3) geschehen, wie im folgenden Beispiel gezeigt wird:

```
>>> a = random.randn()                #1
>>> a
0.2535751638931853
>>> b = random.randn(5)               #2
>>> b
array([-0.05472849, 1.93233075, -0.19379144, 0.08172881, 0.04108666])
[ 0., 1.]])
>>> c = random.randn(3,4)             #3
>>> c
array([[-0.86721796, 0.13552201, 0.47212504, 2.15747095],
       [ 0.95219476, 0.68552972, -2.96610022, 2.62149054],
       [ 0.87912849, 0.34353353, -1.27463804, 0.59307838]])
```

Der Mittelwert dieser Zufallszahlen ist Null und die Varianz 1. Aus einem Vektor x, der aus diesen Zahlen aufgebaut ist, kann mittels der linearen Beziehung y = mue + sigma*x ein neuer Zufallsvektor mit einem Mittelwert mue und einer Standardabweichung sigma erzeugt werden.

Aufgaben

Aufgabe 5.1

Erzeugen Sie die nachfolgend dargestellte Matrix auf möglichst einfachem Weg.

```
[[ 1.  1.  1.  1.]
 [ 1.  1.  1.  1.]
 [ 1.  1.  1.  3.]
 [ 1.  2.  1.  5.]]
```

Aufgabe 5.2

Erzeugen Sie die nachfolgend dargestellte Matrix ebenfalls auf möglichst einfachem Weg. Beachten Sie, dass die Elemente dieser Matrix ganzzahlig sind.

```
[[0 0 0 0 0]
 [1 0 0 0 0]
 [0 2 0 0 0]
 [0 0 3 0 0]
 [0 0 0 4 0]
 [0 0 0 0 5]]
```

Aufgabe 5.3

Gegeben sei das folgende lineare Gleichungssystem:

$$
\begin{aligned}
1 * x + 0 * y + 2 * z &= 1 \\
-1 * x + 2 * y + 1 * z &= 3 \\
1 * x + 1 * y + 2 * z &= 3
\end{aligned}
$$

Berechnen Sie die Lösung u = $[x,y,z]^T$ mittels der Matrizenrechnung. Vergewissern Sie sich, dass die Lösung richtig ist. *Hinweis:* In Kapitel 7 wird gezeigt, wie diese Aufgabe mittels *Sympy* gelöst werden kann.

Aufgabe 5.4

Lösen Sie die Aufgabenstellung aus Aufgabe 3 nochmals, in dem Sie zunächst die Inverse der Koeffizientenmatrix berechnen. Die Lösung ergibt sich dann durch Multiplikation dieser inversen Matrix mit dem Vektor der rechten Seite des Gleichungssystems. Geben Sie auch die Inverse aus.

Aufgabe 5.5

Schreiben Sie ein Programm, das mittels der Zuweisung

```
x = 2. + 5.*random.randn(n)
```

ein Array x mit n Zufallswerten füllt. Anschließend soll das Programm Schätzwerte für den Mittelwert μ des Vektors x und für die Standardabweichung s errechnen. Die Standardabweichung kann nach der Formel

$$s = \sqrt{\frac{1}{n-1}\sum_{i=1}^{n}(x_i - \mu)^2}$$

ermittelt werden. Testen Sie das Programm für die Werte n=1000 und n=1000000. Was beobachten Sie? *Hinweis:* Die Summe eines Feldes x kann in Numpy sehr einfach mittels des Methodenaufrufs *x.sum()* ermittelt werden.

Lösungen

Lösung 5.1

Die Matrix enthält mehrheitlich Einsen. Deshalb wird zunächst die Funktion *ones()* angewendet. Jene Elemente, die ungleich 1 sind, werden dann durch direkte Zuweisungen erzeugt.

```
from numpy import *
a = ones((4,4))
a[2,3] = 3
a[3,1] = 2
a[3,3] = 5
print a
```

Lösung 5.2

Die Matrix besteht mehrheitlich aus Nullen. Deshalb wird sie zunächst mit der Funktion *zeros()* erstellt. Jene Elemente, die ungleich Null sind, können am einfachsten mittels einer for-Schleife erzeugt werden, weil sie diagonalartig angeordnet sind.

```
from numpy import *
a = zeros((6,5),dtype=int32)
for i in range(1,6):
    a[i,i-1]=i
print a
```

Lösung 5.3

Zunächst wird die Koeffizientenmatrix A des Gleichungssystems erstellt (#1). Dann folgt die Definition des Vektors der rechten Seite b der Matrizengleichung (#2). Schließlich wird die Lösung des Gleichungssystems u durch Aufruf der Funktion linalg.solve() errechnet (#3). Zur Kontrolle wird die Koeffizientenmatrix A mit der Lösung u multipliziert und das Ergebnis ausgegeben (#5,#6). Achtung! Zur Multiplikation von Matrizen (bzw. von Matrix und Vektor) muss die Funktion *dot()* verwendet werden.

```
from numpy import *
A = array([[1,0,2],[-1,2,1],[1,1,2]])          #1
```

```
b = array([[1],[3],[3]])                #2
u = linalg.solve(A,b)                   #3
print u                                 #4
print
y = dot(A,u)                            #5
print y                                 #6
```

Lösung 5.4

Zunächst wird die Koeffizientenmatrix A des Gleichungssystems erstellt (#1). Dann folgt die Definition des Vektors der rechten Seite b der Matrizengleichung (#2). Schließlich wird die inverse Matrix Ainv der Matrix A bestimmt (#3) und ausgegeben (#4). Die Multiplikation dieser Matrix mit der rechten Seite des Gleichungssystems ergibt die Lösung (#5):

```
from numpy import *
from numpy import *
A = array([[1,0,2],[-1,2,1],[1,1,2]])   #1
b = array([[1],[3],[3]])                #2
Ainv = linalg.inv(A)                    #3
print Ainv                              #4
print
y = dot(Ainv,b)                         #5
print y
```

Lösung 5.5

Zunächst wird der Vektor x als Array erstellt (#1). Eine Hilfsvariable s, die später die Streuung enthalten soll, wird zu Null vorbesetzt (#2). Anschließend wird der Mittelwert mue berechnet. Hierzu wird die Methode *sum()* aufgerufen. Die folgende Schleife (#4) summiert die Quadrate der Abweichungen der Werte x_i vom zuvor errechneten Mittelwert mue (#5). Schließlich wird aus der Quadratsumme die Streuung berechnet. Die Quadratwurzelfunktion (#6), die hierzu verwendet wird, wurde zuvor aus dem *math*-Modul importiert. Es gibt eine gleichnamige Funktion in Numpy, die auf ein ganzes Array angewendet werden kann. Da aber das Argument von sqrt() eine Gleitpunktzahl ist, verwendet Python die entsprechende Funktion aus dem math-Modul (Kontextsensitivität). Schließlich werden die Ergebnisse ausgegeben (#7).

```
from numpy import *
from math import sqrt
n = 1000
x = 2.+5.*random.randn(n)     #1
s = 0.0                       #2
mue = x.sum()/n               #3
for i in range(n):            #4
   s = s + (x[i]-mue)**2      #5
s = sqrt((1./(n-1))*s)        #6
print mue, s                  #7
```

6 Graphische Darstellungen mit Matplotlib

Matplotlib ist eine Bibliothek zur Erzeugung graphischer Darstellungen. In diesem Kapitel wird gezeigt, wie einfache 2D-Darstellungen zur Visualisierung von Daten erstellt werden können.

6.1 Hinweis zur Installation

Matplotlib gehört *nicht* zum Standardumfang von Python und muss deshalb zunächst heruntergeladen und installiert werden. Die Matplotlib-Homepage ist unter der folgenden Webadresse zu finden:

http:// matplotlib.sourceforge.net/

Dort gibt es auch eine Download-Seite. Wenn Sie unter MS-Windows arbeiten, können Sie die Installationsdateien mit einer Anleitung im PDF-Format auch von der folgenden Webadresse herunterladen:

http://mbi-wiki.uni-wuppertal.de/python/python-buch/

6.2 XY-Diagramme

Eine der häufigsten graphischen Darstellungen ist das XY-Diagramm. Mit solchen Diagrammen werden beispielsweise zeitabhängige Verläufe von Funktionen präsentiert. Als Beispiel soll hier die Funktion y(t) = 5 sin(t) betrachtet werden, die im folgenden Diagramm dargestellt ist.

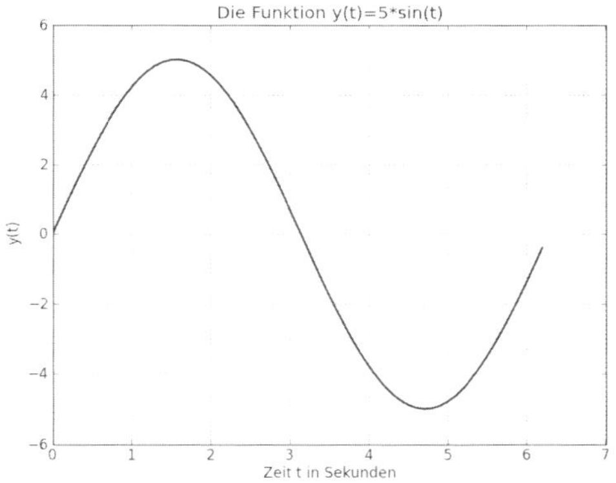

Abb 6.1 XY-Diagramm der Funktion y(t)=5*sin(t)

Mit dem folgenden Programm wird das Diagramm erzeugt:

```
import matplotlib.pyplot as plt             #1
import numpy as npy                         #2
t = npy.arange(0.0, 6.29, 0.1)              #3
y = 5*npy.sin(t)                            #4
plt.plot(t, y, linewidth=2)                 #5
plt.xlabel('Zeit in Sekunden')              #6
plt.ylabel('y(t)')                          #7
plt.title('Die Funktion y(t)=5*sin(t)')     #8
plt.grid(True)                              #9
plt.show()                                  #10
```

Diskussion

- Durch die import-Anweisungen (#1,#2) werden die Namen der Module *pylab* (Matplotlib) und Numpy verfügbar bereitgestellt. Im folgenden Programm werden sowohl Funktionen von *Numpy* (siehe Kapitel 5) als auch von Mat-plotlib benutzt.

- Mit der *arange-Funktion* aus Numpy (#3) wird der Variablen t eine Liste von Dezimalzahlen zugewiesen. Es handelt sich um eine Liste mit dem Startwert 0.0, dem Endwert 6.28 und der Schrittweite 0.01.

- In der folgenden Zeile wird die Sinus-Funktion berechnet (#4). Dabei wird *keine* Schleife verwendet, sondern die komplette Liste t an die Sinus-Funktion aus dem Numpy-Modul übergeben (Vektoroperation, siehe Kapitel 5).

- Danach wird das Diagramm erzeugt (#5), aber *noch nicht angezeigt*. Der Aufruf der Methode *plot()* legt fest, dass die Werte der Liste y über t aufgetragen werden. Dabei wird der Graph mit einer Liniendicke von 2 Pixeln erzeugt.

- Zu der so - virtuell - erzeugten Graphik werden nun Zusatzinformationen hinzugefügt (#6). Mit *xlabel()* wird eine Beschriftung der horizontalen Achse vorgegeben. Entsprechend wird mit *ylabel()* eine Beschriftung der vertikalen Achse vorgenommen (#7) und *xtitle()* setzt eine Überschrift über die Grafik (#8, vergleiche Abb. 6.1).

- Durch Aufruf der Methode *grid()* mit dem Parameter True wird ein dünnes, gestricheltes Liniennetz im Diagramm erzeugt (#9).

- Erst nach der Definition aller Merkmale des Diagramms wird die Anzeige (#10) durch Aufruf der Methode *show()* aktiviert. In einem separaten Anzeigefenster wird die Grafik dargestellt.

Mit wenigen Befehlen lässt sich so ein professionelles XY-Diagramm erzeugen (siehe die folgende Abbildung 6.2). Wird das Fenster nicht mehr gebraucht, kann es durch Anklicken des Kreuzsymbols geschlossen werden (obere rechte Ecke).

Hinweis

Möglicherweise ist die Python-Shell nach der Ausführung des gerade beschriebenen Programms blockiert. Auch diese Shell muss dann geschlossen werden, um zum Programm zurückzukehren. Es handelt sich hier um ein - bekanntes - Problem des Matplotlib-Paketes, das sicher in einer der nächsten Versionen behoben wird.

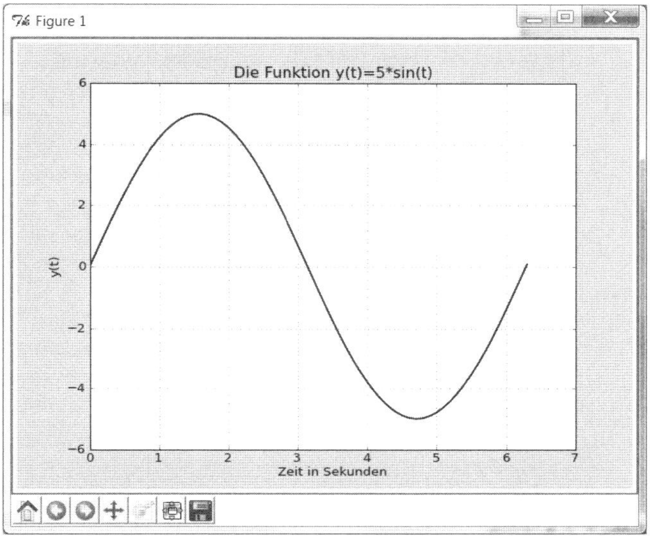

Abb 6.2 Matplotlib-Ausgabefenster

Am unteren Rand dieses Ausgabefensters sind einige Befehls-Icons zu sehen, die sehr hilfreiche Funktionen bereithalten. Sie sollen im Folgenden besprochen werden.

Mit dem Befehl  kann das Bild als Datei gespeichert werden. Es stehen hierzu eine Vielzahl unterschiedlicher Bildformate bereit. Es muss ein Name für das Bild eingegeben und das gewünschte Format ausgewählt werden. Zur Nachbereitung in einem professionellen Bildbearbeitungsprogramm kann beispielsweise das Bild im TIFF-Format gespeichert werden, welches aber sehr große Dateien erzeugt. Zur Präsentation eines Diagramms im Internet oder in einem Textdokument bietet sich das png-Format (sprich "ping") an. Weitere wichtige Speicherformate sind PDF und JPEG. Das letztere ist von den Digitalkameras bekannt, die Photographien in diesem Format speichern. Jedoch ist die Vielzahl der Farben, die JPEG verwalten kann, für Diagrammdarstellungen eigentlich nicht notwendig. Ein weiteres interessantes Format ist SVG (Scalable Vector Graphics). Wird eine solche Graphik in Internetdokumente eingebunden, so kann sie fast verlustfrei vergrößert werden.

Der Befehl  öffnet ein kleines Folgefenster, mit dessen Hilfe die Ränder der Graphik interaktiv verstellt werden können. Entspricht das Ergebnis nicht den Erwartungen, kann mit *Reset* der Ursprungszustand wieder hergestellt werden.

Wird die Maus über das erzeugte Diagramm bewegt, so wird in der unteren rechten Ecke des Fensters die aktuelle Mausposition angezeigt. So ist es möglich, auch die angenäherten Funktionswerte abzulesen, in dem der Mauszeiger über den Graphen bewegt wird. Mit dem Befehl  ist es möglich, einen Bereich der Graphik zu vergrößern. Hierzu muss mit dem Mauszeiger (bei gedrückter linker Maustaste) ein Rechteck über den zu vergrößernden Bereich gezogen werden. Entsprechend kann mit dem Befehl  der anzuzeigende Bereich verschoben werden. Mit den Befehlen  und  kann ein Befehl rückgängig gemacht bzw. wiederholt werden. Schließlich lässt sich der Ursprungszustand der Graphik mit  wiederherstellen.

Soll *mehr als eine Funktion* in einem XY-Diagramm dargestellt werden, so muss lediglich der Aufruf der *plot()*-Methode etwas abgewandelt werden. Das wird nachfolgend am Beispiel eines Diagramms gezeigt, in dem die Sinus- und die Kosinus-Funktion dargestellt sind. Die Import-Anweisungen werden aus Platzgründen nicht mehr gezeigt.

```
t = npy.arange(0.0, 6.4, 0.1)
y = 5*npy.sin(t)
z = 3*npy.cos(t)
plt.plot(t, y, "r+", t, z, "bo", linewidth=2.0)          #1
plt.xlabel('Zeit in Sekunden')
plt.ylabel('y(t)')
plt.title('Die Funktionen y(t)=5*sin(t) und z(t)=3*cos(t)')
plt.grid(True)
plt.show()
```

Durch dieses Programm wird die folgende Graphik erzeugt. Die Graphen bestehen jetzt aus einer Punktfolge.

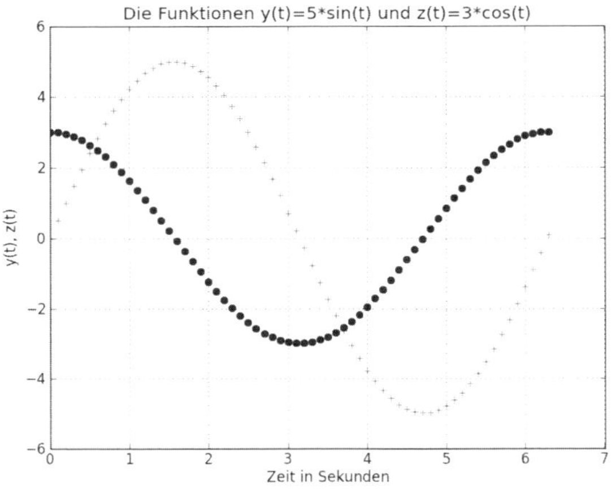

Abb 6.3 XY-Diagramm der Funktionen y(t)=5*sin(t) und z(t)=3*cos(t) (Darstellung durch Symbole)

Bei der Erstellung des Diagramms wurden die Beschriftungen angepasst. Wesentliche Änderungen wurden aber nur beim Aufruf der *plot()-Methode* ausgeführt. Sollen mehrere Funktionsverläufe dargestellt werden, so wird diese Methode folgendermaßen aufgerufen:

$$\mathbf{plot(t_1,y_1,c_1,t_2,y_2,c_2,t_3,y_3,c_3....)}$$

wobei t_i und y_i jeweils zwei zusammengehörende Listen mit Werten für Abszisse und Ordinate sind (i=1,2,...). Die Konstanten c_i enthalten einen String, mit dem die Erscheinungsform der Kurve gesteuert wird. Das erste Zeichen des Strings kontrolliert die Farbe, das zweite steht für ein Symbol, mit dem der Funktionswert dargestellt wird. Bei dem vorliegenden Beispiel bedeutet "r+", dass der Funktionsverlauf in roter Farbe (r=red) mit einem Pluszeichen an jedem Funktionswert erzeugt wird. Der String "bo" erzeugt dagegen eine blaue Kurve (b=blue) mit einem Kreis zur Markierung des Funktionswertes. Die Strings können auch ganz entfallen. Dann werden kontinuierliche Kurven gezeichnet. Matplotlib bestimmt die Farben über eine Voreinstellung. Außerdem können die Strings auch aus drei Zeichen aufgebaut sein. Die folgende Graphik (Abb. 6.4) wurde mittels der plot()-Methode

plt.plot(t, y, "r+-", t, z, "bo-", linewidth=2.0)

erzeugt. Die Symbole werden dann durch Linien miteinander verbunden. Das wird durch das dritte Zeichen im String "-" ausgedrückt.

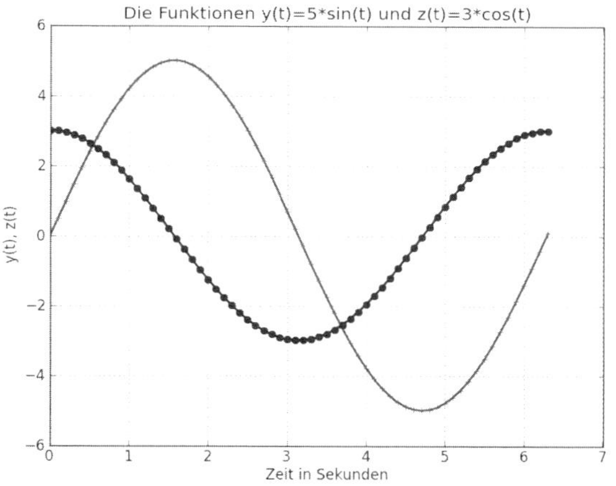

Abb 6.4 XY-Diagramm mit Symbolen und Linienstücken

6.3 Balken-Diagramme

Mit der Methode *bar()* kann ein vertikales Balkendiagramm erstellt werden. Die Wirkungsweise soll wieder an einem Beispiel verdeutlicht werden. Mit dem folgenden Programm soll eine Umsatzentwicklung über die Quartale des Jahres 2011 dargestellt werden.

```
quartal = [1,2,3,4]                                    #1
umsatz = [120000,154000,133000,198000]                 #2
plt.bar(quartal,umsatz,width=0.3,align="center")       #3
plt.xlabel('Quartal des Jahres 2011')
plt.ylabel('Umsatz')
plt.title('Umsatzentwicklung in 2011')
plt.grid(True)
plt.show()
```

Die *bar()*-Methode benötigt zwei Eingabelisten. Die erste Liste namens *quartal* enthält die Werte, die auf der Abszisse aufgetragen werden (#1). In diesem Fall sind es die Zahlen 1,2,3 und 4. Die zweite Liste *umsatz* enthält die darzustellenden Zahlenwerte der vertikalen Balken (#2). Die zusätzlichen Parameter *width* und *align* steuern das Aussehen der Graphik (#3). Die Zahl *width* kann Werte zwischen 0 und 1 annehmen. Wenn der Wert 1 ist, berühren sich die darzustellenden Balken, es gibt dann keine leere Fläche zwischen ihnen. Je kleiner *width* wird, um so schmaler werden die Balken dargestellt. Standardmäßig beginnen die Balken bei den Werten, die auf der horizontalen Achse dargestellt sind. Mit dem Parameter *align="center"* wird erreicht, dass die Balken symmetrisch zu diesen Werten sind. Das Ergebnis des Programmlaufs zeigt die Abbildung 6.5.

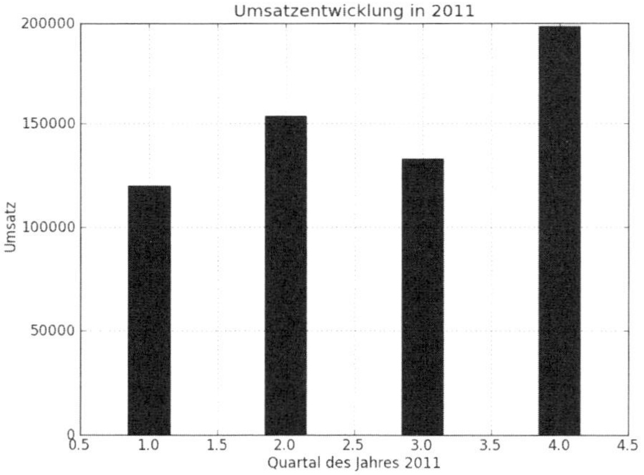

Abb 6.5 Vertikales Balkendiagramm

Das folgende Beispiel zeigt ein horizontales Balkendiagramm, das mit der *barh()*-Methode erstellt wird. Alle benötigten Parameter sind vergleichbar mit denjenigen, die bei der *bar()*-Methode angewendet werden.

```
quartal = [1,2,3,4]
umsatz = [120000,154000,133000,198000]
plt.barh(quartal,umsatz,height=0.3,align="center",\          #1
      color="yellow", edgecolor="black", linewidth=3)         #2
plt.ylabel('Quartal des Jahres 2011')
plt.xlabel('Umsatz')
plt.title('Umsatzentwicklung in 2011')
```

```
plt.grid(True)
plt.show()
```

Das Diagramm, das durch den Programmlauf erzeugt wird, ist nachfolgend dargestellt (Abb. 6.6). Im Quellcode ist ersichtlich, dass die Beschriftung zwischen der x- und y-Achse getauscht wurde. Der Aufruf von *barh()* ist vergleichbar zu *bar(),* jedoch wird statt des Parameters *width* nun der Parameter *heigth* zur Steuerung der relativen Balkendicke verwendet (#1). Dieser Parameter ist auf 0.8 voreingestellt (im Gegensatz zu *width,* das auf 1.0 eingestellt ist). An diesem Beispiel wird auch gezeigt, wie die Farbe der Balken mittels des Parameters *color* gesteuert werden kann (#2). Auch eine Umrandung der Balken kann erzeugt werden, in dem der Parameter *linewidth* auf einen Wert ungleich 0 gesetzt wird. Dieser Parameter steuert die Dicke der Umrandung. Deren Farbe wird wiederum durch den Parameter *edgecolor* gesetzt.

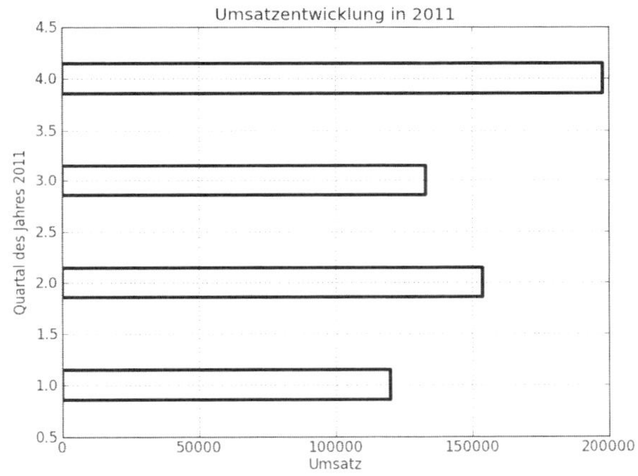

Abb 6.6 Horizontales Balkendiagramm

6.4 Torten-Diagramme

Torten-Diagramme (engl. pie charts) werden mithilfe der Methode pie() erstellt. Das folgende Programm soll ein solches Diagramm zur Darstellung von Wahlergebnissen erstellen (siehe Abb. 6.7).

```
stimmen = [14658515,9990488,6316080,4643272,5155933,2606902]    #1
parteien = ["CDU/CSU", "SPD", "FDP", "GRUENE", "DIE LINKE", "Sonstige"]
plt.pie(stimmen,labels=parteien)                                  #2
plt.title('Bundestagswahl 2009')                                  #3
plt.show()
```

Die Anzahl der Wählerstimmen, die jede Partei erzielt hat, sind in einer Liste namens *stimmen* abgelegt (#1). Die entsprechenden Namen der Parteien sind in der Liste *parteien* enthalten. Der *pie()*-Methode wird die Liste *stimmen* übergeben. Der Parameter *labels=parteien* bewirkt eine Markierung jedes Ergebnisfeldes mit dem Namen der entsprechenden Partei (#2). Mittels der Methode *title()* wird eine Diagrammüberschrift hinzugefügt.

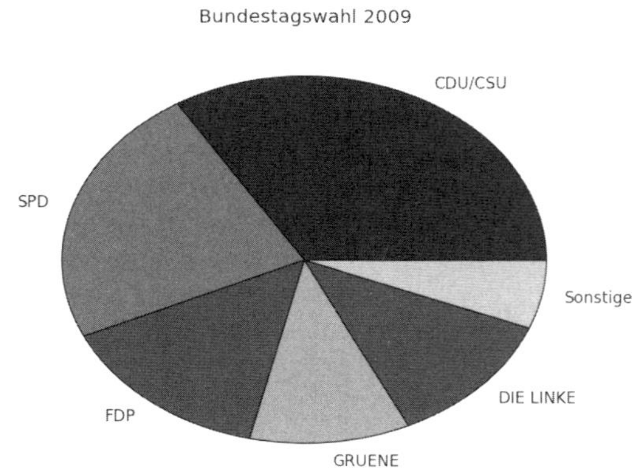

Abb 6.7 Tortendiagramm

6.5 Polardiagramme

Polardiagramme stellen Kurvenverläufe bzw. Graphen in Polarkoordinaten dar. In dem folgenden Beispiel soll eine so genannte *Archimedische Spirale* gezeichnet werden. Ein Beispiel für eine solche Kurve ist in Polarkoordinaten: $r(\phi) = 2*\phi$ für $0<\phi<360°$. Das folgende Programm zeichnet die Kurve.

```
theta = npy.arange(361)                    #1
theta2 = npy.radians(theta)                #2
r = 2*theta2                               #3
plt.polar(theta2,r)                        #4
plt.title('Archimedische Spirale')         #5
plt.show()                                 #6
```

Das Ergebnisdiagramm ist nachfolgend dargestellt (Abb. 6.8). Im Programm wird zunächst ein Array mit Winkelwerten zwischen 0 und 360 Grad mit der Schrittweite 1 Grad erzeugt (#1). Diese Winkelwerte werden dann (#2) in das Bogenmaß umgerechnet. Hierzu dient die Methode *radians()*. Schließlich wird ein Array mit Abstandswerten r nach der vorgegebenen Formel berechnet (#3). Die Methode *polar()* bekommt als Parameter die Winkel im Bogenmaß sowie die zugeordneten Abstände vom Ursprung übergeben. Zum Schluss wird ein Titel hinzugefügt (#5) und die Anzeige des Bildes (#6) aktiviert.

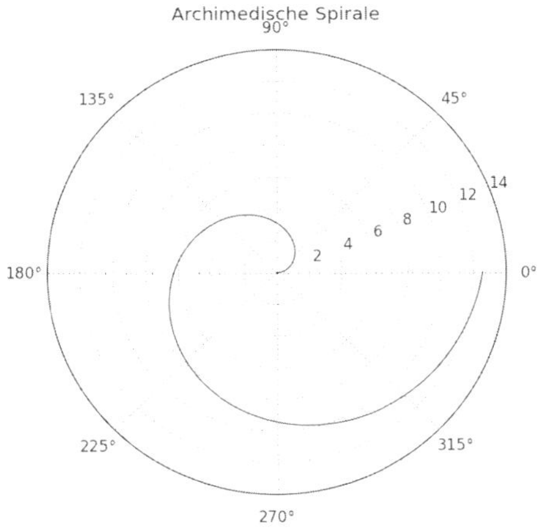

Abb 6.8 Polardiagramm (Archimedische Spirale)

6.6 Histogramme

Histogramme sind Darstellungen von Häufigkeitsverteilungen. Die zugrunde liegenden Daten müssen klassifiziert werden. Deren Häufigkeit wird dann durch ein Balkendiagramm dargestellt, wobei die Höhe der Balken die Häufigkeit der Daten ausdrücken. In dem folgenden Beispiel werden 10000 normalverteilte Zufallszahlen (siehe Kapitel 5) erzeugt. Anschließend wird die Methode *hist()* aufgerufen, die sowohl die Klassifizierung als auch die graphische Darstellung leistet.

```
zahlen = npy.random.randn(10000)                                   #1
plt.hist(zahlen,bins=20,color="yellow",linewidth=2)                #2
plt.title('Histogramm normalverteilter Zufallszahlen')             #3
plt.show()
```

Das Ergebnis des Programmlaufs ist in der nachfolgenden Abbildung 6.9 dargestellt. Im Programm wird zunächst ein Numpy-Array mit Zufallswerten gefüllt (#1, siehe Kapitel 5.7). Anschließend wird dieses Array an die Methode *hist()* übergeben. Diese Methode klassifiziert zunächst die Daten. Der Parameter *bins* setzt die Anzahl der Klassen fest. Wird dieser Parameter weggelassen, so werden automatisch 10 Klassen verwendet. Mit den Parametern *color* und *linewidth* wird die Farbe der Balken sowie die Dicke ihrer Umrahmung gesteuert. Schließlich wird das Diagramm mittels *show()* angezeigt.

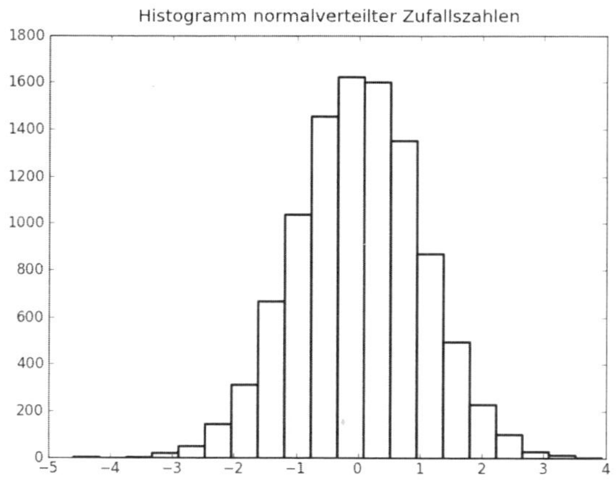

Abb 6.9 Histogramm normalverteilter Zufallswerte

6.7 Subplots

Bislang wurden nur Darstellungen betrachtet, die aus einem einzigen Diagramm bestanden. In Matplotlib können aber mehrere Darstellungen (auch unterschiedlichen Diagrammtyps) in einer Graphik integriert werden. Diese Unterdiagramme werden in der Terminologie von Matplotlib *Subplots* genannt. Die gesamte Darstellung heißt *Figure*. Das folgende Programm stellt die Sinus- und die Kosinus-Funktion aus Kapitel 6.2 in zwei getrennten Subplots dar.

```
t = npy.arange(0.0, 6.4, 0.1)
y = 5*npy.sin(t)
z = 3*npy.cos(t)
gesamt = plt.figure()                          #1
diag1 = gesamt.add_subplot(2,1,1)              #2
diag1.plot(t,y,color="red",linewidth=3)        #3
diag1.set_title("Sinus-Funktion")              #4
diag2 = gesamt.add_subplot(2,1,2)              #5
diag2.plot(t,z,color="blue",linewidth=2)       #6
diag2.set_title("Kosinus-Funktion")            #7
gesamt.show()                                  #8
```

Das Ergebnis ist nachfolgend abgebildet (Abb. 6.10). Die ersten drei Zeilen des Programms erzeugen die Arrays t, y und z wie in Kapitel 6.2. Dann wird eine Figure erstellt (#1) und dem Namen *gesamt* zugewiesen. In der Folgezeile wird der Figure ein erster Subplot durch Aufruf der Methode *add_subplot()* zugewiesen (#2). Auch dieser Subplot erhält einen Namen *diag1*. Nachfolgend wird in diesem Subplot eine Kurve gezeichnet (#3). Es handelt sich um die Sinus-Funktion. Diese Kurve wird in roter Farbe mit der Liniendicke 3 gezeichnet. Mittels der Methode *set_title()* wird eine Überschrift für diesen Subplot erzeugt.

Anschließend wird ein zweiter Subplot erstellt (#5) und die Kosinus-Funktion darin geplottet (#6). Diese Kurve wird in blauer Farbe in der Liniendicke 2 gezeichnet (#6) und anschließend eine Überschrift für diesen Subplot erzeugt (#7). Abschließend wird die gesamte Darstellung (Figure) angezeigt (#8).

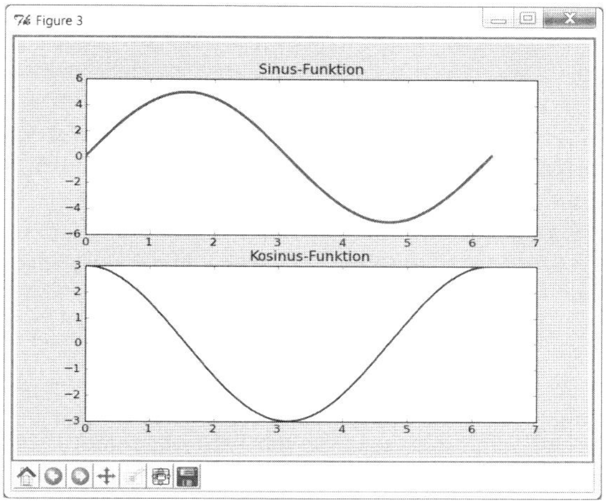

Abb 6.10 Darstellung mit zwei Subplots

Etwas undurchsichtig ist zunächst die Erstellung der Subplots mit der Methode *add_subplot(r,s,n).* Diese Methode verlangt drei Zahlen als Parameter. Die Anordnung der Subplots wird in Form einer Matrix vorgenommen. Deshalb geben die beiden ersten Parameter die Anzahl der Zeilen und die Anzahl der Spalten an. Insgesamt werden r*s Subplots angelegt. Die dritte Zahl gibt an, welche Position in dieser Anordnung gemeint ist. Dabei werden die Subplots von oben links beginnend, zeilenweise durchnummeriert. Mit dem Aufruf add_subplot(2,1,1) ist also der obere von zwei übereinanderliegenden Subplots gemeint. Der Aufruf von add_subplot(2,1,2) erzeugt dagegen den unteren Subplot (siehe Abb. 6.10).

Zur Vertiefung dieses Wissens sollen nun beide Subplots *nebeneinander gestellt* werden. Hierzu werden die beiden Aufrufe von *add_subplot()* leicht abgeändert. Der Rest des Programmes bleibt gleich. Aus Platzgründen wird hier *nicht* das gesamte Programm, sondern nur die beiden geänderten Zeilen wiedergegeben. Der Leser findet das komplette Programm im Downloadbereich zu diesem Buch.

```
diag1 = gesamt.add_subplot(1,2,1)
.....
diag2 = gesamt.add_subplot(1,2,2)
```

Wie gerade beschrieben, wird mit diesen Befehlen eine Anordnung erzeugt, die aus einer Reihe (r=1) und zwei Spalten (s=2) besteht. Mit dem ersten Befehl wird der Subplot auf der linken Seite erzeugt. Entsprechend wird mit n=2 im zweiten Befehl der rechte Subplot erstellt. Die Ausgabe des Programms zeigt die Abbildung 6.11.

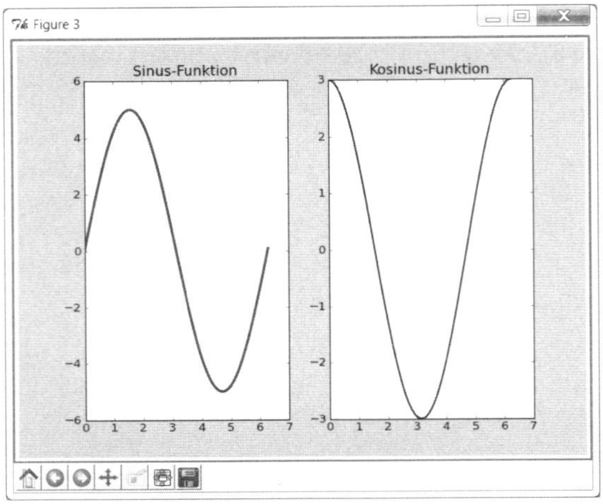

Abb 6.11 Darstellung mit zwei Subplots (nebeneinander)

Durch einen Aufruf von add_subplot(4,3,5) wird demnach ein Subplot in einer Anordnung von 4 Zeilen und 3 Spalten angesprochen. Es handelt sich um den 5.ten Subplot. Er befindet sich in der zweiten Zeile in der zweiten Spalte.

6.8 Axes

Mit *Axes* können Diagramme in andere Diagramme eingebettet werden. Die Methode axes() verlangt eine einzige Liste als obligatorischen Parameter, die vier Zahlenwerte enthält. Alle vier Zahlenwerte liegen zwischen 0 und 1. Die ersten beiden Zahlenwerte definieren die linke untere Ecke des einzufügenden Diagramms. Die folgenden beiden Werte definieren die Fenstergröße in horizontaler und vertikaler Richtung. Der Wert 1 entspricht der aktuellen Fenstergröße jenes Diagramms, in das eingefügt werden soll. Die allgemeine Form eines solchen Aufrufs kann so geschrieben werden:

axes([links,unten,breite,hoehe])

Das klingt kompliziert, kann aber an einem einfachen Beispiel schnell verstanden werden. Ausgangspunkt ist die Darstellung einer Sinus- und einer Kosinus-Funktion aus Kapitel 6.2.

```
t = npy.arange(0.0, 6.4, 0.1)
y = 5*npy.sin(t)
z = 3*npy.cos(t)
plt.plot(t,y,"ro-",linewidth=3)           #1
plt.title("Sinus-Funktion")
plt.axes([0.6,0.6,0.25,0.25])             #2
plt.plot(t,z,"b+-",linewidth=2)           #3
plt.title("Kosinus-Funktion")             #4
plt.show()                                #5
```

Die Ausgabe dieses Programms ist in Abbildung 6.12 wiedergegeben. Im Programm werden zunächst die Arrays t, y und z mit den Funktionswerten berechnet. Anschließend wird mittels der *plot()*-Methode die Sinus-Funktion im Hauptfenster dargestellt (#1). Die Methode *axes()* erzeugt anschließend ein zweites, kleineres Diagrammfenster (#2), wobei der linke, untere Eckpunkt dieses Fensters bei 0.6,0.6 liegt. Dies entspricht 60% der Länge und der Höhe des Ausgabefensters. Die Länge und die Höhe des zweiten Diagrammfensters liegen bei 25% der Länge und der Höhe des Ausgabefensters. Mit einem weiteren Aufruf der *plot()*-Funktion (#3) wird die Kosinus-Funktion in das kleinere (aktuelle) Fenster geplottet. Der hinzugefügte Titel gilt damit auch für dieses Fenster (#4). Anschließend werden beide Diagramme angezeigt (#5).

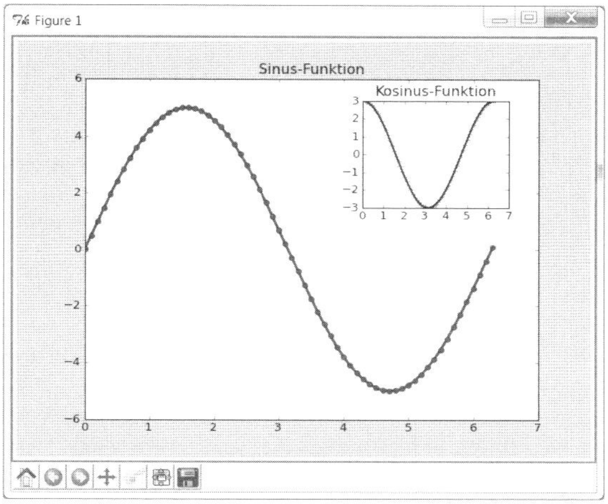

Abb 6.12 Darstellung eines Axes-Plots

6.9 Anmerkungen und Legenden

Die Position von Beschriftungen kann in Benutzerkoordinaten definiert werden. Das folgende Beispiel demonstriert die Anwendung der Funktionen *text()* und *annotate()*.

```
t = npy.arange(0.0, 6.4, 0.1)
y = 5*npy.sin(t)
plt.plot(t,y,"ro-",linewidth=3)
plt.title("Sinus-Funktion")
plt.text(1.5,5.2,"Maximum")                          #1
plt.text(4.5,-5.5,"Minimum")                         #2
plt.annotate("Nulldurchgang",xy=(3.2,0), \           #3
        xytext=(5,5), arrowprops={"facecolor":"b"})
plt.show()
```

Beim Aufruf der Methode *text()* werden zunächst zwei Zahlen x,y übergeben, die die Position des ersten Zeichens des darzustellenden Strings definieren. Anschließend wird die auszugebende Zeichenkette übergeben (#1,#2). Die Funktion *annotate()* erlaubt es, neben der Textposition, die durch xytext definiert ist, noch einen Punkt xy anzugeben, auf den ein vom Text kommender Pfeil hinweist (#3). Mit dem Parameter arrowprops können die Eigenschaften des Pfeils beeinflusst werden. Im vorliegenden Fall wurde der Pfeil in blauer Farbe (String "b") erzeugt.

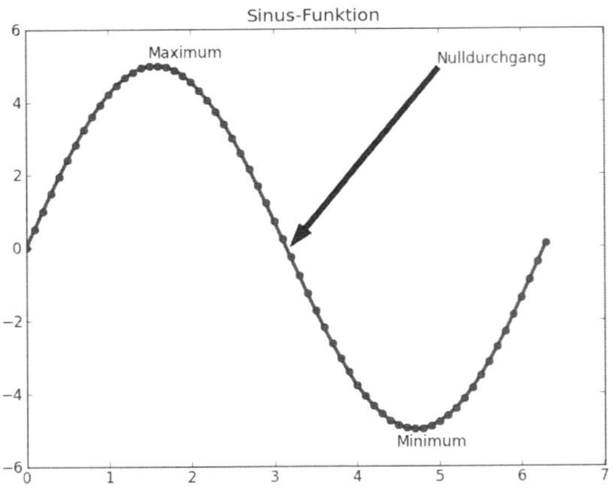

Abb 6.13 Anmerkungen mit text() und annotate()

Die Erzeugung einer Legende soll an dem folgenden Beispiel gezeigt werden. Auch bei diesem Beispiel sollen zwei Funktionen (Sinus- und Kosinus) in ein Diagramm gezeichnet werden.

```
t = npy.arange(0.0, 6.4, 0.1)
y = 5*npy.sin(t)
z = 3*npy.cos(t)
plt.plot(t, y, "r+-", linewidth=2.0, label="sin")           #1
plt.plot(t, z, "bo-", linewidth=2.0, label="cos")           #2
plt.xlabel('Zeit in Sekunden')
plt.ylabel('y(t), z(t)')
plt.title('Die Funktionen y(t)=5*sin(t) und z(t)=3*cos(t)')
plt.legend(("sin","cos"))                                   #3
plt.show()
```

Dieses Programm unterscheidet sich nur in drei Zeilen von dem Beispiel aus Kapitel 6.2. Zunächst werden die Kurven mit zwei Aufrufen von *plot()* erzeugt. Zusätzlich wird hier noch ein optionaler Parameter namens *label* übergeben. Der Parameter setzt einen String, der später in der Legende erscheint (#1,#2). Schließlich wird mit dem Aufruf von legend() die Legende erzeugt. Dieser Funktion wird ein *Tupel* übergeben, das aus beliebig vielen Zeichenketten bestehen kann (#3). Im vorliegenden Fall sind dies "sin" und "cos". Die beiden Zeichenketten sind zu einem Tupel zusammengefügt und deshalb in runde Klammern eingeklammert. Die Ausgabe des Programms zeigt Abbildung 6.14.

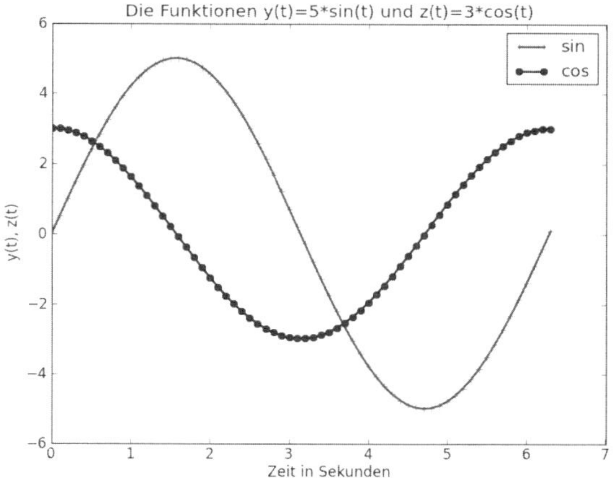

Abb 6.14 Diagramm mit Legende

Aufgaben

Aufgabe 6.1

Schreiben Sie ein Programm, das die Graphen der Funktion $y(t)=e^{-kt}$ für k=1,2,4 im Zeitintervall 0<=t<2 darstellt. Zusätzlich soll eine Legende eingefügt werden.

Aufgabe 6.2

Gegeben ist eine Liste mit den Umsätzen eines Unternehmens in tausend Euro während der vier Quartale eines Jahres sowie eine Liste mit den Bezeichnungen für die Quartale.

```
umsaetze = [ 1200,500,1700,300 ]
quartale = [ 1,2,3,4 ]
```

Schreiben Sie ein Python-Programm, das in einer Graphik zwei Diagramme darstellt. Auf der linken Seite sollen die Umsätze als Balkendiagramm und auf der rechten Seite als Tortendiagramm erscheinen.

Aufgabe 6.3

Schreiben Sie ein Programm, das ein Histogramm der Sinus-Funktion y(t)=sin(t) erstellt. Hierzu sollen die Funktionswerte von t zwischen 0 und 63 mit einer Schrittweite von 0.01 berechnet werden. Interpretieren Sie das Ergebnis und markieren Sie die Maximalwerte der Sinusfunktion im Histogramm.

Lösungen

Lösung 6.1

In der folgenden Lösung werden zunächst die Funktionswerte mit Numpy-Funktionen berechnet (#1,#2,#3). Die einleitenden import-Anweisungen wurden aus Platzgründen weggelassen.

```
t = npy.arange(0.0, 2.1, 0.1)
y1 = npy.exp(-t)                                        #1
y2 = npy.exp(-2*t)                                      #2
y3 = npy.exp(-4*t)                                      #3
plt.plot(t, y1, "r+-", linewidth=2.0, label="k=1")      #4
plt.plot(t, y2, "bo-", linewidth=2.0, label="k=2")      #5
plt.plot(t, y3, "g^-", linewidth=2.0, label="k=3")      #6
plt.xlabel('Zeit in Sekunden')
plt.ylabel('y(t)')
plt.title('Die Funktion y(t)=exp(-k*t) fuer k=1,2,4')
plt.legend(("k=1","k=2","k=4"))
plt.show()
```

Jede Kurve wird separat mit einem Aufruf von *plot()* erzeugt (#4,#5,#6), wobei jeweils ein Parameter *label* definiert wird. Anschließend werden Beschriftungen für die Achsen sowie eine Überschrift mit *title()* erzeugt. Die Legende wird mittels legend() erstellt. Diese Methode bekommt ein Tupel aus den drei Labels übergeben (Achtung! Ein Tupel ist in Klammern eingefasst!). Anschließend wird die Graphik mit *show()* angezeigt (siehe folgende Abbildung):

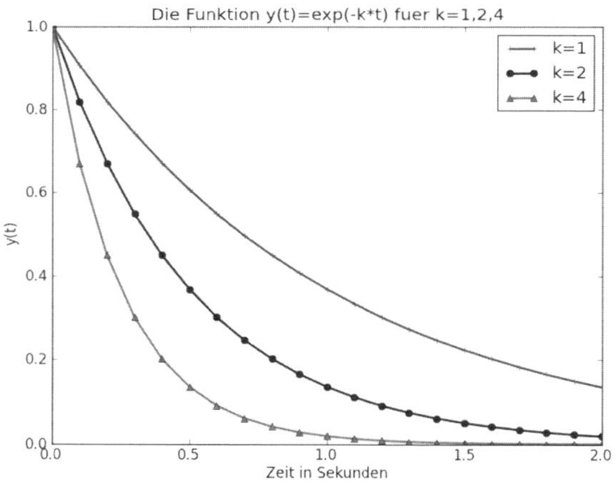

Lösung 6.2

Nach der Definition der Listen für Umsätze und Quartale wird die gesamte Graphik mit *figure()* angelegt (#1). Zur Lösung werden so genannte Subplots benötigt. Da die beiden Diagramme nebeneinander stehen sollen, wird eine Anordnung mit einer Reihe und zwei Spalten gewählt (#2). Das linke (erste) Diagramm wird als Balkendiagramm mit *bar()* erstellt. Die Balken sollen gelb gefärbt sein (#3). Anschließend erhält die links stehende Graphik eine eigene Überschrift (#4). Das folgende (rechte) Diagramm wird in der Folgezeile definiert (#5). Da dort ein Tortendiagramm eingefügt werden soll, wird das Diagramm mit *pie()* erzeugt (#6). Auch dieses Diagramm erhält eine eigene Überschrift (#7). Mit *show()* wird das Ergebnis dann angezeigt.

```
umsaetze = [ 1200, 500, 1700,300 ]
quartale = [ 1,2,3,4 ]
gesamt = plt.figure()                                  #1
diag1 = gesamt.add_subplot(1,2,1)                      #2
diag1.bar(quartale,umsaetze,color="yellow"\            #3
        ,linewidth=3,align="center")
diag1.set_title("Umsaetze als Balkendiagramm")         #4
diag2 = gesamt.add_subplot(1,2,2)                      #5
diag2.pie(umsaetze, labels=quartale)                   #6
diag2.set_title("Umsaetze als Tortendiagramm")         #7
gesamt.show()
```

Die Ausgabe des Programms ist nachfolgend dargestellt:

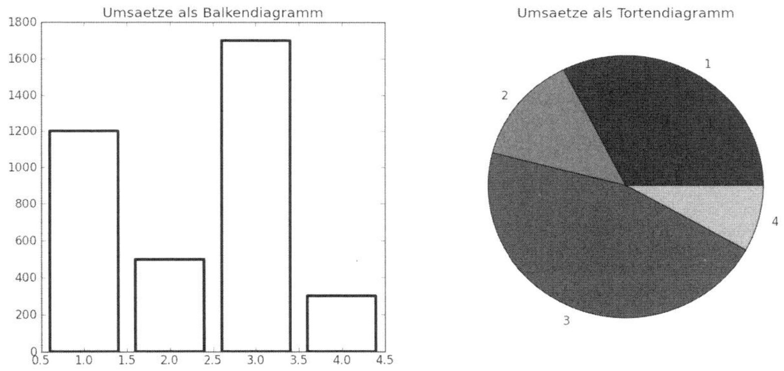

Lösung 6.3

Das zu schreibende Programm ist sehr kurz.

```
t = npy.arange(0,63,0.01)                                  #1
sinuswerte = npy.sin(t)                                    #2
plt.hist(sinuswerte,bins=20,color="yellow",linewidth=2)    #3
plt.title('Histogramm einer Sinusfunktion')                #4
plt.annotate("Maximalwerte",xy=(0.95,905),\
        xytext=(0,920), arrowprops={"facecolor":"b"})      #5
plt.show()
```

Zunächst wird ein Array mit der Zeitreihe t erstellt. Das Zeitintervall wurde so gewählt, dass mindestens 10 Perioden der Sinus-Funktion berechnet werden (#2). Anschließend wird mit *hist()* das Histogramm erstellt. Dabei werden 20 Klassen (bins) vorgesehen. Weiterhin wird eine Überschrift (#4) und eine Anmerkung (#5) angebracht. Für die Positionen von Text (xytext) und Pfeilspitze (xy) sind plausible Werte zu wählen (#5). Gegebenenfalls muss durch Probieren eine geeignete Position gefunden werden. Das Diagramm, das schließlich mit *show()* angezeigt wird, ist nachfolgend wiedergegeben. Da die Sinus-Funktion in der Nähe ihrer Extremwerte sehr flach ausgebildet ist, werden vergleichsweise viele Werte in die größte und kleinste Klasse gezählt.

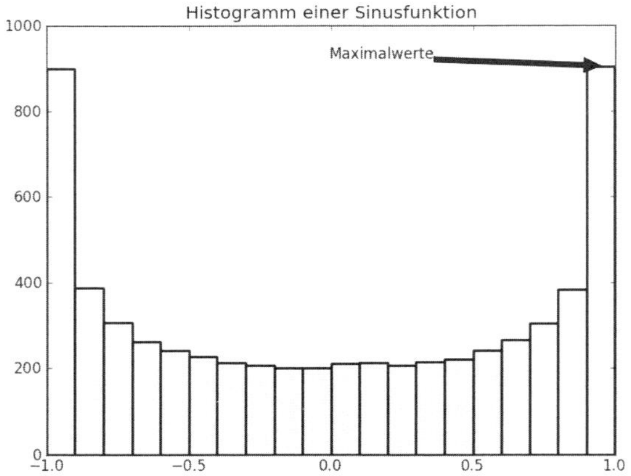

7 Computeralgebra mit Sympy

In diesem Kapitel wird das Python-Erweiterungsmodul Sympy vorgestellt. Sympy ermöglicht es, computeralgebraische Probleme zu lösen. Dabei werden symbolische, mathematische Ausdrücke manipuliert. Beispiele zur Differentiation, Integration und zur Reihenentwicklung zeigen die praktische Anwendung.

Noch vor einigen Jahrzehnten glaubten selbst Informatiker, dass der Computer nur in der Lage wäre, schnelle numerische Berechnungen durchzuführen. Eine Anwendung des Computers außerhalb des numerischen Rechnens schien weitgehend ausgeschlossen. Mittlerweile wird der Computer aber auch bei vielen nichtnumerischen Problemstellungen, wie z.B. der künstlichen Intelligenz und der Computeralgebra, angewendet. Das Fachgebiet der Computeralgebra beschäftigt sich damit, mathematische Ausdrücke automatisiert zu manipulieren. Umgangssprachlich ausgedrückt, bedeutet Computeralgebra, dass der Computer mathematische Gleichungen exakt löst, Differenziationen und Integrationen analytisch ausführt. Hiermit beschäftigt sich dieses Kapitel.

Für die Computeralgebra wurden in der Vergangenheit hochspezialisierte Programme entwickelt. Die bekanntesten sind Maple®, Mathcad® und Mathematica® als proprietäre Lösungen und Sage, Reduce und Maxima als Open-Source Systeme. Für Python wurde ein Erweiterungsmodul namens Sympy entwickelt. Sympy gilt als *leichtgewichtig* (engl. lightweighted), weil es im Vergleich zu den oben genannten Programmen nicht so umfangreich ist. Aus der Sicht des praktisch arbeitenden Ingenieurs oder Wissenschaftlers ist dieses System aber umfangreich genug, um die wichtigsten, praktischen Aufgabenstellungen zu lösen. Da das Modul in Python integriert ist, kann mit den Ergebnissen direkt numerisch weitergearbeitet werden.

7.1 Hinweise zur Installation

Da Sympy *nicht* zum Standardumfang von Python gehört, muss die Software zunächst heruntergeladen und installiert werden. Die Sympy-Homepage ist unter der folgenden Webadresse zu finden:

http://code.google.com/p/sympy/

Dort gibt es auch eine Download-Seite. Wenn Sie unter MS-Windows arbeiten, können Sie die Installationsdateien mit einer Anleitung im PDF-Format von der folgenden Webadresse herunterladen:

http://mbi-wiki.uni-wuppertal.de/python/python-buch/

7.2 Differentiation

Am Beispiel der Differentiation von mathematischen Funktionen kann die Arbeitsweise von Sympy leicht verstanden werden. Das Differenzieren wird durch die Funktion diff(f,x) geleistet, wobei f eine vorher definierte mathematische (symbolische) Funktion ist und x bedeutet die Variable, nach der differenziert wird. Als Beispiel soll die folgende Funktion f(x) betrachtet werden:

$$f(x)=\frac{1}{3}x^3+4x^2+5 \qquad \text{Lösung:} \qquad f'(x)=x^2+8x$$

Diese Funktion wird in dem nachfolgenden Programm zunächst erzeugt und anschließend einmal differenziert.

```
from sympy import *             #1
x = symbols('x')                #2
f = 1./3.*x**3+4*x**2+5         #3
e = diff(f,x)                   #4
print f
print
print e
```

Erläuterungen:

- #1: mit dieser Anweisung wird das Modul Sympy importiert.
- #2: die Variable x wird als mathematisches Symbol erklärt.
- #3: mit der Variablen x wird eine *mathematische* Funktion f definiert. Mathematische Funktionen sind von Python-Funktionen zu unterscheiden, die mittels des Schlüsselworts *def* erklärt werden.
- #4: die Funktion diff() ist im Modul Sympy enthalten. Mit diesem Funktionsaufruf wird die erste Ableitung von f(x) berechnet. Anschließend werden die Funktion und ihre Ableitung ausgegeben.

Die Ausgabe des Programms lautet:

```
>>>
0.333333333333333*x**3 + 4*x**2 + 5

1.0*x**2 + 8*x
>>>
```

Es handelt sich um symbolische Ausdrücke. Nach dem Programmlauf kann auf die Variablen x, f und e (wie auf alle anderen Variablen auch) zugegriffen werden. Es handelt sich hierbei um spezielle im Sympy-Modul definierte Objekttypen, die mittels der Funktionsaufrufe type(x), type(f) usw. abgefragt werden können.

Die zweite und dritte Ableitung von f(x) kann mittels der Funktionsaufrufe diff(f,x,2) und diff(f,x,3) berechnet werden:

```
>>> diff(f,x,2)
2.0*x + 8
>>> diff(f,x,3)
2.00000000000000
```

Neben solchen Polynomfunktionen kann Sympy mit einer Vielzahl anderer Funktionstypen umgehen, wie die folgenden Beispiele zeigen:

```
>>> diff(log(x),x)
1/x
>>> diff(sin(x),x)
cos(x)
>>>diff(exp(-x**2),x)
-2*x*exp(-x**2)
```

7.3 Integration

Mit Sympy können sowohl bestimmte als auch unbestimmte Integrale berechnet werden. Mit der Funktion integrate(f,x) wird das *unbestimmte Integral* einer Funktion f(x) ermittelt. Dabei werden allerdings die Integrationskonstanten im Ergebnis weggelassen. Die Funktion integrate(f,(x,a,b)) berechnet dagegen das *bestimmte Integral* einer Funktion f(x) mit den Integrationsgrenzen a und b.

Hinweis

In den folgenden Beispielen wird darauf verzichtet, die Anweisung

```
from sympy import *
```

anzugeben. Bitte ergänzen Sie diese Programmzeile, wenn nötig.

Unbestimmte Integrale

Als erstes Beispiel soll das folgende unbestimmte Integral berechnet werden:

$f(x) = \int x^2 dx$ Lösung: $f(x) = \frac{1}{3}x^3 + c$

Das folgende Programm ermittelt das Integral ohne die Integrationskonstante c (die Import-Anweisung wird der Einfachheit halber weggelassen).

```
x = Symbol('x')
k = x**2
e = integrate(k,x)
print k; print; print e
```

Wir bemerken, dass die symbolische Variable x auch mit der Funktion Symbol() statt symbols() erklärt werden kann. Die Ausgabe dieses Programms liefert das korrekte Ergebnis.

```
x**2

x**3/3
```

Auch bei der Integration kann Sympy eine Vielzahl von Funktionen bearbeiten. Hier einige Beispiele im interaktiven Modus (Python Shell):

```
>>> integrate(1/x,x)
log(x)
>>> integrate(-sin(x),x)
cos(x)
>>> integrate(exp(-x),x)
-exp(-x)
```

Bestimmte Integrale

Im Folgenden sollen Integrale der Form

$$\int_a^b f(x)dx$$

mit vorgegebenen Integrationsgrenzen a und b betrachtet werden. Als einführendes Beispiel soll das folgende Integral – zunächst „von Hand“ - gelöst werden:

$$\int_0^2 x^2 dx = \frac{1}{3}2^3 - \frac{1}{3}0^3 = \frac{8}{3}$$

Sympy rechnet das wie folgt:

```
x = Symbol('x')
k = x**2
e = integrate(k,(x,0,2))
print e
```

Die Ausgabe ist:

```
8/3
```

Zwei weitere Beispiele sollen im interaktiven Modus gezeigt werden.

```
>>> integrate(sin(x),(x,0,pi))
2
>>> integrate(sin(x),(x,0,2*pi))
0
```

Uneigentliche Integrale

Uneigentliche Integrale werden ebenso berechnet wie bestimmte Integrale. Da bei diesen Integralen jedoch häufig von oder bis „unendlich" integriert wird, stellt sich die Frage, wie diese Integrationsgrenzen in Python dargestellt werden können. Als Symbol für „unendlich" werden in Sympy zwei Buchstaben o direkt hintereinander geschrieben: oo. Dies erinnert an das entsprechende mathematische Symbol. Als erstes Beispiel soll das folgende uneigentliche Integral betrachtet werden:

$$\int_0^\infty e^{-x}dx = 1$$

Zur Überprüfung des Ergebnisses (1) dient das folgende Programm:

```
x = Symbol('x')
f = exp(-x)
e = integrate(f,(x,0,oo))
print f; print; print e
```

Die Ausgabe entspricht dem oben angegebenen Ergebnis:

```
exp(-x)

1
```

7.4 Potenzreihen

In der angewandten Mathematik werden oft Potenzreihenentwicklungen von Funktionen benötigt. Mithilfe solcher Reihenentwicklungen können komplizierte Funktionen angenähert und vereinfacht beschrieben werden.

Solche Entwicklungen von Hand zu berechnen, bedeutet oft einen erheblichen Aufwand. Mit Sympy wird eine solche Reihe schnell berechnet, in dem man auf eine Funktion f(x) die Methode series(x,xo,n) anwendet. Dabei ist x die Variable, nach der die Reihenentwicklung vorgenommen werden soll, xo ist der Entwicklungspunkt und n gibt an, wie viele Terme zu berechnen sind. Das Ergebnis enthält alle Potenzen, die kleiner als n sind.

In dem folgenden Beispiel werden zwei Reihenentwicklungen berechnet. Das Ergebnis stimmt – wie zu erwarten – mit den Entwicklungen überein, die in mathematischen Handbüchern enthalten sind.

```
>>> x = Symbol('x')
>>> exp(x).series(x,0,5)
1 + x + x**2/2 + x**3/6 + x**4/24 + O(x**5)
>>> sin(x).series(x,0,9)
x - x**3/6 + x**5/120 - x**7/5040 + O(x**9)
```

Die Symbole O() – auch O-Notation oder Landau-Symbole genannt – deuten auf den Rest der – im Prinzip – unendlichen Reihe hin. Mit der Funktion pprint() können die Ergebnisse, ebenso wie andere komplexe Ausdrücke in Sympy, etwas gefälliger dargestellt werden:

```
>>> y = sin(x).series(x,0,9)
>>> pprint(y)

     3     5      7
    x     x      x
x - -- + ---- - ----- + O(x**9)
    6    120    5040
```

7.5 Matrizenrechnung – lineare Algebra

Auch mit Matrizen kann in Sympy gerechnet werden. Eine Matrix wird durch den Konstruktor *Matrix()* erzeugt.

```
>>> x,y = symbols('x y')
>>> A = Matrix([[1,x],[y,2]])
>>> print A
[1, x]
[y, 2]
```

Die Erzeugung der Matrix geschieht zeilenweise, wobei jede Zeile durch eine Liste der Matrizenelemente gebildet wird. Auf die Elemente der Matrix kann über Indizes zugegriffen werden. Der erste Index einer Spalte oder Zeile ist 0. Auf das Symbol y in der Matrix A kann also mit A[1,0] zugegriffen werden.

Nach der Erzeugung einer Matrix können folgende Operationen ausgeführt werden:

```
>>> A.inv()
[x*y/(-x*y + 2) + 1, -x/(-x*y + 2)]
[     -y/(-x*y + 2),  1/(-x*y + 2)]
>>> A.det()
-x*y + 2
>>> A.T
[1, y]
[x, 2]
```

A.T ist die transponierte Matrix von A, die in der Mathematik als A^T bezeichnet wird. Mit *A.inv()* kann die inverse Matrix A^{-1} berechnet werden. *A.det()* berechnet die Determinante der Matrix. Matrizen können entweder nur aus Zahlen, nur aus Symbolen oder – wie im obigen Beispiel – aus einem Gemisch aus Zahlen und Symbolen bestehen.

Bestimmte Matrizentypen werden häufiger gebraucht. Beispielsweise die quadratische Einsmatrix, deren Diagonalelemente 1 und deren sonstige Elemente 0 sind. Diese Matrix wird – wie im folgenden Beispiel gezeigt wird – durch die Methode *eye(n)* erzeugt, wobei n die Anzahl der Zeilen und Spalten bedeutet. Die Nullmatrix besteht nur aus Nullen, sie wird durch die Methode *zeros((n,m))* generiert. Diese Matrix kann auch eine rechteckige Matrix sein. Die Zahl n bedeutet die Anzahl der Zeilen und m die Anzahl der Spalten. Beachten Sie, dass n und m als Tupel (n,m) übergeben werden müssen.

```
>>> Eins = eye(3)
>>> print Eins
[1, 0, 0]
[0, 1, 0]
[0, 0, 1]
>>> Null = zeros((3,4))
>>> print Null
[0, 0, 0, 0]
[0, 0, 0, 0]
[0, 0, 0, 0]
>>> E = ones((3,5))
>>> print E
[1, 1, 1, 1, 1]
[1, 1, 1, 1, 1]
[1, 1, 1, 1, 1]
```

Schließlich gibt es noch die Funktion *ones((n,m))*, mit der eine Matrix erzeugt wird, deren Elemente alle 1 sind. Die Bedeutung von n und m ist die gleiche wie bei der Funktion *zeros()*.

Vektoren werden wie Matrizen behandelt, die entweder aus einer Zeile oder aus einer Spalte bestehen. Für Vektoren sind die Methoden *dot()* und *cross()* definiert, mit denen das innere Produkt sowie das Kreuzprodukt berechnet werden kann.

```
>>> v1 = Matrix([1,2,3])
>>> v2 = Matrix([x,0,y])
>>> v3 = v1.dot(v2)
>>> v3
x + 3*y
>>> v4 = v1.cross(v2)
>>> v4
[2*y, 3*x - y, -2*x]
>>> v5 = Matrix([[x],[0],[y]])
>>> v5
[x]
[0]
[y]
```

Matrizenelemente können auch mithilfe einer beliebigen Funktion definiert werden, wie das folgende Beispiel zeigt. Der Konstruktor *Matrix()* erhält in diesem Fall drei Übergabeparameter: die Anzahl der Zeilen, die Anzahl der Spalten und den Namen der auszuführenden Funktion. Bei der Erzeugung eines jeden Matrizenelementes A[i,j] wird die Funktion aufgerufen und die Indizes i und j dieses Elements werden als Parameter an die Funktion übergeben.

```
>>> def funk(i,j):
        return (i+1)*(j+1)

>>> A = Matrix(3,4,funk)
>>> A
[1, 2, 3,  4]
[2, 4, 6,  8]
[3, 6, 9, 12]
```

7.6 Die Datentypen Rational und Float

In Sympy sind zwei weitere Datentypen zur Darstellung von Zahlen definiert: *Rational und Float*. Der Rational-Datentyp definiert und verarbeitet Brüche (rationale Zahlen). Der folgende Shell-Dialog zeigt einige grundlegende Sachverhalte.

```
>>> a = Rational(1,5)
>>> a
1/5
>>> a+a
2/5
>>> a**2
1/25
>>> 1/a
5
>>> a**8
1/390625
>>> b = Rational(2,3)
>>> b
2/3
>>> a*b
2/15
>>> c=a*b
>>> c.evalf()                        #1
0.133333333333333
>>> c.evalf(30)                      #2
0.133333333333333333333333333333
>>> 3*c
2/5
```

Zwischen Zahlen von Rational-Typ sind die üblichen arithmetischen Operatoren implementiert. Sympy erzeugt einen Bruch durch den Aufruf von

Rational(Zaehler,Nenner)

Bei allen Operationen mit diesem Datentyp werden als Ergebnis wiederum rationale Zahlen erzeugt. Die Funktion evalf() überführt einen Bruch in eine Zahl vom Typ *Float* (#1). Dieser Datentyp muss von dem in Python vordefinierten Standardtyp *float* unterschieden werden, denn optional kann als Parameter die Anzahl der Dezimalstellen des Ergebnisses übergeben werden (#2). Der Datentyp *Float* weist also eine „einstellbare" Genauigkeit auf.

7.7 Nützliche Ergänzungen

Sympy ist derartig umfangreich, dass man ein eigenes Buch darüber schreiben könnte. Da hier nur eine kurze Einführung beabsichtigt ist, beschließen wir das Kapitel jetzt mit der Beschreibung einiger nützlicher Funktionen und Methoden.

s.expand()
Die Methode expand() rechnet einen mathematischen Ausdruck s aus. Die Anwendung wird in dem folgenden Beispiel gezeigt.

```
>>> x,y = symbols('x y')
>>> ((x+2*y)**3).expand()
x**3 + 6*x**2*y + 12*x*y**2 + 8*y**3
```

together()
Die Funktion together() fasst zwei Ausdrücke zusammen. Die Anwendung wird nachfolgend gezeigt:

```
>>> x,y,a,b = symbols("x y a b")
>>> together(a/x + b/y)
(a*y + b*x)/(x*y)
```

sympify(s)
Die Funktion sympify(s) überführt einen vorgegebenen String s in einen symbolischen Ausdruck und gibt diesen zurück. In dem folgenden Beispiel wird eine Zeichenkette vom Benutzer eingegeben und anschließend in einen Sympy-Ausdruck umgewandelt.

```
y = raw_input("Bitte eine Funktion angeben: ")
print y, type(y)                                    #1
y = sympify(y)
print y, type(y)                                    #2
```

Direkt nach der Eingabe ist die Variable y vom Typ Zeichenkette bzw. String (#1). Nach der Behandlung mit *sympify()* ist y ein äquivalenter symbolischer Ausdruck (#2).

s.subs(x,y)
Die Methode subs() substituiert im mathematischen Ausdruck s die Variable x durch den Ausdruck y. Im folgenden Beispiel wird das demonstriert.

```
x,y = symbols("x y")
f = (x+y)**3                      #1
print f                           #2
g=f.subs(x,2*y)                   #3
print g                           #4
```

Das Programm ergibt die Ausgabe:

```
>>>
(x + y)**3
27*y**3
```

In diesem Programm wird die Funktion f = (x+y)**3 erzeugt und ausgegeben (#1,#2) und anschließend die Variable x durch 2*y ersetzt (#3). Das Ergebnis ist 27*y**3 (#4).

Geometrie

Sympy bietet Funktionen zum Erzeugen und Manipulieren von elementaren geometrischen Elementen wie z.B. Punkte, Linien und Kreise. Es gibt eine Vielzahl vorgefertigter Funktionen zum Aufsuchen von Schnittpunkten, dem Ermitteln von Winkeln usw.

```
>>> from sympy import *
>>> p1 = Point(0,0)              #1
>>> p2 = Point(5,0)              #2
>>> p3 = Point(0,5)              #3
>>> L1 = Line(p1,p2)             #4
>>> L2 = Line(p1,p3)             #5
>>> print p2                     #6
Point(5, 0)
>>> print L2                     #7
Line(Point(0, 0), Point(0, 5))
>>> intersection(L1,p2)          #8
[Point(Integer(5), Zero)]
>>> intersection(L1,L2)          #9
[Point(Zero, Zero)]
>>> L1.angle_between(L2)         #10
pi/2
>>> c1 = Circle(p2,3)            #11
>>> print c1
Circle(Point(5, 0), 3)
>>> intersection(c1,L1)          #12
[Point(Integer(2), Zero), Point(Integer(8), Zero)]
>>>
```

Diskussion:

- Mit den Punkt-Konstruktoren *Point()* werden Punkte im kartesischen Koordinatensystem erstellt (#1,#2,#3). Hierzu müssen an *Point()* zwei Zahlen (x- und y-Komponente) übergeben werden.

- Eine Linie wird mittels des *Line()*-Konstruktors erzeugt. Zwei Punkte p1 und p2 legen eine Linie fest, die mittels *Line(p1,p2)* erzeugt wird (#4,#5). Die Linie muss von einer Geraden unterschieden werden, die bei p1 beginnen und bei p2 enden würde.

- Die vorher definierten Objekte können mit print ausgegeben werden (#6,#7).

- Schnittpunkte zwischen geometrischen Elementen können mit der *intersection()*-Funktion ermittelt werden. Da der Punkt p2 zur Definition der Linie L1 verwendet wurde, liegt er auf dieser Linie (#8). Der Schnittpunkt zwischen den beiden Linien L1 und L2 ist der Nullpunkt (#9).

- Mit der Methode *angle_between()* kann ein Winkel zwischen Linien ermittelt werden. Im vorliegenden Fall ist der Winkel 90 Grad (#10).

- Ein Kreis kann mithilfe des Konstruktors *Circle()* erstellt werden, wobei ein Punkt als Mittelpunkt sowie eine Zahl als Radius übergeben werden muss (#11). Die Ermittlung der Schnittpunkte mit einer Linie ergibt zwei Lösungen (#12).

Aufgaben

Aufgabe 7.1

Schreiben Sie ein Programm, das es dem Benutzer erlaubt, eine mathematische Funktion mittels *raw_input()* einzugeben. Anschließend soll die Funktion sowohl differenziert als auch integriert werden.

Aufgabe 7.2

Berechnen Sie die Ableitungen der folgenden Funktionen:

$$f(x) = \arctan(x)$$
$$g(x) = \sinh(x)$$

Aufgabe 7.3

Berechnen Sie die Potenzreihenentwicklung der folgenden Funktion bis zum 5. Term:

$$f(x) = \ln(\frac{1+x}{1-x})$$

Aufgabe 7.4

Das folgende uneigentliche Integral soll berechnet werden:

$$\int_0^\infty e^{-x^2} dx$$

Aufgabe 7.5

Gegeben sei das folgende lineare Gleichungssystem:

$$1*x+0*y+2*z=1$$
$$-1*x+2*y+1*z=3$$
$$1*x+1*y+2*z=3$$

Berechnen Sie die Lösung u = $[x,y,z]^T$ mittels der Matrizenrechnung. Hinweis: In Kapitel 5 wurde gezeigt, wie die Aufgabe mittels *Numpy* gelöst werden kann.

Aufgabe 7.6
Berechen Sie die Ausdrücke $(x+y)^n$ für n=2,3,4,5 unter Benutzung einer Programmschleife.

Aufgabe 7.7
Für die folgende Matrix A soll die Determinante D berechnet werden.

$$M=\begin{bmatrix} x & y & -x \\ y & -x & y \\ 1 & x & 1 \end{bmatrix}$$

Lösungen

Lösung 7.1
Da mittels raw_input() nur eine Zeichenkette eingegeben werden kann (#1), verwenden wir die Funktion sympify(), um diesen String in einen symbolischen Ausdruck umzuwandeln (#2). Anschließend wird der Ausdruck differenziert (#4) und integriert (#5). Dabei ist zu beachten, dass der Benutzer x als Namen benutzt, weil nach dieser Variablen später differenziert und integriert wird. Die Variable wird zuvor als Sympy-Variable definiert (#3).

```
y = raw_input("Bitte eine Funktion angeben: ")        #1
y = sympify(y)                                        #2
x = Symbol('x')                                       #3
D = diff(y,x)                                         #4
print "Die Ableitung ist: ", D
I = integrate(y,x)                                    #5
print "Das Integral ist: ", I
```

Eine beispielhafte Ausführung dieses Programms ist:

```
>>>
Bitte eine Funktion angeben: sin(x)*cos(x)
Die Ableitung ist:  -sin(x)**2 + cos(x)**2
Das Integral ist:  sin(x)**2/2
>>>
```

Lösung 7.2
Sympy benennt die mathematischen Funktionen mit den gleichen Namen wie im math-Modul.

```
x = symbols("x")
g = sinh(x)
f = atanh(x)
print "Die Ableitung von ", f, " ist: ", diff(f,x)
print "Die Ableitung von ", g, " ist: ",diff(g,x)
```

Ausgabe:

```
Die Ableitung von  atanh(x)  ist:  1/(-x**2 + 1)
Die Ableitung von  sinh(x)  ist:  cosh(x)
```

Lösung 7.3

Wir entwickeln die Funktion um den Punkt x=0 bis zum 5. Term (n=6).

```
x = Symbol("x")
f = log((1+x)/(1-x))
print "Die Reihenentwicklung von ", f, " ist: "
print f.series(x,0,6)
```

Ausgabe:

```
Die Reihenentwicklung von  log((x + 1)/(-x + 1))  ist:
2*x + 2*x**3/3 + 2*x**5/5 + O(x**6)
```

Lösung 7.4

Die Integrationsgrenzen sind 0 sowie die Zeichenfolge oo zur Darstellung von „unendlich".

```
x = Symbol("x")
f = exp(-x**2)
L = integrate(f,(x,0,oo))
print L
```

Ausgabe:

```
pi**(1/2)/2
```

Lösung 7.5

Zunächst schreiben wir das oben abgebildete Gleichungssystem in Matrizenform:

$$A*u = b$$

Im Programm wird zunächst die Matrix A definiert (#1), anschließend der Vektor b der rechten Seite (#2). Im dritten Schritt (#3) wird die Matrix A invertiert, um danach (#4) den Vektor u berechnen zu können:

$$u = A^{-1} * b$$

```
A = Matrix([[1,0,2],[-1,2,1],[1,1,2]])                #1
b = Matrix([1,3,3])                                   #2
Ainvers = A.inv()                                     #3
u = Ainvers*b                                         #4
print "Der Loesungsvektor (x,y,z) ist: "; print u
```

Ausgabe:

```
Der Loesungsvektor (x,y,z) ist:
[1]
[2]
[0]
```

Lösung 7.6

Nach der Erzeugung des Ausdrucks als Funktion f(x,y,n) in Zeile (#1) verwenden wir die *expand()*-Methode zur Erweiterung des Ausdrucks (#2).

```
x,y = symbols("x y")
for n in 2,3,4,5:
    f = (x+y)**n                    #1
    print f, " = ", f.expand()      #2
```

Ausgabe:

```
(x + y)**2  =  x**2 + 2*x*y + y**2
(x + y)**3  =  x**3 + 3*x**2*y + 3*x*y**2 + y**3
(x + y)**4  =  x**4 + 4*x**3*y + 6*x**2*y**2 + 4*x*y**3 + y**4
(x + y)**5  =  x**5 + 5*x**4*y + 10*x**3*y**2 + 10*x**2*y**3 + 5*x*y**4 + y**5
```

Lösung 7.7

Nach der Erzeugung der Matrix (#1) wird die Determinante berechnet (#2). In Zeile (#3) wird diese ausgegeben.

```
x,y = symbols("x y")
A = Matrix([[x,y,-x],[y,-x,y],[1,x,1]])#1
D = A.det()                           #2
print "Die Determinante ist: "
print D                               #3
```

Ausgabe:

```
Die Determinante ist:
-2*x**2*y - 2*x**
```

8 3D-Grafik mit VPython

In diesem Kapitel wird das Python-Erweiterungsmodul Visual-Python bzw. VPython vorgestellt. Mit VPython können interaktive und animierte 3D-Szenen erzeugt werden.

Dreidimensionale computergrafische Modelle können zum Beispiel dazu benutzt werden, CAD-Modelle darzustellen (CAD: Computer Aided Design), oder physikalische Vorgänge durch Simulation zu visualisieren. In diesem Kapitel wird in das Modul *Visual-Python* oder kurz *VPython* eingeführt, mit dem der Programmierer auf einfache Weise dreidimensionale Objekte erzeugen kann. Anschließend können die so erzeugten Modelle betrachtet werden, in dem der Benutzer des Programms mithilfe der Maustasten dynamisch durch die Szene navigiert. Auch Computerspiele können mit VPython realisiert werden.

VPython ist wirklich eine *"pythonische"* Lösung: so einfach und übersichtlich, dass selbst ein Programmieranfänger ansprechende dreidimensionale Szenen erzeugen kann. Deshalb ist das Motto von VPython "3D Programmierung für Normalsterbliche" (engl. 3D Programming for ordinary mortals). Häufig wird dieses Erweiterungspaket auch mit *Visual* bezeichnet. In diesem Buch soll aber der Begriff *VPython* benutzt werden, weil Visual-Python auch noch der Name einer Entwicklungsumgebung ist. Dies kann zu Missverständnissen führen.

8.1 Hinweise zur Installation

Da *VPython nicht* zum Standardumfang von Python gehört, muss die Software zunächst heruntergeladen und installiert werden. Die VPython-Homepage mit Hinweisen zur Lizenz dieses Moduls ist unter der folgenden Webadresse zu finden:

http:// vpython.org

Dort gibt es auch eine Download-Seite. Wenn Sie unter MS-Windows arbeiten, können Sie die Installationsdateien mit einer Anleitung im PDF-Format von der folgenden Webadresse herunterladen:

http://mbi-wiki.uni-wuppertal.de/python/python-buch/

Die Programmversion, die in diesem Buch verwendet wird, ist VPython 5.72.

Hinweis

Statt der Entwicklungsumgebung IDLE sollten Sie die folgenden Beispiele mit der Entwicklungsumgebung *VIDLE* erstellen und testen. VIDLE ist speziell für die Programmierung mit VPython erstellt worden. Nach der Installation von VPython sollten Sie das Icon zum Programmstart im Startmenü vorfinden. Am besten legen Sie eine Verknüpfung auf dem Desktop mit dem Namen *VIDLE* an.

8.2 Szenen

In VPython gibt es eine Reihe vordefinierter Grundkörper. Das folgende Programm erzeugt einen Quader bzw. einen Würfel durch Erzeugung eines Objektes der Klasse *box*. Dieses Objekt wird nach dem Programmstart in einem separaten Grafikfenster dargestellt (Abbildung 8.1). Wir nennen eine solche Darstellung eine *Szene*. Wenn Sie den Cursor in diesem Fenster platzieren, dann können Sie sich um diese Szene herumbewegen, in dem Sie die rechte Maustaste gedrückt halten und dabei die Maus ziehen. Halten Sie dagegen die rechte und die linke Maustaste gleichzeitig gedrückt, dann kann die Szene vergrößert oder verkleinert werden (zoomen). Die Position des Körpers bleibt dabei unverändert, lediglich das Sichtfenster wird verändert.

```
from visual import *
box()
```

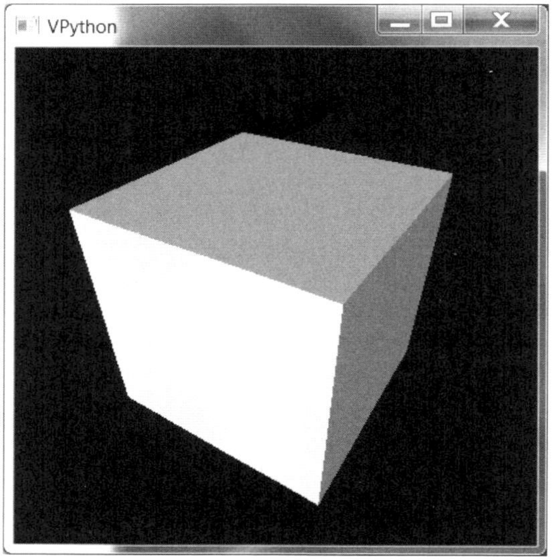

Abb 8.1 Quader im Grafikfenster

Mit VPython kann also eine einfache 3D-Szene mit nur zwei Programmzeilen erstellt werden!

Merke

Um die Ansicht zu drehen, müssen Sie den Cursor in das 3D-Grafikfenster platzieren und gleichzeitig die Maus mit gedrückter rechter Maustaste bewegen.
Das Vergrößern oder das Verkleinern der Szene (Zoomen) wird durch gleichzeitiges Drücken der linken und der rechten Maustaste möglich.

Ein etwas komplexeres Programm soll nachfolgend betrachtet werden. Mit ihm wollen wir die wichtigsten Grundkörper, die VPython bereit hält, visualisieren.

```
from visual import *                              #1

scene.width = scene.height = 600                  #2
scene.background = color.white                    #3
scene.title = "Grundkoerper und Text"             #4
scene.autocenter = True                           #5

b = box(pos=vector(0,3,0))                        #6
s = sphere(pos=vector(3,3,0))                     #7
c = cylinder(pos=vector(6,3,0))                   #8
a = arrow(pos=vector(0,0,0))                      #9
co = cone(pos=vector(3,0,0))                      #10
e = ellipsoid(pos=vector(6,0,0))                  #11
h = helix(pos=vector(0,-3,0))                     #12
r = ring(pos=vector(3,-3,0))                      #13
p = pyramid(pos=vector(6,-3,0))                   #14
t = text(text="Hallo",pos=vector(0,-6,0))         #15
```

Die Ausgabe dieses Programms ist in Abbildung 8.2 dargestellt. Zunächst muss der Modul *visual* (also VPython) importiert werden (#1). In den nachfolgenden Programmen wird diese Zeile weggelassen. Fügen Sie diese - wenn notwendig - hinzu.

Zur Beeinflussung der 3D-Szene gibt es mehrere Attribute. Die Attribute *scene.width* und *scene.height* legen die Größe des Ausgabefensters in Pixeln fest. In diesem Fall werden horizontal wie vertikal 600 Bildpunkte vorgegeben (#2).

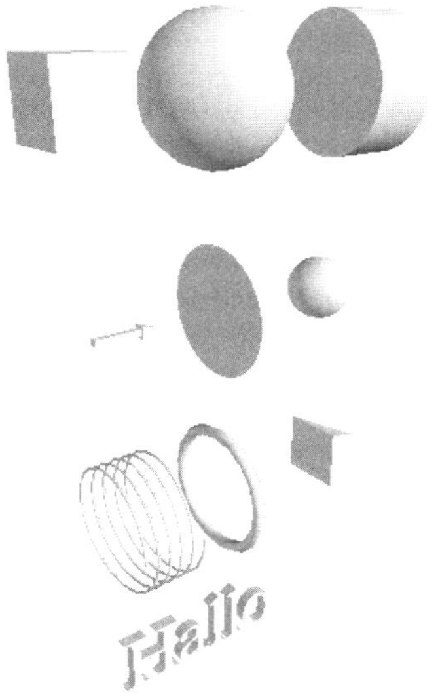

Abb 8.2 Grundkörper und Text in VPython

Der Hintergrund der Szenen ist standardmäßig schwarz. Die Farbe kann mit dem Attribut *scene.background* geändert werden. Hier wird ein weißer Hintergrund gesetzt (#3). Weitere Möglichkeiten sind: *color.blue, color.yellow, color.red* etc. Mit dem

Attribut *scene.title* kann ein Text vorgegeben werden, der als Titel des 3D-Ausgabefensters erscheint (#4). Um die ganze Szene in das Ausgabefenster einzupassen, kann das Attribut *scene.autocenter* auf *True* gesetzt werden (#5).

Die Grafik zeigt die folgenden Grundkörper: Quader (#6), Kugel (#7), Zylinder (#8), Pfeil (#9), Kegel (#10), Ellipsoid (#11), Helix (#12), Ring (#13) und Pyramide (#14). Hinzu kommt noch das Textobjekt, mit dem Texte in eine Szene eingebaut werden können (#15). Mit dem Parameter *pos* wird die Position der Objekte festgelegt. Jedes Objekt wird einer Variablen zugewiesen (a,b,c,e,r usw.). Über diese Namen kann das Objekt später angesprochen werden.

Das nachfolgende Beispiel zeigt, wie *zwei Szenen* mit *verschiedenen* Grundkörpern erzeugt werden können. Gleichzeitig wird in diesem Programm den Körpern eine *Textur* zugeordnet. Eine Textur ist ein Bild, das auf der Oberfläche des Körpers dargestellt wird. Damit scheint der Körper aus einem bestimmten Material zu bestehen. Bedenken Sie, dass noch eine import-Anweisung eingefügt werden muss, damit das Programm lauffähig wird!

```
p=vector(0,0,0)                                #1
scene.title = "Quader"                         #2
scene.background = color.white                 #3
Szene2 = display(title="Kugel")                #4
Szene2.background = color.yellow               #5
scene.select()                                 #6
a = box(pos=p,material=materials.wood)         #7
Szene2.select()                                #8
b = sphere(pos=p,material=materials.marble)    #9
```

Das Programm erzeugt die folgenden *beiden* Ausgabefenster (Abb. 8.3).

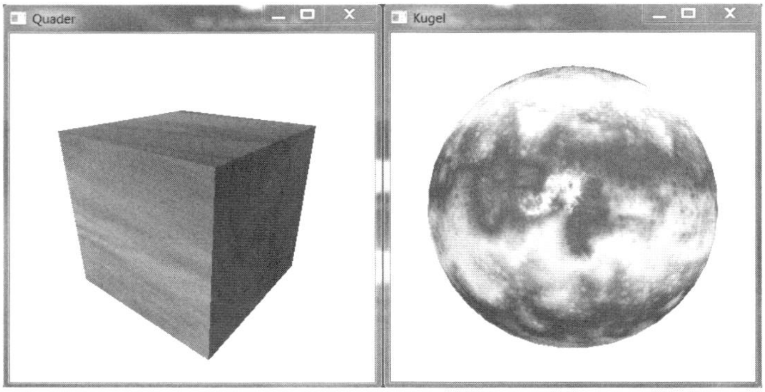

Abb 8.3 Zwei Szenen mit Texturen (Materialien)

Eine Szene namens *scene* ist vordefiniert. Wenn wir nur eine Szene darstellen wollen, brauchen wir sie nicht zu erzeugen. Diese Szene erhält den Titel "Quader" und eine weiße Hintergrundfarbe (#2,#3).

VPython enthält eine Klasse zur Darstellung von Vektoren. Mit der Zuweisung *p=vector(0,0,0)* wird einer Variablen p der Nullvektor zugewiesen (#1). Damit wird später der Ursprungspunkt der geometrischen Objekte festgelegt (#7,#9).

Neben dieser Standardszene können nun weitere Szenen erzeugt werden. Für jede Szene wird dann ein 3D-Ausgabefenster geöffnet. Mit der Funktion *display()* kann eine neue Szene eröffnet werden (#4). Gleichzeitig kann der Titel des Ausgabefensters angegeben werden. Die so erstellte Szene wird einer Variablen (hier: *Szene2*) zugewiesen, damit sie später über diese Variable angesprochen werden kann, um zum Beispiel ihre Hintergrundfarbe zu ändern (#5).

In welcher der beiden Szenen werden geometrische Objekte erzeugt oder manipuliert? Dies kann der Programmierer dadurch bestimmen, dass er eine Szene *zur aktiven Szene* bzw. zur 'Szene in Bearbeitung' macht. Hierzu dient die Methode *select().* Mit *scene.select()* wird also die Standardszene zur aktiven Szene (#6). Soll ein Objekt in der zweiten Szene erzeugt werden, so muss sie zuvor mit der Anweisung *Szene2.select()* aktiviert werden (#8).

Bei der Erzeugung der Grundkörper wird ein optionaler Parameter *material* angegeben. Der Quader bzw. der Würfel erscheint aus Holz gemacht, weil die Zuweisung *material = materials.wood* verwendet wurde (#7). Die Kugel im zweiten Ausgabefenster wurde mit einer Textur belegt (#9), die eine Oberfläche aus Marmor simuliert *(material = materials.marble).*

Einen Überblick über alle möglichen Texturen bzw. Materialien bietet das Demoprogramm *material_test.py*, das der Leser im Unterverzeichnis *examples* der VPython-Installation findet, z.B. in C:\Python26\Lib\site-packages\visual\examples. Abschließend soll noch kurz gezeigt werden, welche Szene sich ergibt, wenn der Befehl

sphere(material=materials.earth)

vor einem weißen Hintergrund der Szene ausgeführt wird. Die Kugel wird mit einem Bild unseres Heimatplaneten überzogen, das aus dem Weltraum aufgenommen wurde (Abb. 8.4). Beim Drehen der Szene mittels der rechten Maustaste entsteht das Gefühl, dass die Erde sich unter dem Betrachter hinweg dreht. Das ist gut für Raumfahrsimulationen geeignet.

Abb 8.4 Eine Kugel mit dem Bild der Erde als Textur

8.3 Grundkörper

Im vorigen Unterkapitel wurden verschiedene Grundkörper verwendet, ohne dass deren Größe und Orientierung explizit definiert wurde. Die Software verwendet in diesem Fall Standardeinstellungen (Default-Werte). In diesem Abschnitt wollen wir uns nun die einzelnen Körper genauer ansehen. Zur Definition dieser Körper wird ein globales kartesisches Koordinatensystem verwendet, das nachfolgend abgebildet ist.

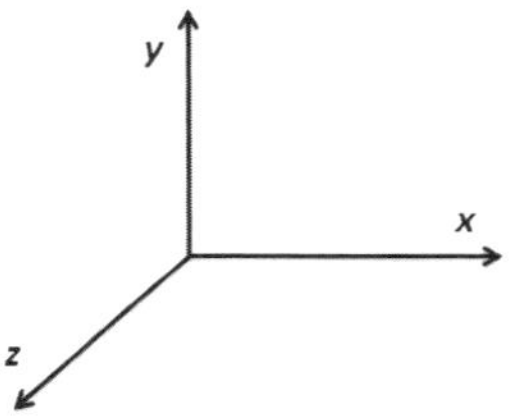

Abb 8.5 Das globale Koordinatensystem von VPython

Der Ursprungspunkt des Koordinatensystems befindet sich im Allgemeinen in der Mitte des Ansichtsfensters. Die x-Achse geht nach rechts, die y-Achse nach oben und die z-Achse steht senkrecht auf der x- und der y-Achse.

Wie in den vorigen Abschnitten schon erwähnt wurde, gibt es in VPython eine Klasse namens *vector*, die dazu dient, Orientierungspunkte und Richtungen zu definieren. Der folgende Codeabschnitt zeigt, wie Vektoren erzeugt und addiert werden können.

```
>>> from visual import *
>>> a = vector(1,2,3)
>>> b = vector(-1,0,4)
>>> c = a+b
>>> c
vector(0, 2, 7)
```

Jeder Grundkörper hat einen Orientierungspunkt sowie eine Ausrichtung, die durch eine Achse festgelegt wird. Die Länge der Achse legt zudem oft die Länge des Körpers fest (z.B. bei einem Zylinder). Der Orientierungspunkt wird durch den Parameter *pos* und die Achse durch den Parameter *axis* beschrieben. Der Orientierungspunkt liegt bei einem Zylinder, einem Pfeil, einem Kegel und einer Pyramide in einer Grundfläche. Bei einer Box, einer Kugel und einem Ring hingegen liegt dieser Punkt in der Mitte des Körpers. Im Folgenden wird beschrieben, wie die wichtigsten Grundkörper definiert werden.

box

Mit der Klasse box können Quader erzeugt werden. Die allgemeine Form ist:

***kiste = box(pos=(x0,y0,z0), axis=(a,b,c), ***
length=L, height=H, width=W, up=(q,r,s))

Dabei steht *kiste* für einen beliebigen Variablennamen. Statt *pos=vector(x0,y0,z0)* kann auch einfach *pos=(x0,y0,z0)* geschrieben werden. Entsprechendes gilt für die anderen Parameter. Der Parameter *pos* gibt den Mittelpunkt des Quaders an (siehe Abb. 8.6). Der Defaultwert hierfür ist (0,0,0). Mit dem Parameter *axis* kann der Quader ausgerichtet werden. Der Standardwert für *axis* ist (1,0,0) also in Richtung der x-Achse. Die Parameter *length, height* und *width* beschreiben die Länge, die Höhe und die Breite des Quaders. Als Defaultwert wird hier 1 verwendet. Schließlich kann noch ein weiterer Vektor *up* verwendet werden, der die Orientierung des Quaders beschreibt. Die Kante mit der Breite *width* liegt in einer Ebene senkrecht zu dem Vektor *up*. Wird der Vektor weggelassen, so liegt die Kante in der x-z-Ebene.

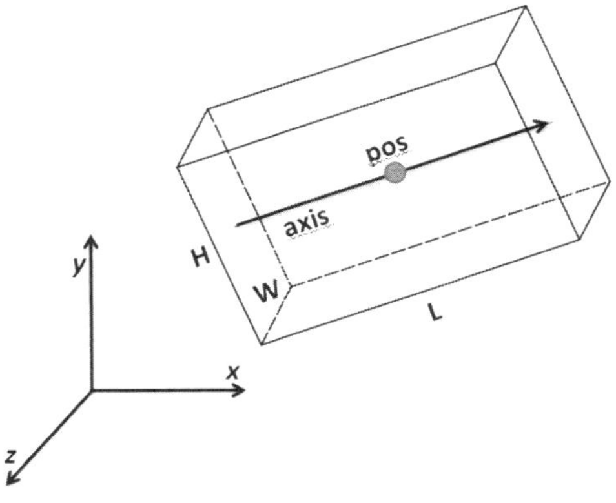

Abb 8.6 Grundkörper vom Typ *box*

cylinder

Mit der Klasse cylinder können zylinderförmige Körper erzeugt werden. Die allgemeine Form ist:

zylinder = cylinder(pos=(x0,y0,z0), axis=(a,b,c), radius=R)

Dabei steht *zylinder* für einen beliebigen Variablennamen. Der Parameter *pos* gibt den Bezugspunkt des Zylinders an (siehe Abb. 8.7). Dieser ist der Mittelpunkt einer Deckfläche. Der Defaultwert für *pos* ist (0,0,0). Mit dem Parameter *axis* kann der Zylinder ausgerichtet werden. Der Standardwert für *axis* ist (1,0,0), also in Richtung der x-Achse. Der Parameter *axis* legt auch die Länge des Zylinders fest. Schließlich wird noch der Radius des Zylinders angegeben.

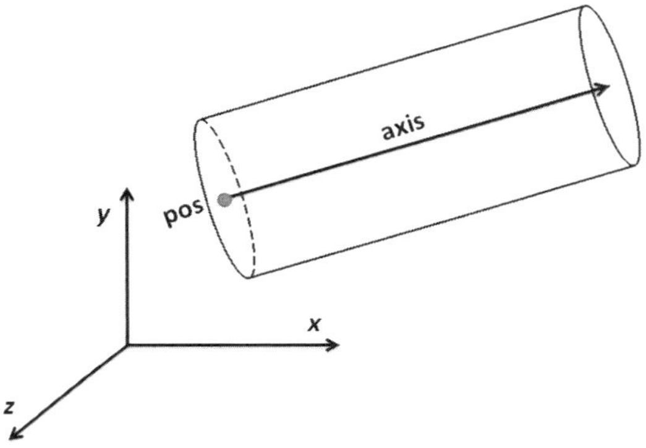

Abb 8.7 Grundkörper vom Typ *cylinder*

arrow

Mit der Klasse *arrow* können Pfeile erzeugt werden. Die allgemeine Form ist:

pfeil = arrow(pos=(x0,y0,z0), axis=(a,b,c))

Dabei steht *pfeil* für einen beliebigen Variablennamen. Der Parameter *pos* gibt den Bezugspunkt des Pfeils an. Dieser befindet sich - ähnlich wie beim Zylinder in der Mitte der Abschlussfläche des Schaftes. Der Defaultwert für *pos* ist (0,0,0). Mit dem Parameter *axis* kann der Pfeil ausgerichtet werden. Der Standardwert für *axis* ist (1,0,0) also in Richtung der x-Achse. Der Parameter *axis* legt auch die Länge des Pfeils fest. Mit dem folgenden Programm können die Achsen des Koordinatensystems durch Pfeile dargestellt werden. Die Ausgabe ist in Abb. 8.8 wiedergegeben.

```
scene.title="Koordinatensystem"
scene.background = color.white
x_achse = arrow(axis=(1,0,0),color=color.red)
y_achse = arrow(axis=(0,1,0),color=color.blue)
z_achse = arrow(axis=(0,0,1),color=color.cyan)
```

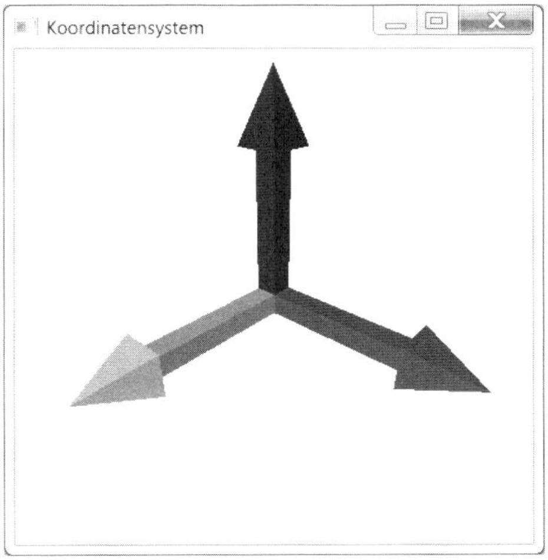

Abb 8.8 Pfeile (arrows) als Achsen eines Koordinatensystems

cone
Mit der Klasse *arrow* können kegelförmige Körper erzeugt werden. Die allgemeine Form ist:

kegel = cone(pos=(x0,y0,z0), axis=(a,b,c), radius=R)

Dabei steht *kegel* für einen beliebigen Variablennamen. Der Parameter *pos* gibt den Bezugspunkt des Kegels an. Dieser befindet sich - ähnlich wie beim Zylinder - in der Mitte der kreisförmigen Grundfläche. Der Defaultwert für *pos* ist (0,0,0). Mit dem Parameter *axis* kann der Kegel ausgerichtet werden. Der Standardwert für *axis* ist (1,0,0) in Richtung der x-Achse. Die Länge des Kegels wird durch die Länge von axis bestimmt.

curve
Mit *curve* wird eine Folge von Punkten durch gerade Linienstücke verbunden. Die allgemeine Form ist:

kurve = curve(pos=[(x0,y0,z0), (x1,y1,z1), (x2,y2,z2)....], radius=R)

Dabei steht *kurve* für einen beliebigen Variablennamen. Der Parameter *pos* enthält eine Liste von beliebig vielen Punkten. Diese Punkte werden durch Linienstücke verbunden. Schließlich wird noch ein Radius angegeben. Das folgende Programm erzeugt ein Viereck (siehe Abb. 8.9).

```
scene.title="Kurve aus Geradenstuecken"
scene.background = color.white
p = [(0,0,0),(0,1,0),(1,1,0),(1,0,0),(0,0,0)]
kurve = curve(pos=p,radius=0.1)
```

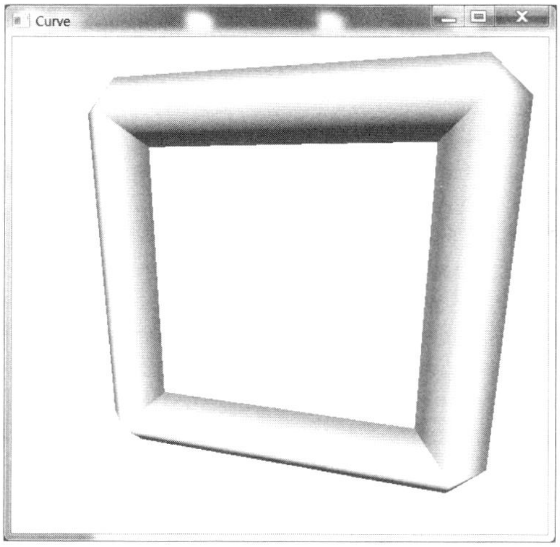

Abb 8.9 Ein viereckförmiger Körper

ellipsoid

Mit *ellipsoid* wird naheliegenderweise ein Ellipsoid erzeugt. Die allgemeine Form ist:

elli = ellipsoid(pos=(x0,y0,z0),axis=(a,b,c),length=L,height=H,width=W)

Die Parameter sind vergleichbar zu jenen der box-Objekte. Der Bezugspunkt ist *pos*, *axis* legt die Richtung fest und *L, H* und *W* entsprechen respektive der Länge, Höhe und Breite des Ellipsoids. Das folgende Programm erzeugt ein Ellipsoid mit der Länge 1, der Höhe 0.3 sowie der Breite 0.6. Das Ergebnis zeigt die Abbildung 8.10.

```
scene.title = "Ellipsoid"
p=(0,0,0); a=(1,0,0)
elli = ellipsoid( pos=p, axis=a, length=1.0, height=0.3, width=0.6)
```

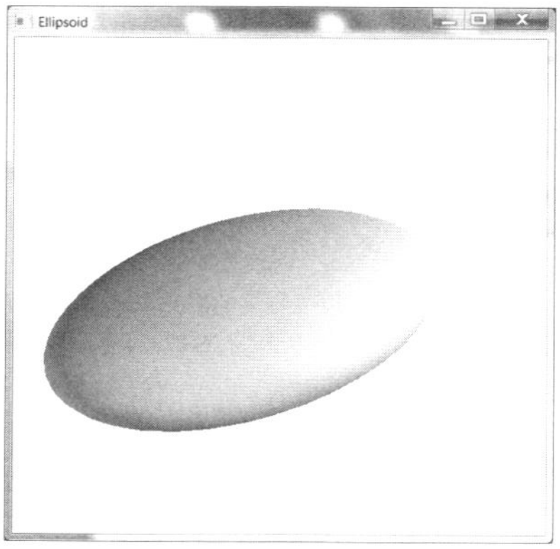

Abb 8.10 Ein Ellipsoid

helix

Mit *helix* wird eine zylindrische Spirale (Schraubenkurve) erzeugt. Die allgemeine Form ist:

feder = helix(pos=(x0,y0,z0), axis=(a,b,c), radius=R, coils=C, thickness=T)

Dabei steht *feder* für einen beliebigen Variablennamen. Der Bezugspunkt ist *pos* und *axis* legt die Richtung und die Länge fest. Der Radius der zylindrischen Spirale ist *R* und *T* legt die Dicke der Kurve fest (Standardwert T=R/20). Die Anzahl der Windungen ist *C* (Defaultwert: 5). Das folgende Programm erzeugt eine Helix mit 6 Windungen und einer Gesamtlänge von 6 Einheiten. Der Durchmesser ist 4, die Dicke ist 0.4. Diese Schraubenkurve ist vertikal ausgerichtet.

```
scene.title = "Helix"
p=(0,0,0); a=(0,6,0)
feder=helix(pos=p,axis=a,radius=2,coils=6,thickness=0.4)
```

Abb 8.11 Eine Schraubenkurve (Helix)

pyramid

Mit *pyramid* wird eine Pyramide erzeugt. Die allgemeine Form ist:

gizeh = pyramid(pos=(x0,y0,z0), axis=(a,b,c), size=(L,H,W))

Dabei steht *gizeh* für einen beliebigen Variablennamen. Der Bezugspunkt *pos* befindet sich in der Mitte der rechteckigen Grundfläche, axis gibt die Ausrichtung der Pyramide an und size legt die Länge L, die Höhe H und die Breite W fest.

```
scene.title = "Pyramide"
p = (0,0,0); a = (0,1,0)
gizeh = pyramid(pos=p,size=(8,6,4),axis=a)
scene.background = color.white; scene.autocenter = True
```

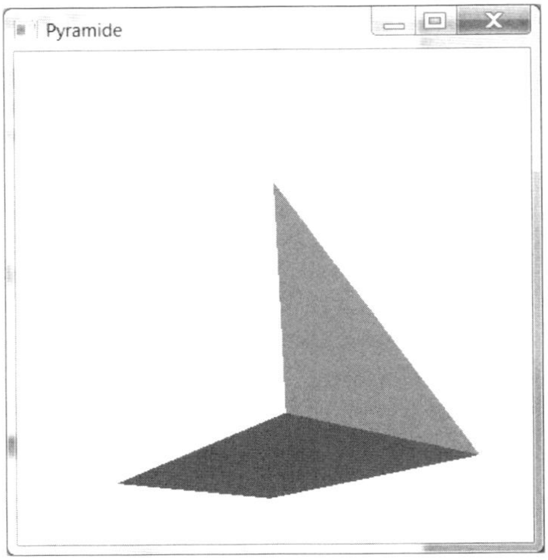

Abb 8.12 Eine Pyramide

ring

Mit *ring* wird ein ringförmiger Körper (Torus) erzeugt. Die allgemeine Form ist:

torus = ring(pos=(x0,y0,z0), axis=(a,b,c), radius=R, thickness=T)

Dabei steht *torus* für einen beliebigen Variablennamen. Über diesen Namen ist das erzeugte Objekt später ansprechbar. Die Bedeutung von *pos, axis, radius* und *thickness* zeigt die Abbildung 8.13. Der Innendurchmesser des Rings ist *Di* = *2*radius-thickness* und der Außendurchmesser ist *Da* = *2*radius+thickness*.

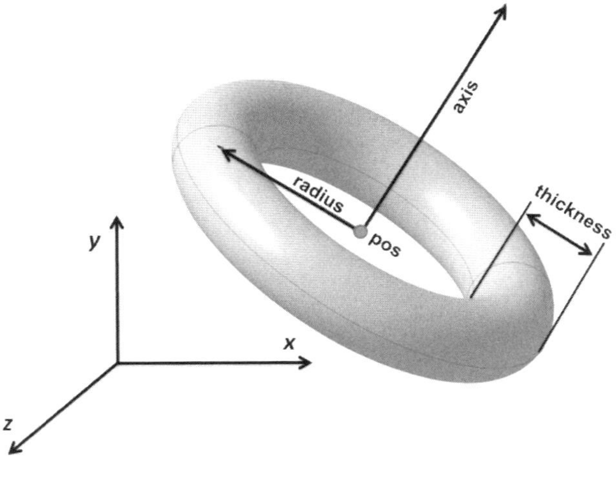

Abb 8.13 Grundkörper vom Typ Ring (Torus)

points

Mit dem Objekt *points* kann eine Folge von Punkten erzeugt werden. Dieses Objekt hat große Ähnlichkeit mit dem Curve-Objekt, die Punkte werden aber *nicht* durch einen Linienzug verbunden.

punkte = points(pos=[(x0,y0,z0), (x1,y1,z2),....],size=40, shape="square")

Die Liste *pos* enthält die Koordinaten der Punkte. Punkte können als Kugeln oder als Würfel dargestellt werden. Dies wird durch das Attribut *shape* gesteuert. Der Defaultwert hierfür ist "round". Die Größe der Punkte wird durch den Parameter *size* festgelegt. Er wird standardmäßig in Pixeln gemessen. Der Standardwert ist 5*5 Pixel für einen Würfel bzw. einen einhüllenden Würfel, wenn der Punkt als Kugel dargestellt wird. Der maximale Wert für die Größe eines Punktes ist 50. Wenn Sie größere Werte vorgeben, wird das Objekt nicht mehr vergrößert.

Der Name *punkte* steht für einen beliebigen Variablennamen. Über diesen Namen kann das Objekt später angesprochen werden. Das folgende Beispiel zeigt einen Würfel, an dem vier seiner Eckpunkte mit *points* markiert werden. Die Abbildung 8.14 zeigt das Ergebnis: auf vier Eckpunkten des Würfels wurden Punkte mit *points* erzeugt.

```
scene.background = color.white
scene.title = "Points"
scene.autocenter = True

Kasten = box(pos=(0.5,0.5,0.5),size=(1,1,1))
p = [(0,0,0),(0,1,0),(1,1,0),(1,0,0)]
MeinePunkte  = points(pos=p,size=50,color=color.red)
```

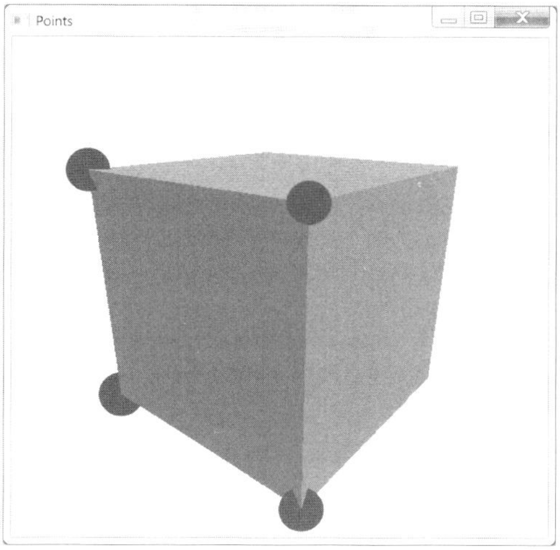

Abb 8.14 Punkte (points) auf einem Würfel

8.4 Faces

Mit *Faces* können Flächen beschrieben werden. Im einfachsten Fall handelt es sich dabei um eine einzelne Dreiecksfläche. Kompliziertere Flächen werden durch einen *Verbund von Dreiecksflächen* beschrieben. Diese Flächen sind nur sehr schwer und umständlich von Hand zu erzeugen. In den meisten Fällen wird ein solches Dreiecksnetz durch ein Computerprogramm erzeugt. Man spricht von *Triangulierung,* wenn eine glatte Fläche durch einen Verbund von Dreiecksflächen angenähert wird.

Die allgemeine Form zur Erzeugung eines solchen Objektes ist:

flaeche = faces(pos=Liste, color=color.farbe, normal)

wobei farbe aus der Liste [red, green, blue, ...] gewählt werden kann. Der Parameter pos besteht aus der Liste von Dreiecken. Für jedes Dreieck wird die x-, y-, und z-Koordinate der drei Eckpunkte angegeben. Der Parameter normal enthält die Normalenvektoren der Dreiecke. Dieser Vektor steht senkrecht auf der Dreiecksfläche. Der Programmierer muss diesen Parameter nicht unbedingt vorgeben. Mit dem Methodenaufruf

flaeche.make_normals()

können diese Vektoren auch von VPython berechnet werden. Die Voraussetzung hierfür ist, dass alle Dreiecke den gleichen Umlaufsinn haben (alle im Uhrzeigersinn umlaufend, oder im Gegenuhrzeigersinn). Der Normalenvektor wird von VPython bei der Berechnung der Beleuchtungseigenschaften benötigt. Wenn dieser Vektor in Richtung der Lichtquelle zeigt, erscheint die Dreiecksfläche am hellsten. Ist er aber von der Lichtrichtung weggerichtet, so erscheint die Fläche dunkler. Die Rückseite einer Fläche, die von der Lichtquelle beleuchtet wird, ist unsichtbar. Mit dem Methodenaufruf

flaeche.make_twosided()

wird ein zweites Objekt automatisch erzeugt, das in die entgegengesetzte Richtung gerichtet ist.

Beispiel
In dem folgenden Beispiel soll eine einfache Dreiecksfläche erstellt werden, die die Punkte P, Q und R verbindet. Diese Punkte liegen auf den Achsen des xyz-Koordinatensystems (siehe Abb. 8.15a). Das folgende Python-Programm erzeugt ein Achsensystem mit *arrow().* Die Achsen enden in den Punkten P, Q und R (#1,#2,#3). Die Variable s enthält die Liste der Dreieckspunkte (#4). Schließlich wird das Dreieck mit *faces()* erzeugt (#5), der Normalenvektor berechnet (#6) und mit der Methode *make_twosided()* die Rückseite beleuchtet (#7). Das Ergebnis ist in Abb. 8.15b dargestellt. Das vollständige Programm ist auch im Downloadbereich zu diesem Buch verfügbar.

```
scene.title="Dreieckflaeche mit faces"
scene.background = color.white
x_achse = arrow(axis=(2,0,0),color=color.red)             #1
```

```
y_achse = arrow(axis=(0,1,0),color=color.blue)          #2
z_achse = arrow(axis=(0,0,2),color=color.cyan)          #3
s = [(2,0,0),(0,1,0),(0,0,2)]                           #4
dreieck = faces(pos=p,color=color.yellow)               #5
dreieck.make_normals()                                  #6
dreieck.make_twosided()                                 #7
scene.autocenter = True
```

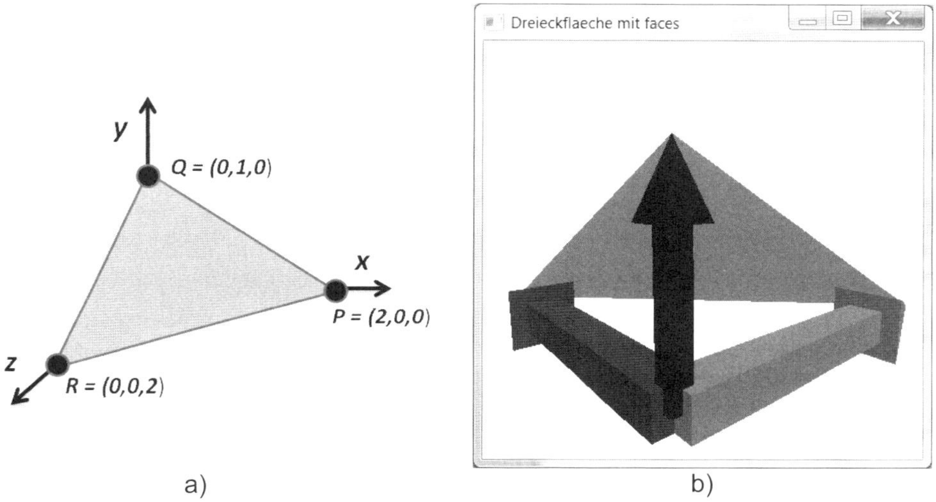

Abb 8.15 Eine mit *faces()* erzeugte Dreiecksfläche

Der Ursprungspunkt des Koordinatensystems befindet sich im Allgemeinen in der Mitte des Ansichtsfensters. Die x-Achse geht nach rechts, die y-Achse nach oben und die z-Achse steht senkrecht auf der x- und y-Achse.

STL-Dateien lesen und mit VPython darstellen

Bei dem Datenformat STL handelt es sich um eine so genannte Standard-Schnittstelle (engl. interface), die in vielen CAD und 3D-Grafikprogrammen vorhanden ist. Der Name leitet sich von den englischen Begriffen *Standard Tesselation Language* oder *Surface Triangulation Language* ab. Beide Begriffe meinen das Gleiche: Flächen werden durch eine Menge von Dreiecken näherungsweise beschrieben. Mit dieser Schnittstelle können Daten aus den CAD-Programmen an Rapid-Prototyping-Maschinen weitergegeben werden. Mittlerweile wird diese Schnittstelle auch für den Datenaustausch zwischen CAD-Programmen benutzt, wenn eine triangulierte Darstellung für die Darstellung eines Bauteils ausreicht. Der folgende Ausschnitt stellt den Anfang der STL-Datei *Pleuelstange.stl* dar, die mit dem CAD-Programm CATIA V5 erstellt wurde.

Zwischen zwei Einträgen *solid* und *endsolid* stehen beliebig viele Datenblöcke, die mit *facet* beginnen und mit *endfacet* enden. Jeder Datenblock stellt ein Dreieck dar. Die Eckpunkte dieses Dreiecks sind in den Zeilen enthalten, die das Wort *vertex* (engl. Punkt) enthalten. Hinter *vertex* stehen die x-, y- und z-Koordinaten des Punktes. Jeweils drei solcher Punkte definieren ein Dreieck. Auch der Normalenvektor ist vorhanden. Er steht hinter dem Eintrag *normal*.

```
solid CATIA STL
 facet normal -1.000000e+000 -0.000000e+000 0.000000e+000
  outer loop
   vertex -8.000000e+000 6.450752e+001 -5.118571e+000
   vertex -8.000000e+000 5.956407e+001 -9.142676e+000
   vertex -8.000000e+000 -2.803409e+001 -1.158971e+001
  endloop
 endfacet
..............
endsolid CATIA STL
```

Nachfolgend soll ein Programm angegeben werden, das die Koordinaten der Punkte der Dreiecke aus der STL-Datei liest. Der Normalenvektor kann von VPython nachträglich berechnet werden, wenn alle Dreiecke den gleichen Umlaufsinn haben. Dies wird bei dem Triangulierungsvorgang in den CAD-Programmen sichergestellt.

```
scene.width = 600
scene.height = 600
scene.background=color.white
scene.title = "Inhalt einer STL-Datei darstellen"

stl="Pleuelstange.stl"
Liste1 = open(stl,"r").readlines()                                          #1
Liste2 = [i.replace("vertex"," ") for i in Liste1 if i.find("vertex")>=0]   #2
del Liste1
Liste3 = [i.strip() for i in Liste2]                                        #3
del Liste2
Liste4 = [j.split() for j in Liste3]                                        #4
del Liste3
Liste5 = [ (float(k[0]),float(k[1]),float(k[2])) for k in Liste4]           #5
del Liste4
flaeche = faces(pos=Liste5, color=color.yellow)                             #6
flaeche.make_normals()                                                      #7
scene.autocenter = True
```

Die Programmierung erfolgt unter Ausnutzung der so genannten *List Comprehensions* (siehe Kapitel 3.6). Zunächst wird die Datei *Pleuelstange.stl* in die *Liste1* eingelesen (#1). Jedes Element dieser Liste entspricht einer Zeile der Datei und damit einem einzigen String. Aus der Liste1 wird die Liste2 erstellt, in die nur jene Zeilen übernommen werden, die das Wort *vertex* enthalten (#2). Dabei wird das Wort *vertex* durch ein Leerzeichen ersetzt und damit gelöscht. Anschließend wird aus dieser Liste eine Liste3 erzeugt, wobei eine Folge mehrerer Leerzeichen durch ein einziges ersetzt wird (#3). Im nächsten Schritt wird diese Liste in die Liste4 umgewandelt. Dabei wird jedes Element der Liste - d.h. jeder String - aufgeteilt bzw. aufgebrochen. Das geschieht an den Leerzeichen, welche die Koordinatenwerte trennen. Liste4 besteht damit aus Sublisten mit jeweils drei Elementen, welche die Koordinaten der Punkte enthalten (#4). Diese Sublisten bestehen aber noch aus Zeichenketten und können somit nicht numerisch weiterverarbeitet werden. Deshalb wird abschließend aus dieser Liste die Liste5 erzeugt, wobei die Elemente der Sublisten in Gleitpunktzahlen umgewandelt werden (#5). Schließlich wird mit *faces()* die Fläche dargestellt (#6) und anschließend die Normalenvektoren berechnet (#6). Im Downloadbereich zu diesem Buch befinden sich drei STL-Dateien, die Sie mittels dieses Programms darstellen können: *Kurbelwelle.stl, Pleuelstange.stl* und *Mondlander.stl*. Die Modelle sind in Abbildung 8.16 dargestellt. Wenn Sie Zugriff auf ein CAD-Programm haben, können Sie versuchen, eigene Modelle mittels der STL-Schnittstelle zu exportieren und diese anschließend mit VPython darzustellen.

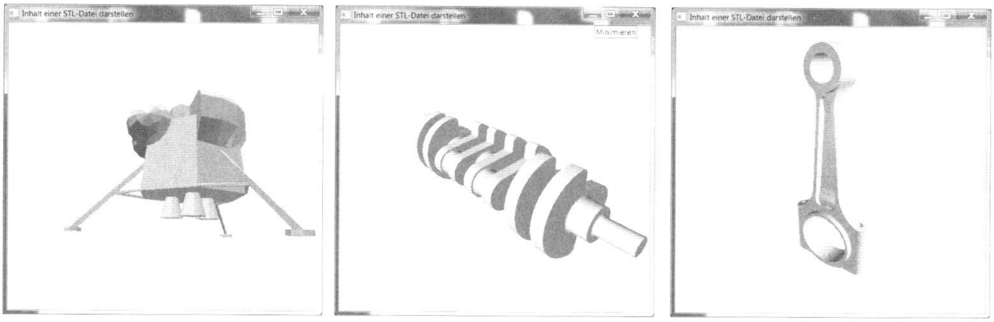

Abb 8.16 CAD-Modelle dargestellt mit VPython

8.5 Controls

Die Interaktion mit dem Benutzer ist in VPython über so genannte Controls möglich. Mithilfe dieser Benutzerschnittstelle kann der Programmierer *Buttons, Menüs, Schalter und Schieberegler* erzeugen. Durch die Betätigung dieser Elemente können dann komplexe Vorgänge in den Szenen gesteuert werden. Die Schalt- und Steuerelemente werden im Allgemeinen in einem eigenen Fenster, d.h. in einer eigenen Szene erzeugt. Potenziell können aber auch Controls und Geometrie in einer einzigen Szene erstellt werden.

Buttons

Nachfolgend wird die Erzeugung eines *Buttons* an einem Beispiel gezeigt. Das Programm erzeugt zwei Fenster bzw. Szenen (siehe Abb. 8.17).

Abb 8.17 Text (links) und ein Button im Control-Fenster (rechts)

Im linken Fenster erscheint ein Text. Das ist die Standardszene *scene*. Der Button wird dagegen in einem eigenen *Control*-Fenster ausgegeben. Das folgende Programm erzeugt die beiden Fenster.

```
from visual import *
from visual.controls import *

t = text( pos=(0,0), text="Hallo!" )                          #1
scene.autocenter = True                                       #2

def aendern():                                                #3
   if knopf.text == 'Bitte anklicken!':                       #4
      knopf.text = 'Nochmals anklicken!'                      #5
      t.text = "Hallo, Sie haben den Button angeklickt!"      #6
   else:
      knopf.text = 'Bitte anklicken!'                         #7

steuerung = controls()                                        #8
knopf = button( pos=(-20,0), width=150, height=60,            #9
   text='Bitte anklicken!', action=lambda: aendern() )        #10
```

Der Text im linken Fenster wird automatisch skaliert (#1,#2). Er erscheint in der Standardszene *scene*. Mit *button()* wird ein Objekt dieses Typs erzeugt und in einer Variablen namens *knopf* gespeichert (#9,#10). Das Attribut pos legt den Anfangspunkt des Buttons fest. Die Parameter *width* und *height* legen die Breite und die Höhe des Buttons fest. Gegebenenfalls muss die Breite an die Länge des Ausgabetextes angepasst werden (#9). Auf dem Button erscheint der Text "Bitte anklicken!" (#10). Der Button erscheint als Steuerelement automatisch in einem Control-Fenster. Streng genommen muss dieses Fenster nicht explizit erzeugt werden. Die Zeile (#8) kann deshalb auch weggelassen werden. Mit der Variablen *steuerung* kann jedoch später noch auf die Eigenschaften dieses Controls-Fensters zugegriffen werden (#8).

Wenn der Benutzer auf den Button klickt, wird die Funktion *aendern()* aufgerufen (#10). Diese Funktion muss vorab definiert worden sein (#3,#4,#5,#6,#7). Bei jedem Aufruf ändert diese Funktion die Beschriftung des Buttons. Es erscheint abwechselnd der Text "Bitte anklicken!" und "Nochmals anklicken!" (#5,#7). Bei ihrem ersten Aufruf ändert diese Funktion auch den Text in der Standardszene durch eine Zuweisung an *t.text* (#6). Damit beeinflusst der Button auch ein Element im Fenster *scene*. Der Programmierer kann nun beliebig viele Buttons im Control-Fenster arrangieren und damit unterschiedlichste Eigenschaften und Aktionen beeinflussen.

Menus

Nachfolgend wird die Erzeugung eines *Menu-Elementes* an einem Beispiel gezeigt. Das Beispielprogramm erzeugt zwei Fenster bzw. Szenen (siehe Abb. 8.18). Im linken Fenster (Standardfenster *scene*) wird ein Quader und eine Kugel dargestellt. Das rechte Fenster ist das Control-Fenster, in dem ein Auswahlmenü aufgeklappt erscheint. Der Benutzer soll mithilfe dieses Menüs die Farbe der Kugel in der Standardszene beeinflussen können.

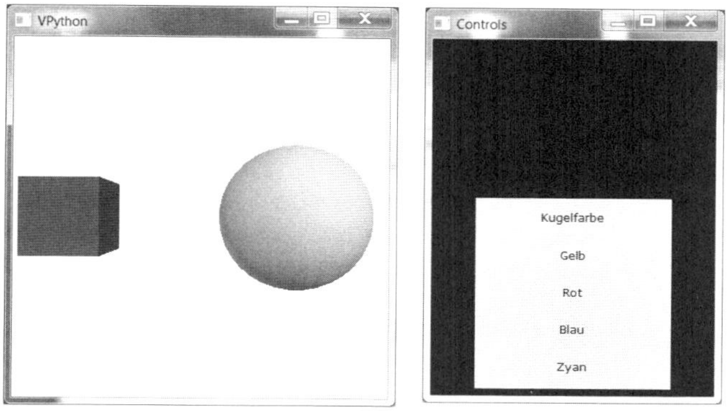

Abb 8.18 Quader und Kugel (links) und ein Menu im Control-Fenster (rechts)

```
from visual import *
from visual.controls import *

b = box(pos=vector(0,0,0),color=color.red)                      #1
s = sphere(pos=vector(3,0,0),color=color.cyan)                  #2
scene.background = color.white                                  #3
scene.autocenter = True                                         #4

def farbe(color):                                               #5
   s.color=color                                                #6

m = menu(pos=(0,0,0), height=20, width=100,text='Kugelfarbe')   #7
m.items.append(('Gelb', lambda: farbe(color.yellow)))           #8
m.items.append(('Rot', lambda: farbe(color.red)))               #9
m.items.append(('Blau', lambda: farbe(color.blue)))             #10
m.items.append(('Zyan', lambda: farbe(color.cyan)))             #11
```

Zunächst werden ein Quader und eine Kugel erzeugt. Zur Erstellung werden die Defaultwerte verwendet. Die Kugel wird jedoch um drei Einheiten in Richtung der positiven x-Achse verschoben (#2), damit sich ihre Geometrie nicht mit der des Quaders überlappt. Der Hintergrund des Fensters wird in weißer Farbe dargestellt (#3) und die Szene wird automatisch skaliert (#4).

Das Auswahlmenü wird automatisch im Control-Fenster platziert, es muss deshalb nicht explizit erzeugt werden (#7). Die Parameter *pos, height* und *width* steuern die Lage, die Höhe und die Breite des Menus im geschlossenen, eingeklappten Zustand. Der Parameter *text* legt die Beschriftung des Menus fest. Die nachfolgenden Zeilen *m.items.append()* fügen nun die Einträge hinzu, die der Benutzer sieht, wenn er das Menü aufschlägt, und die er anschließend anwählen kann (#8,#9,#10,#11). Neben einem Text, der die Beschriftung des Menüeintrags festlegt, wird zusätzlich eine Funktion angegeben, die dann initialisiert wird, wenn der Benutzer den entsprechenden Menüeintrag anwählt. Diese Funktion muss vorab definiert worden sein (#5,#6). In diesem Fall verändert die Funktion die Farbe der Kugel (Objekt s) durch Zuweisung des Farbcodes (#6).

Schalter - Toggles

Nachfolgend wird die Erzeugung eines *Toggle-Elementes* an einem Beispiel gezeigt. Das Beispielprogramm erzeugt wieder zwei Fenster bzw. Szenen (siehe Abb. 8.19). Im linken Fenster wird eine Kugel dargestellt, deren Farbe mittels des Schalters geändert werden soll. Der Schalter ist im rechten Control-Fenster gezeigt. Bei einem Mausklick auf den Schalter wechselt er in die alternative Position, gleichzeitig wechselt die Farbe der Kugel.

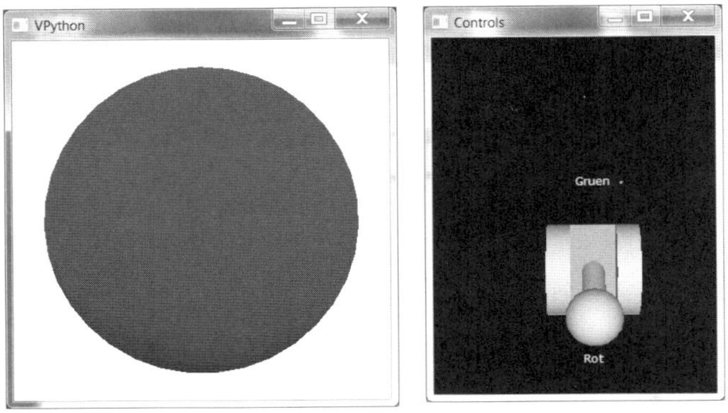

Abb 8.19 Kugel (links) und ein Toggle-Element im Control-Fenster (rechts)

```
from visual import *
from visual.controls import *

kugel = sphere(color=color.red)                          #1
scene.background = color.white                           #2

def toggle_action():                                     #3
    print t.value                                        #4
    if t.value==True:                                    #5
        kugel.color=color.green                          #6
    else:
        kugel.color=color.red                            #7

t = toggle(pos=(10,-30), width=50, height=50,            #8
    text0='Rot', text1='Gruen', action=lambda: toggle_action())   #9
```

Die Kugel wird mit *sphere()* im Standardfenster *scene* erzeugt (#1), weiß wird als Hintergrundfarbe gewählt (#2). Das Steuerelement wird mit *toggle()* erstellt (#8,#9). Die Parameter *pos, width* und *height* legen den Orientierungspunkt, die Breite und die Höhe des Schalters fest. Mit den Parametern *text0* und *text1* kann eine Zeichenkette zur Beschriftung des Schalters vorgegeben werden (#9). In diesem Fall werden die Worte "Rot" und "Gruen" gewählt. Wenn der Schalter vom Benutzer des Programms betätigt wird, so wird eine Funktion aufgerufen (#9). Diese Funktion wurde hier *toggle_action()* genannt, sie muss vorab definiert worden sein (#3,#4,#5,#6,#7). In dieser Funktion wird zunächst der Wert *t.value* des Schalters in die Shell geschrieben (#4). Wir erkennen daran, dass der Schalter sukzessive die Werte *True* und *False* annimmt. Wenn der Wert *True* ist, wird die Farbe der Kugel in Grün geändert (#5,#6). Trifft das nicht zu, ist der Wert also *False*, wird Rot als Kugelfarbe vorgegeben (#7).

Schieberegler - slider

Ein Schieberegler (engl. slider) kann durch Ziehen mit der Computermaus betätigt werden. Der Schieberegler gibt nach der Betätigung durch den Benutzer einen Zahlenwert zurück, der zwischen 0 und 100 (Standardeinstellung) liegt. Mit dem folgenden Beispielprogramm wird die Breite eines Quaders und der Radius einer Kugel über einen Schieberegler verändert (siehe Abb. 8.20). Die Schieberegler erscheinen im rechten Control-Fenster.

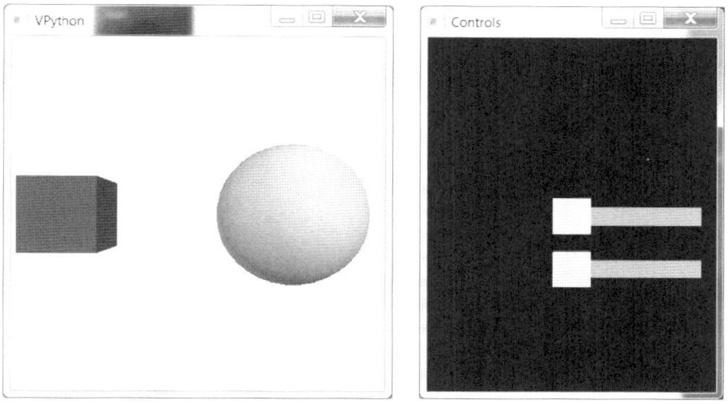

Abb 8.20 Quader und Kugel (links) und zwei Schieberegler (rechts)

```
from visual import *
from visual.controls import *

b = box(pos=vector(0,0,0),color=color.red)                    #1
s = sphere(pos=vector(3,0,0),color=color.cyan)                #2
scene.background = color.white                                #3
scene.center = (1.5,0,0)                                      #4

def aendernKugel(slider):                                     #5
   s.radius = 1.-0.5*slider.value/100.
   print "Radius der Kugel: ",s.radius

def aendernBox(slider):                                       #6
   b.length = 1.-0.5*slider.value/100.
   print "Breite des Quaders: ",b.length

c = controls()                                                #7
s1 = slider(title="Kugel",pos=(0,0,0), width=20,              #8
   length=70, axis=(1,0,0), action=lambda: aendernKugel(s1))  #9
s2 = slider(title="Box",pos=(0,-30,0), width=20,              #10
   length=70, axis=(1,0,0), action=lambda: aendernBox(s2))    #11
```

Im Standardfenster *scene* wird ein Quader (#1) und eine Kugel (#2) erzeugt. Die Kugel ist um 3 Einheiten in Richtung der x-Achse verschoben, damit sich die Körper nicht überschneiden, weiß wird als Hintergrundfarbe gewählt (#3). Bei diesem Beispiel verwenden wir keine automatische Skalierung des Sichtbereiches, weil bei einer Veränderung der Abmessungen der Bauteile gleichzeitig eine neue Skalierung vorgenommen werden würde. Stattdessen wird mit dem Attribut *scene.center* die Mitte des Sichtbereiches genau zwischen die beiden Körper gesetzt (#4).

Zur Definition der Schieberegler ist ein Controls-Fenster vorgesehen (#7). Durch den Aufruf von *slider()* werden die Schieberegler erzeugt (#8,#10). Mit den Parametern *pos, width, length* und *axis* werden der Orientierungspunkt, die Breite, die Länge und die Ausrichtung der Schieberegler festgelegt. Beide Schieberegler sind horizontal in Richtung der x-Achse orientiert (#9,#11). Wird einer der Schieberegler betätigt, dann wird jeweils eine Funktion (#5,#6) aufgerufen, mit der die Abmessungen der Objekte verändert werden sollen. Diese Funktionen müssen vorab definiert worden sein. Beim Aufruf werden diesen Funktionen die Variablennamen des jeweiligen Slider-Objektes als Parameter übergeben. Damit kann innerhalb der Funktionen über *slider.value* auf die Stellung des Schiebereglers zugegriffen werden. Die Funktionen berechnen die neuen Werte der Bauteilabmessungen und geben die aktuellen Werte der Schieberegler zur Kontrolle im Shell-Fenster aus. Wenn der Schieberegler den Wert 0 zurückgibt (linker Anschlag), dann haben die geometrischen Abmessungen den Wert 1. Befindet sich der Schieberegler an dem rechten Anschlag, so gibt er den Wert 100 zurück. In diesem Fall sind beide Abmessungen 0,5.

8.6 Steuerung mit Tastatur und Maus

Interaktion ist in VPython einerseits mittels so genannten *Controls* möglich (siehe Kap. 8.5). Der Benutzer betätigt hierbei bestimmte Bedienelemente (Menüs, Schalter, Schieberegler etc.). Erst wenn der Benutzer ein solches Bedienelement betätigt hat, wird eine Aktion ausgelöst. In diesem Abschnitt wollen wir ein anderes Konzept für Interaktionen betrachten. Hierbei werden keine separaten Controls-Fenster benötigt. Eine Aktion wird vielmehr immer dann ausgelöst, wenn der Benutzer des Programms eine Taste auf der Tastatur drückt oder eine der Maustasten betätigt. Hierdurch löst der Benutzer ein *Ereignis* (engl. *event*) aus, auf welches das Programm dann reagieren kann. Wenn der Benutzer *kein* solches Ereignis auslöst, läuft das Programm einfach weiter. Dieses zweite Konzept zur Interaktion eignet sich insbesondere bei der Programmierung von Spielen oder Simulationen. Das Grundgerüst solcher Programme ist zumeist eine Endlosschleife. Zum Beispiel könnte ein virtuelles Raumschiff auf einen Planeten zufliegen. Der Benutzer des Programms muss dann versuchen, das Raumschiff zu steuern und abzubremsen, damit es nicht auf der Planetenoberfläche zerschellt. Die Tasten der Tastatur und der Maus können dann unterschiedliche Funktionen auslösen (z.B. Bremsraketen zünden, Schub erhöhen etc.). Natürlich muss der Benutzer des Programms über die Bedeutung der Tastenkombinationen vorab unterrichtet werden. Hierzu könnte das Programm entsprechende Hinweise in das Shell-Fenster schreiben oder auch einen Text direkt in der 3D-Szene einblenden.

Tastatureingaben

Mit der Variablen *scene.kb.keys* kann geprüft werden, ob der Benutzer eine beliebige Taste betätigt hat. In diesem Fall hat die Variable einen Wert ungleich Null. Wurde *keine* Taste gedrückt, wird die Zahl 0 zurückgegeben. Alle Tastatureingaben werden in einer Warteschlange (engl. *queue*) gespeichert (siehe hierzu auch Aufgabe 7, Kapitel 4.5). Möglicherweise drückt der Benutzer mehrere Eingabetasten schnell nacheinander. In diesem Fall ist das Programm evtl. nicht in der Lage, die Eingaben sofort zu verarbeiten. Führt man aber die Zuweisung *taste=scene.kb.getkey()* aus, wird damit die Funktion *getkey()* aufgerufen. Diese Funktion holt einen Eintrag aus der Warteschlange ab und speichert ihn in der Variablen namens *taste*.

Um die Anwendung zu demonstrieren, soll das folgende Beispielprogramm betrachtet werden. Das Programm erzeugt einen Würfel in der Standardszene. Anschließend soll der Benutzer in der Lage sein, durch Drücken der Taste r, g, b und z die Farbe des Würfels zu ändern. Alle anderen Tasten können zwar gedrückt werden, führen aber zu keiner Farbänderung. Drückt der Anwender schließlich die Taste e, wird das Grafikfenster geschlossen und das Programm beendet.

```
from visual import *
b = box(color=color.yellow)                    #1
schleife = True                                #2
print "Druecke Taste zum Farbwechsel!"    #3
print "r: rot"; print "g: gruen"
print "b: blau"; print "z: zyan"
print "zum Beenden den Buchstaben e eingeben!"
print
while schleife==True:                          #4
   if scene.kb.keys:                           #5
      t = scene.kb.getkey()                    #6
      print "Taste: ", t                       #7
      if t=="g":                               #8
         b.color = color.green                 #9
      elif t=="r":
         b.color = color.red
      elif t=="b":
         b.color = color.blue
      elif t=="z":
         b.color = color.cyan
      elif t=="e":                             #10
         print
         print "Ende des Programms!"
         b.visible = False; del b              #11
         scene.visible = False; del scene      #12
         schleife = False                      #13
```

Im Standardfenster *scene* wird ein Würfel (#1) in gelber Farbe erzeugt. Die Variable *schleife* wird auf den booleschen Wert *True* gesetzt (#2). Sie dient zur Kontrolle der folgenden *while*-Schleife (#4). Wenn die Variable später zu *False* wird, dann wird die Schleife beendet (#13). Damit der Benutzer des Programms weiß, welche Eingaben er tätigen kann, wird zunächst eine Meldung in die Shell geschrieben. Nun ist klar, dass zum Beispiel die Taste g gedrückt werden muss, wenn der Würfel grün gefärbt werden soll. Zum Beenden des Programms muss der Buchstabe e eingegeben werden.

Die *while*-Schleife ist eine potenzielle Endlosschleife (#4), wenn der Benutzer kein e eingibt. Die *if*-Anweisung in der Schleife (#5) prüft zunächst, ob überhaupt eine Taste betätigt wurde. Nur wenn das der Fall ist, wird abgefragt, *welche* Taste gedrückt wurde (#6). Das geben wir zur Kontrolle in der Shell aus (#7). In den folgenden Zeilen wird abgefragt, welche Farbe gesetzt werden soll. Hierzu ist eine Folge von if-elif-Anweisungen vorgesehen (#8,#9). Gibt der Benutzer schließlich den Buchstaben e ein (#10), wird ein Text "Ende des Programms!" ausgegeben. Anschließend wird zunächst der Würfel b und dann die Szene bzw. das Fenster gelöscht (#11,#12). Dabei ist zu beachten, dass zunächst die Objekte unsichtbar gemacht werden müssen. Das geschieht durch die Anweisungen *scene.visible=False* und *b.visible=False*. Erst dann können die Objekte auch gelöscht werden. Die Zuweisung *schleife=False* führt schließlich zum Beenden der *while*-Schleife und damit zum Ende des Programms.

Neben Buchstaben und Ziffern können beliebige andere Tasten betätigt und im Programm abgefragt werden. Zum Beispiel führt das Drücken der Eingabetaste (Enter) dazu, dass die Funktion getkey() den Wert '\n' zurückgibt.

Interaktionen mit der Maus

Mit der Variablen *scene.mouse.clicked* kann geprüft werden, ob in der Szene ein Mausklick ausgeführt wurde. Mit der Methode *scene.mouse.getclick()* kann dann die Position des Mausklicks ermittelt werden. In dem folgenden Beispielprogramm ist eine Endlosschleife vorgesehen, um auf Mausklicks des Benutzers zu warten. Das Programm erstellt eine einfache Szene mit einem Quader in der Mitte, der Quader dient nur zur Orientierung. Der Benutzer soll dann in der Szene beliebige Mausklicks durchführen. An der Klickposition wird eine kleine Kugel erzeugt. Die Koordinaten der Klickposition werden in die Python-Shell ausgegeben. Abbildung 8.21 zeigt den Quader und die Kugeln, nachdem der Benutzer acht Mausklicks ausgeführt hat.

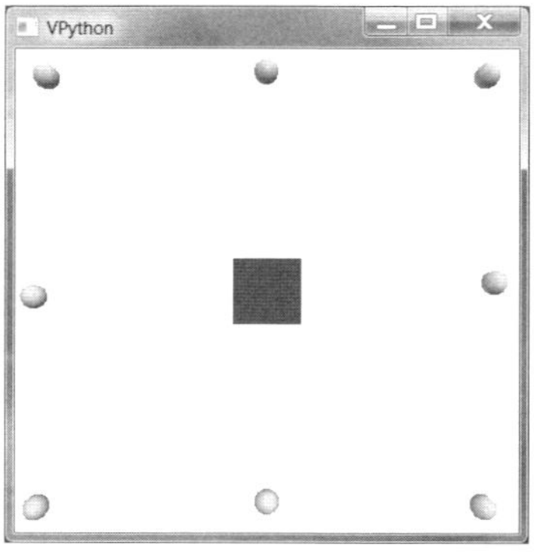

Abb 8.21 Quader mit Kugeln. Die Kugeln erscheinen am Ort des Mausklicks.

Das Programm hierzu ist nachfolgend dargestellt. Es ist sehr kurz. Zunächst wird ein Quader erzeugt (#2) und Weiß als Hintergrundfarbe eingestellt (#3). Mit der Anweisung *scene.range=4* wird auf eine automatische Skalierung der Szene verzichtet (#1). Stattdessen liegt der dargestellte Bereich bei allen Koordinatenachsen zwischen -4 und +4.

Die while-Schleife ist eine Endlosschleife (#4). Wenn der Benutzer des Programms keinen Mausklick ausführt, geschieht nichts. Wenn ein Klick ausgeführt wird, dann ist die Bedingung der if-Anweisung wahr bzw. positiv (#5). Damit werden die folgenden Anweisungen (#6,#7,#8,#9) ausgeführt. Mit der Methode *getclick()* wird ein Objekt zurückgegeben, das die Klickposition enthält (#6). Anschließend wird mit dem Attribut *pos* diese Position ermittelt und in der Variablen *ort* gespeichert (#7), die Variable wird dann ausgegeben (#8). Abschließend wird eine Kugel an dieser Position erzeugt (#9). Wenn die Szene nicht gedreht wird, befinden sich alle Mausklicks in der xy-Ebene. Wird jedoch eine andere Blickrichtung gewählt, dann erscheinen die Mausklicks und damit die erzeugten Kugeln in einer Ebene senkrecht zur Blickrichtung, die durch den Ursprungspunkt der Szene geht.

```
scene.range = 4                                       #1
box(color=color.red)                                  #2
scene.background = color.white                        #3
while True:                                           #4
  if scene.mouse.clicked:                             #5
    m = scene.mouse.getclick()                        #6
    ort = m.pos                                       #7
    print ort                                         #8
    sphere(pos=ort, radius=0.2, color=color.cyan)     #9
```

Ein anderes, häufig vorkommendes, Beispiel zur Anwendung von Mausinteraktionen ist die Anwahl eines Körpers. Das folgende Programm zeigt zwei Körper in einer Szene. Klickt der Benutzer auf einen Körper, dann wird er *highlighted*, d.h. er wechselt die Farbe, um anzuzeigen, dass er angewählt wurde. Bei einem weiteren Klick auf den gleichen Körper wechselt die Farbe wieder zurück.

```
scene.range = 4                                       #1
kugelfarbe = color.cyan                               #2
quaderfarbe = color.red                               #3
kugel = sphere(pos=(-2,0,0), color=kugelfarbe)        #4
quader = box(pos=(+2,0,0), color=quaderfarbe)         #5
while True:                                           #6
  if scene.mouse.events:                              #7
    m = scene.mouse.getevent()                        #8
    if m.pick == kugel and m.click:                   #9
      print "Sie haben die Kugel angeklickt!"         #10
      if kugel.color == kugelfarbe:                   #11
        kugel.color=color.yellow
      else:
        kugel.color=kugelfarbe
    elif m.pick == quader and m.click:                #12
      print "Sie haben den Quader angeklickt!"        #13
      if quader.color == quaderfarbe:                 #14
        quader.color=color.yellow
      else:
        quader.color=quaderfarbe
```

Die zwei Variablen kugelfarbe und quaderfarbe speichern die Standardfarben für die beiden Körper (#2,#3), diese Farben können beliebig sein. Die gelbe Farbe ist jedoch ausgeschlossen, weil damit die Auswahl der Körper hervorgehoben wird. Die Kugel und der Quader werden an unterschiedlichen Positionen erzeugt, damit sich deren Geometrie nicht überschneidet (#4,#5). Zuvor wird der Sichtbereich der Szene so gewählt, dass beide Körper darauf zu sehen sind (#1). Eine Endlosschleife wartet auf Mausklicks des Benutzers (#6). Wenn ein Ereignis durch Drücken der Maustasten ausgelöst wird, ist die Bedingung der if-Anweisung wahr (#7) und alle folgenden Anweisungen werden ausgeführt. Das Ereignis wird in der Variablen *m* gespeichert (#8) und anschließend ausgewertet (#9). Es wird geprüft, welcher Körper angewählt wurde (#9,#12) und dann eine Meldung in die Shell ausgegeben (#10,#13). Schließlich prüft eine if-Anweisung, ob die Körper die Standardfarbe haben (#11,#14). Wenn das zutrifft, wird der Körper gelb eingefärbt. Andernfalls wird die gelbe Farbe durch die Standardfarbe ersetzt. Auch dieses Programm finden Sie im Downloadbereich zum Buch.

Aufgaben

Aufgabe 8.1

Erstellen Sie ein Modell von einer vereinfachten Rakete (siehe folgende Abbildung). Das Modell besteht aus drei Grundkörpern, Zylinder und zwei Kegel, die lediglich richtig positioniert werden müssen. Die Abmessungen können Sie frei wählen.

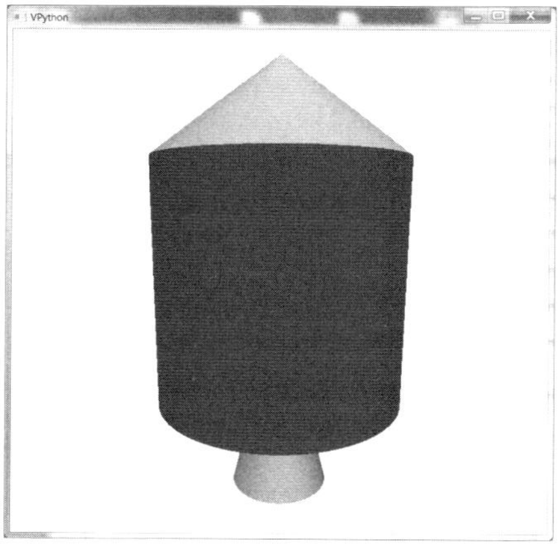

Aufgabe 8.2

Schreiben Sie ein Programm, das die Grafik aus Aufgabe 1.8 (Kapitel 1) mit dem VPython-Objekt *curve* in gelber Farbe darstellt. Die Linienstücke sollen 100 Einheiten lang sein. Der Durchmesser soll 10 Einheiten betragen (siehe folgende Abbildung).

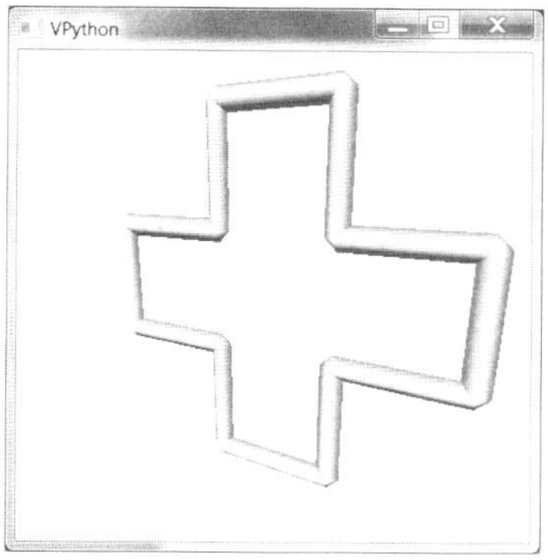

Aufgabe 8.3

Erstellen Sie eine *Animation* eines einfachen Schwingungssystems mit einem Freiheitsgrad. Dieses System besteht aus drei Körpern: einer fixierten Bodenplatte, einer Feder und einer starren Masse. Die Masse wird durch einen Quader mit den Abmessungen 1x1x1 Einheiten repräsentiert und soll sich nur vertikal (y-Richtung) bewegen können. Bei der Bewegung der Masse wird die Feder gestreckt bzw. zusammengedrückt. Die folgende Abbildung zeigt diese Konfiguration. Die Masse soll sich nach dem Bewegungsgesetz *y=0.5*sin(t)* bewegen, wobei y die Auslenkung der Masse ist.

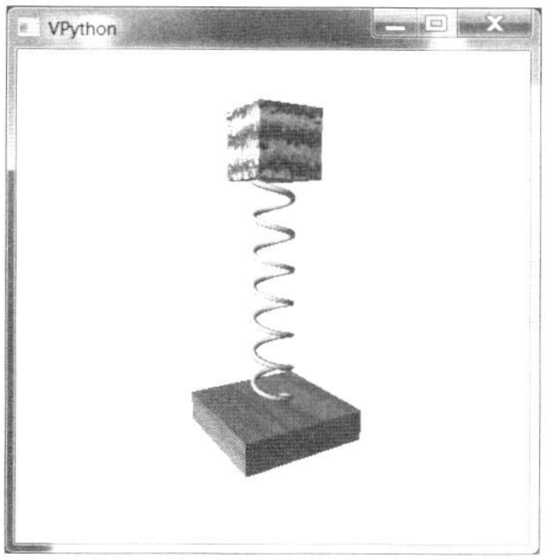

Aufgabe 8.4

Schreiben Sie ein Programm in VPython, welches es ermöglicht, einen Körper mit der Maus anzuwählen und ihm dann eine Farbe zuzuweisen. Als Farben sollen Rot, Grün, Zyan und Blau vorgesehen werden. Die Farben sollen durch Drücken der Tasten r, g, z und b auf der Tastatur zugewiesen werden. In dieser Aufgabe werden also Interaktionen mit Tastatur und Maus kombiniert. Aus dem Kapitel 8.6 ist bekannt, dass solche Interaktionen eine Endlosschleife (Warteschleife) voraussetzen. Die Grundidee zur Lösung könnte sein, dass im Hauptprogramm nacheinander zwei Funktionen aufgerufen werden. Die erste Funktion wartet, bis ein Körper angeklickt wurde und ermittelt dann, um welchen Körper es sich handelt. Die zweite Funktion wartet dann auf die Eingabe des Farbcodes über die Tastatur. Als geometrisches Modell können Sie die Rakete aus Aufgabe 8.1 verwenden.

Aufgabe 8.5
Realisieren Sie mit einem VPython-Programm ein *Fallexperiment*. Mit solchen Experimenten hatte Galileo Galilei im 17. Jahrhundert begonnen die Gesetze des freien Falls zu erforschen. In der folgenden Szene können Sie zwei feste Platten erkennen. Auf der oberen Platte liegen zwei Kugeln unterschiedlichen Durchmessers, die nun mit unterschiedlicher Horizontalgeschwindigkeit angestoßen werden, und dann nach unten auf die graue Platte fallen. Die Schwerkraft soll dabei in negativer y-Richtung (nach unten) wirken. Der Luftwiderstand soll vernachlässigt werden.

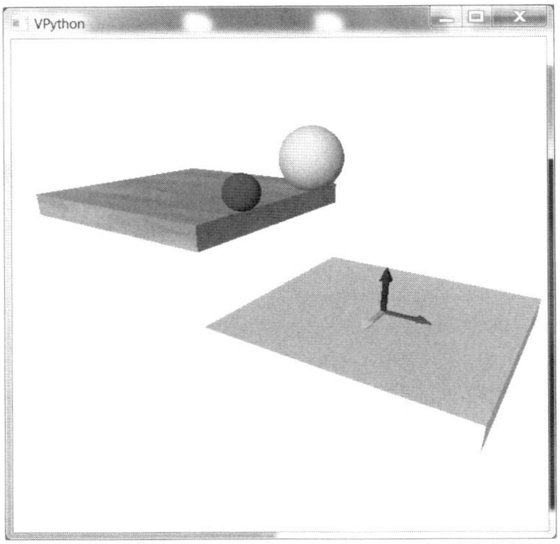

Dieser Vorgang soll nun mit VPython simuliert werden. Hierzu müssen wir die physikalischen Gesetzmäßigkeiten kennen und im Programm umsetzen. Wird ein Körper aus der Höhe *h* über dem Erdboden zum Zeitpunkt $t=0$ fallengelassen, so kann seine Höhe *y* in Abhängigkeit von der Zeit *t* mit der Formel $y(t)=h-0.5*g*t^2$ berechnet werden. Der Weg in horizontaler Richtung ist $x(t)=v_0*t$, wobei v_0 die Anfangsgeschwindigkeit des Körpers bedeutet. Erstellen Sie das Programm so, dass zunächst die Ausgangssituation gezeigt wird. Das Programm soll dann in einer Warteschleife auf eine Mausinteraktion warten. Wenn der Benutzer auf die größere Kugel klickt, soll die Animation beginnen.

Lösungen

Lösung 8.1
Bei der folgenden Lösung wird zunächst die Größe des Grafikfensters mit 800 Pixeln festgelegt (#1). Die Szene wird automatisch skaliert (#2) und ein weißer Bildhintergrund gesetzt (#3). Die nächste Anweisung ist *nicht* wirksam, weil ein Kommentarzeichen # die Zeile eröffnet. Mit *scene.stereo="redblue"* kann eine stereoskopische Anzeige aktiviert werden (#4). Mittels einfacher so genannter *Rot-Blau-Brillen*, die ein rot gefärbtes und ein blau gefärbtes Glas enthalten, erscheint die Szene plastisch dreidimensional, ähnlich wie bei einem 3D-Film. Wenn Sie eine solche Brille besitzen, können Sie das Kommentarzeichen entfernen und damit diese VR-Darstellung (VR, engl. Virtual Reality) ausprobieren. VPython unterstützt noch die Optionen "redcyan" und "yellowblue", auch hierfür gibt es spezielle Brillen.

```
# Datei: Aufgabe_8_1.py
scene.height = scene.width = 800                          #1
scene.autocenter=True                                     #2
scene.background=color.white                              #3
#scene.stereo = "redblue"                                 #4

f = frame()                                               #5
Zylinder = cylinder(frame=f,pos=(0,0,0),                  #6
      radius=2.5,axis=(0,5,0),color=color.red)
Kegel = cone(frame=f,pos=(0,5,0),radius=2.5,              #7
      axis=(0,2,0),color=color.cyan)
Triebwerk = cone(frame=f,pos=(0,-2,0),radius=1.0,         #8
      axis=(0,4,0),color=color.orange)
```

Im nächsten Schritt wird ein so genanntes *frame* namens *f* erzeugt (#5). Bei einem *frame* handelt es sich um eine Gruppe von Körpern, die später gemeinsam manipuliert werden sollen. Die zu erzeugenden Grundkörper sollen eine Rakete darstellen, die anschließend evtl. in einer Raumfahrtsimulation gemeinsam verwendet werden. Anschließend wird ein Zylinderobjekt erzeugt (#6), das dem *frame* zugewiesen wird. Der Ursprungspunkt wird durch *pos* und die Länge durch *axis* festgelegt. Der Zylinder erhält einen Durchmesser von 5 Einheiten und wird rot eingefärbt. Auf den Zylinder wird ein Kegel gesetzt (#7). Dessen Bezugspunkt muss deshalb in y-Richtung um 5 Einheiten verschoben werden. Seine Höhe wird durch *axis* auf 2 Einheiten festgelegt. Der Durchmesser ist der gleiche, wie bei dem Zylinder. Schließlich wird nochmals ein Kegel erzeugt, der das Triebwerk darstellen soll (#8). Die Abmessungen und die Position des Körpers sind so gewählt, dass seine Spitze im Inneren des Zylinders liegt und deshalb nicht sichtbar ist.

Lösung 8.2

Die Standardszene wird zunächst automatisch skaliert (#1) und dann ein weißer Hintergrund erzeugt (#2). Eine Liste namens *punkte* enthält die Eckpunkte der Figur als *Tuples*. Dabei brauchen nur zwei Koordinaten x und y vorgegeben werden, die dritte Koordinate wird automatisch zu Null gesetzt. Schließlich wird der Köper mit *curve()* erzeugt (#4). Dabei wird die Liste der Eckpunkte übergeben. Die Dicke der Kurve wird durch den Parameter *radius* festgelegt.

```
# Datei: Aufgabe_8_2.py
scene.autocenter = True                              #1
scene.background = color.white                       #2
punkte = [(0,0),(100,0),(100,100),(200,100),         #3
       (200,0),(300,0),(300,-100),(200,-100),
       (200,-200),(100,-200),(100,-100),
       (0,-100),(0,0)]
kreuz = curve(pos=punkte,radius=10,                  #4
        color=color.yellow)
```

Lösung 8.3

Das darzustellende Schwingungssystem soll 4 Einheiten hoch sein. Zur Steuerung der Größe wird eine Variable *hoehe* verwendet (#3). Damit die Szene im Grafikfenster gut sichtbar ist, wird der Szenenmittelpunkt in der Mitte der Anordnung definiert (#1). Der Hintergrund der Szene ist weiß (#2). Die folgenden drei Anweisungen erzeugen drei Körper: den Boden, die schwingende Masse und eine Feder (#4,#5,#6). Der Boden wird mit einer Textur versehen und scheint damit aus Holz zu sein. Die Masse ist vier Einheiten über dem Boden angeordnet und hat eine Marmortextur (#5). Die Feder verbindet den Boden mit der Masse, da ihr Bezugspunkt (0,0,0) ist. Ihre Länge wird durch den Parameter *axis* festgelegt. Die Feder hat acht Windungen, die Drahtdicke ist 0.1 Einheiten groß. Der Durchmesser der Feder ist 0.6.

Wenn Sie den Ausgangszustand des Modells ansehen wollen, können Sie die Anweisungen im Animationsteil des Programms (#7 bis #14) einfach auskommentieren und das Programm dann starten. Der zweite Teil des Programms besteht im Wesentlichen aus einer Endlosschleife (#9). Vorher werden die Variablen *t* und *dt*, welche die Simulationszeit und den Zeitschritt bedeuten, auf Anfangswerte gesetzt (#7,#8). Innerhalb der Schleife wird die aktuelle Position der Masse berechnet (#11) und dann deren Position neu festgelegt (#12). Auch die Länge der Feder muss beeinflusst werden, damit sie sich entsprechend verkürzt bzw. verlängert (#13). In jedem Schleifendurchlauf wird ein Zeitinkrement (Zeitschritt) zur Variablen *t* hinzuaddiert (#14).

```
# Datei: Aufgabe_8_3.py
scene.center = (0,2,0)                                          #1
scene.background = color.white                                  #2
hoehe=4                                                         #3
boden = box(size=(2,0.5,2),material=materials.wood)             #4
masse = box(pos=(0,hoehe,0),material=materials.marble)          #5
feder = helix(axis=(0,hoehe,0),color=color.yellow,              #6
          radius=0.3,thickness=0.1,coils=8)
# Animationsschleife
t = 0.0                                                         #7
dt = 0.2                                                        #8
while True:                                                     #9
  rate(20)                                                      #10
  y = 0.5*sin(t)                                                #11
  masse.pos = (0,hoehe+y,0)                                     #12
  feder.axis = (0,hoehe+y,0)                                    #13
  t += dt                                                       #14
```

Eine bedeutsame Rolle spielt der Aufruf der Funktion *rate()*. Computer arbeiten inzwischen derartig schnell, dass die Schleife in einer Sekunde mehrere tausend mal durchlaufen wird. Damit wäre im Grafikbereich kein klares Bild sichtbar, unser Auge kann der schnellen Animation nicht folgen. Die Funktion *rate()* sorgt nun dafür, dass die Schleife höchstens zwanzigmal pro Sekunde durchlaufen wird (#10). Damit ergibt sich für uns eine flüssige, ansprechende Animation.

Lösung 8.4

Zunächst wird die Größe des Grafikfensters (#1) und die Hintergrundfarbe (#3) festgelegt. Die Szene wird automatisch skaliert (#2). Anschließend werden die drei Grundkörper aus Aufgabe 8.1 (Zylinder, Kegel und Triebwerk) erzeugt (#4,#5,#6), das entspricht weitgehend der Lösung von Aufgabe 8.1. Die Liste *Taste* enthält alle zulässigen Buchstaben, die der Benutzer zur Festlegung der Farben eingeben kann

(#8). Mit der Liste wird später festgestellt, ob der Benutzer eine zulässige Eingabe gemacht hat. Das Dictionary *Farbe* enthält diese Buchstaben als Schlüssel und die zugehörenden Farben, die in VPython vordefiniert sind (#9). Anschließend folgen zwei Funktionsdefinitionen (#10,#11).

Mit der ersten Funktion *waehle_koerper()* kann der Benutzer einen Körper durch anklicken mit der Maus auswählen (#10). Die zweite Funktion *waehle_farbe()* erlaubt dem Benutzer mittels Tastendruck, die Farbe des gewählten Körpers zu bestimmen (#11). Die genauere Arbeitsweise dieser Funktionen soll später diskutiert werden. Wenden wir uns zunächst dem Hauptprogramm zu.

```
# Datei: Aufgabe_8_4.py
scene.height = scene.width = 600                              #1
scene.autocenter=True                                         #2
scene.background=color.white                                  #3

Zylinder = cylinder(pos=(0,0,0),radius=2.5,                   #4
      axis=(0,5,0),color=color.red)
Kegel = cone(pos=(0,5,0),radius=2.5,                          #5
    axis=(0,2,0),color=color.cyan)
Triebwerk = cone(pos=(0,-2,0),radius=1.0,                     #6
    axis=(0,4,0),color=color.orange)
Auswahl = [Zylinder,Kegel,Triebwerk]                          #7

Taste = ['r','g','b','z']                                     #8
Farbe = {'r':color.red,'g':color.green,                       #9
    'b':color.blue,'z':color.cyan}
print "Bitte einen Koerper durch Mausklick waehlen!"

def waehle_koerper():                                         #10
  while True:
    if scene.mouse.events:
      m = scene.mouse.getevent()
      if m.pick in Auswahl and m.click:
        print "Sie haben ",m.pick," angeklickt!"
        return m.pick

def waehle_farbe():                                           #11
  print "Druecke Taste zum Farbwechsel!"
  print "r: rot"; print "g: gruen"
  print "b: blau"; print "z: zyan"
  print "zum Beenden den Buchstaben e eingeben!"
  print

  while True:
    if scene.kb.keys:
      t = scene.kb.getkey()
      print "Taste: ", t
      if t in Taste:                                          #12
        return Farbe[t]                                       #13
```

```
            elif t=='e':                              #14
               return 'e'

    # Hauptprogramm - Warteschleife
    while True:                                       #15
       k = waehle_koerper()                           #16
       f = waehle_farbe()                             #18
       if f=='e':                                     #19
          print "Ende des Programms!"
          break
       k.color=f                                      #20
```

Das Hauptprogramm besteht aus einer Endlosschleife (#15). Innerhalb der Schleife wird zunächst ein Körper ausgewählt (Variable k) und anschließend seine Farbe ermittelt (Variable f). Durch die Anweisung *k.color=f* wird die Farbe des in *k* referenzierten Körpers geändert (#20). Die Funktionen *waehle_koerper()* und *waehle_farbe()* enthalten wiederum Endlosschleifen. Wird also eine der Funktionen aufgerufen, so wartet diese so lange, bis der Benutzer entweder einen Körper angewählt hat, oder einen Buchstaben zur Festlegung der Farbe eingegeben hat. Die Arbeitsweise beider Funktionen entsprechen weitgehend den Beispielen aus Kapitel 8.6. Hat der Benutzer bei der Ausführung von *waehle_farbe()* eine Taste gedrückt, so wird zunächst geprüft, ob der Buchstabe in der Liste *Taste* enthalten ist (#12). Auf diese Weise werden Fehleingaben unterdrückt. Durch den folgenden Aufruf von *return* wird dann die Funktion und damit die Endlosschleife beendet. Mit *return* wird dann der in VPython definierte Farbwert zurückgegeben. Falls der Benutzer den Buchstaben 'e' eingibt, wird das ermittelt und dieser Buchstabe statt des Farbwertes zurückgegeben. Im Hauptprogramm wird dies abgefangen (#19) und die Endlosschleife des Hauptprogramms durch *break* abgebrochen.

Lösung 8.5

Die Lösung beginnt mit einer Funktionsdefinition. Die Funktion *pause()* führt eine Endlosschleife aus und wartet, bis der Benutzer die Kugel *gross* angeklickt hat. Wenn das geschieht, wird das Programm fortgesetzt. Im Hauptprogramm werden zunächst einige Variablen (geometrische Parameter) gesetzt (#2). In der Szene befinden sich zwei Kugeln, die *gross* und *klein* genannt werden. Entsprechend bedeutet *rk* den Radius der kleinen Kugel und *rg* den Radius der großen Kugel.

Die Variable *hoehe* definiert den Abstand zwischen beiden Platten und damit die Fallhöhe. Bei der Positionierung beider Kugeln muss bedacht werden, dass deren Mittelpunkte sich in unterschiedlicher Höhe befinden (Variablen *hk* und *hg*). Die Variable *g* bedeutet die Erdbeschleunigung in m/s^2 (#5). Die Variablen vg0 und vk0 legen die Anfangsgeschwindigkeiten der Kugeln in m/s fest (#3,#4).

```
# Datei: Aufgabe_8_5.py

def pause():                                 #1
   while True:
      if scene.mouse.events:
         m = scene.mouse.getevent()
         if m.pick==gross and m.click:
```

```
            break

    hoehe=4                                                 #2
    b = 10.0
    rk = 0.75
    rg = 1.5
    hk = hoehe + rk
    hg = hoehe + rg

    vk0 = 9.0                                               #3
    vg0 = 5.0                                               #4
    g = 9.81                                                #5

    scene.width = scene.height = 600                        #6
    scene.center = (-b/2.,0,0)
    scene.range = 1.5*b
    scene.background = color.white

    x_achse = arrow(axis=(2,0,0),color=color.red)           #7
    y_achse = arrow(axis=(0,2,0),color=color.blue)
    z_achse = arrow(axis=(0,0,2),color=color.cyan)

    boden = box(pos=(0,-b/20.,0),size=(b,b/10.,b))          #8
    plattform = box(pos=(-b,hoehe-b/20.,0),                 #9
       size=(b,b/10.,b),material=materials.wood)
    klein = sphere(pos=(-b/2.,hk,b/4.),radius=rk,           #10
       color=color.red)
    gross = sphere(pos=(-b/2.,hg,-b/4.),radius=rg,          #11
       color=color.cyan)

    # Pause
    print
    print "Zum Starten der Animation"                       #12
    print "die grosse Kugel anklicken!"
    pause()                                                 #13

    # Animationsschleife
    t = 0.0
    dt = 0.01
    while True:                                             #14
       rate(20)                                             #15
       y = hoehe - 0.5*g*t**2                               #16
       xg = vg0*t                                           #17
       xk = vk0*t                                           #18
       klein.pos = (-b/2.+xk,y+rk,b/4.)                     #19
       gross.pos = (-b/2.+xg,y+rg,-b/4.)                    #20
       if y<=0.0:                                           #21
          break
       t += dt                                              #22
```

Nachdem die Grundeinstellungen der Szene vorgenommen wurden (#6), wird ein Koordinatensystem aus drei Pfeilen gezeichnet (#7). Dieses liegt im Ursprungspunkt des Koordinatensystems und hilft dabei, sich in der Szene zu orientieren. Im nächsten Schritt werden die beiden Platten und die Kugeln erzeugt (#8,#9#,#10,#11). Schließlich wird eine Meldung ausgegeben (#12) und die Funktion *pause()* aufgerufen. Damit befindet sich das Programm in einer Endlos-Warteschleife. Der Benutzer sieht den ursprünglichen Zustand der Szene und muss nun erst einen Klick auf die große Kugel ausführen, damit die Simulation anfängt. Mit diesem Mausklick wird die Funktion beendet und das Hauptprogramm setzt die Animation fort.

Die Animation funktioniert wie in Aufgabe 3. Innerhalb der Endlosschleife (#14) sorgt der Aufruf der Funktion *rate()* dafür (#15), dass die Animation nicht zu schnell abläuft. Es sind maximal 20 Bilder pro Sekunde vorgesehen. Zu jedem Zeitpunkt werden die veränderlichen Koordinaten *xg, xk* und *y* der Kugeln berechnet (#16,#17,#18) und die Kugelpositionen im Grafikbereich neu bestimmt (#19,#20). Das Abbruchkriterium für die Schleife bzw. die Simulation ist, wenn die Fallhöhe 0 oder kleiner ist (#21). Im letzten Schritt des Schleifendurchlaufs wird der nächste Simulationszeitpunkt durch addieren der Schrittweite berechnet (#22). Beachten Sie, dass dieser Zeitschritt nicht zu groß werden darf, sonst wird der Endzustand nur ungenau berechnet und die Kugeln bleiben über der unteren Platte hängen bzw. dringen in die Platte ein!

9 Ausblick auf Python 3.2

In diesem Kapitel wird in die neueste Python-Version 3.2 eingeführt und gezeigt, welche wissenschaftlichen Anwendungspakete sich derzeit nutzen lassen.

Als Ergänzung zu den in diesem Buch gestellten Übungsaufgaben kann der Leser ein Verzeichnis aus dem Internet herunterladen, welches alle Lösungen als lauffähige Python-Programme enthält. In dem Verzeichnis gibt es zwei Unterverzeichnisse: Eines enthält alle Programme für die Sprachversion 2.6, das andere beinhaltet die gleichen Programme – soweit dies möglich ist – für die Sprachversion 3.2. Denn speziell jene Programme, die Anwendungspakete wie z.B. *Sympy* oder *Matplotlib* verwenden, sind derzeit *noch nicht* unter Python 3.2 ausführbar. Diese Anwendungspakete stehen aktuell *nicht* in einer für die Version 3.2 geeigneten Version zur Verfügung. Die Lösungen zu den Übungsaufgaben *aus diesem Kapitel* sind ebenfalls in beiden Sprachversionen verfügbar. Der Autor wird versuchen, die Programme zu aktualisieren, wenn die anderen Anwendungspakete auch in der neuen Python-Version vorliegen. Verfolgen Sie bitte die Wiki-Seite (siehe Kapitel 9.1) sowie die Webseiten des Schlembach Verlages.

Trotzdem ist es notwendig, sich schon jetzt mit der neuen Sprachvariante auseinanderzusetzen, weil Python 3 längerfristig die älteren Versionen völlig ersetzen soll.

9.1 Hinweise zur Installation

Für Leser, die unter MS-Windows arbeiten, können die Installationsdateien für Python 3.2 sowie allen Anwendungspaketen mit einer Anleitung im PDF-Format von der folgenden Webadresse herunterladen:

http://mbi-wiki.uni-wuppertal.de/python/python-buch/

Derzeit sind die Anwendungspakete *Numpy, Scipy und VPython* verfügbar. Scipy wird in diesem Kapitel erstmalig vorgestellt.

Hinweis

Sie können problemlos mehrere unterschiedliche Python-Versionen nebeneinander installieren. Diese Installationen stören sich gegenseitig nicht. Sie können also Python 2.6 und Python 3.2 zusammen auf dem Computer betreiben. Bei der Version 3.2 sollten Sie beachten, dass die Programmiersprache in dem Verzeichnis C:\Python32 installiert wird, wenn C: ihre Standardfestplatte bedeutet. Das wird bei der Installation von *VPython* vorausgesetzt.

9.2 Ein- und Ausgabe

Bei der Ein- und Ausgabe unterscheiden sich die Python-Varianten erheblich. Wir betrachten hierzu die folgenden sehr einfachen Anweisungen in Python 2.6.

```
x = 2; y = 3
print x,"+",y,"=",x+y
print "%d + %d = %d"%(x,y,x+y)
```

Das Programm gibt folgendes aus:

```
2 + 3 = 5
2 + 3 = 5
```

In der neuen Python-Version 3.2 schreibt sich das Programm so:

```
x = 2; y = 3
print(x,"+",y,"=",x+y)
print("%d + %d = %d"%(x,y,x+y))
```

Im Unterschied zu Python 2.x wird in Python 3.x *keine print-Anweisung* verwendet, sondern eine *print()-Funktion*. Konsequenterweise müssen die Argumente (Übergabeparameter) der Funktion in runde Klammern gesetzt werden. Alle weiteren Vorgehensweisen bei der Ausgabe, die in diesem Buch demonstriert wurden, können übernommen werden, insbesondere die Verwendung so genannter *Formatelemente*. Bei der Umstellung von Programmen in die neue Version müssen also alle print-Anweisungen in Aufrufe von *print()*-Funktionen umgeschrieben werden.

Auch bei der Eingabe mit der *input()-Funktion* ergeben sich Änderungen. Hierzu betrachten wir den nachfolgenden Dialog in der Shell von Python 3.2:

```
>>> a = input("Ganzzahl eingegeben: ")
Ganzzahl eingegeben: 22
>>> type(a)
<class 'str'>
>>> b = input("Gleitpunktzahl eingeben: ")
Gleitpunktzahl eingeben: 12.5
>>> type(b)
<class 'str'>
>>>
```

Die *input()-Funktion* verhält sich anders wie in der Python-Version 2.6. Was immer wir auch eingeben, der Rückgabewert ist eine Zeichenkette (String, abgekürzt str). Damit verhält sich die Funktion genau wie die *raw_input()-Funktion* in Python 2.6. Wenn wir Wert darauf legen, dass die Benutzereingabe eine Ganzzahl oder eine Gleitpunktzahl sein soll, dann müssen wir diese Zeichenkette mittels den Funktionen int() bzw. float() gezielt in Zahlen umwandeln. Das folgende Programm zeigt die Vorgehensweise.

```
a = int(input("Ganzzahl eingeben: "))
print(a,type(a))
b = float(input("Gleitpunktzahl eingeben: "))
print(b,type(b))
```

Eine typischer Programmlauf sieht dann so aus:

```
Ganzzahl eingeben: 25
25 <class 'int'>
Gleitpunktzahl eingeben: 25.68
25.68 <class 'float'>
>>>
```

9.3 Ganzzahl- und Gleitpunktzahl-Division

Gerade bei Programmieranfängern verursacht der einfache Divisionsoperator / viel Verdruss. Schon im ersten Kapitel wurde darauf hingewiesen, dass der Operator in der Sprachversion 2.6 entweder eine Ganzzahl- oder eine Gleitpunktzahl-Division ausführt, je nachdem, welchen Typ die Operanden haben. Nachfolgend wird zunächst ein Dialog in Python 2.6 gezeigt.

```
>>> print 1/2, 1./2, 1/2., 1./2.
0 0.5 0.5 0.5
>>>
```

Die Division 1/2 ergibt 0, weil beide Operanden ganze Zahlen sind. Sobald auch nur einer der Operanden eine Gleitpunktzahl ist, wird allerdings eine Gleitpunkt-Division ausgeführt. Nun der gleiche Dialog in der Sprachversion Python 3.2:

```
>>> print(1/2,1./2,1/2.,1./2.)
0.5 0.5 0.5 0.5
>>>
```

Hier wird *immer eine Gleitpunkt-Division* durchgeführt, unabhängig vom Typ der Operanden. Ein solches Verhalten kommt der Intention vieler Programmierer entgegen und hilft Fehler zu vermeiden.

Aber Vorsicht! Das Problem hat sich verlagert. Für den Fall, dass wir eine Ganzzahl-Division benötigen, muss der neue Divisions-Operator // verwendet werden. Wird dies vergessen und versehentlich mit dem Operator / dividiert, ergibt sich eine Fehlersituation. Das folgende Beispiel soll das verdeutlichen. Wir beginnen mit der Variante in Python 2.6.

```
zahlen = [ 10, 20, 30, 40, 50, 60, 70, 80]      #1
laenge = len(zahlen)                            #2
pos = laenge/2                                  #3
print zahlen[pos-1], zahlen[pos]                #4
```

Vorgegeben ist eine - im Prinzip beliebige - Liste von Zahlen (#1), wobei wir davon ausgehen, dass die Anzahl der Listenelemente eine gerade Zahl ist. Das Ziel besteht darin, auf die mittleren Elemente der Liste, also die Zahlen 40 und 50, zuzugreifen. Hierzu wird zunächst die Länge der Liste ermittelt (#2) und anschließend diese Zahl durch 2 geteilt. Wie man sich überzeugen kann, funktioniert das Programm einwandfrei.

Nachfolgend ist eine Variante des Programms in Python 3.2 gezeigt. Die *print*-Anweisung wurde in eine *print()-Funktion* umgewandelt. Weiterhin wird die Division (#3) als Ganzzahl-Division ausgeführt. Hierzu wird der Operator // benutzt.

```
zahlen = [ 10, 20, 30, 40, 50, 60, 70, 80]     #1
laenge = len(zahlen)                           #2
pos = laenge//2                                #3
print(zahlen[pos-1],zahlen[pos])               #4
```

Wenn die letzte Änderung *nicht* durchgeführt wird und versehentlich der Operator / verwendet wird, dann ist der Inhalt der Variablen *pos* eine Gleitpunktzahl und es ergibt sich prompt ein Fehler bei der Ausgabe der beiden Listenelemente. Deren Indizes *müssen* nämlich *Ganzzahlen* sein. Probieren Sie es aus!

9.4 range()-Funktion

Auch bei der *range()-Funktion* ergeben sich Änderungen bei der Programmversion 3.2. Wir erinnern uns: In Python 2.6 erzeugt *range()* eine Liste von Ganzzahlen. Diese Liste wird beispielsweise im Zusammenhang mit einer for-Schleife gebraucht. Der folgende Shell-Dialog zeigt nochmals die Anwendung in Python 2.6:

```
>>> a = range(2,12,2)          #1
>>> print a                    #2
[2, 4, 6, 8, 10]
>>> type(a)                    #3
<type 'list'>
>>> for i in a:                #4
        print i,i**3           #5
2 8
4 64
6 216
8 512
10 1000
```

Nach dem Aufruf der *range()-Funktion* (#1) überzeugt man sich davon, dass diese eine Liste zurückgibt (#2,#3). In der for-Schleife (#4) wird die Liste dann durchlaufen, der Inhalt der Schleifenvariablen i sowie deren dritte Potenz werden ausgegeben (#5). Der vergleichbare Dialog nun nachfolgend in Python 3.2:

```
>>> a = range(2,12,2)          #1
>>> print(a)                   #2
range(2, 12, 2)
>>> type(a)                    #3
<class 'range'>
```

```
>>> for i in a:                    #4
        print(i,i**3)              #5

2 8
4 64
6 216
8 512
10 1000
```

Nach dem Aufruf von *range()* (#1) zeigt der Aufruf von *type()* (#3), dass die Variable a *keine Liste* ist. Als Objekttyp wird nun *class 'range'* ausgegeben. Das ist ein neuer Objekttyp in Python 3.2. Wird dieses Objekt mit *print()* ausgegeben, so erscheint der ursprüngliche Aufruf der Funktion *range()* (#2). Innerhalb der for-Schleife ergibt sich keine Änderung, wenn man von der print()-Funktion absieht, die nun statt der print-Anweisung verwendet wird. Dieser neue Objekttyp nennt sich *Iterable*. Wird range() mit einer großen Obergrenze aufgerufen wie z.B. range(0,1000000), dann wird in der Python-Version 2.6 eine sehr große Liste explizit erzeugt und damit sehr viel Speicherplatz beansprucht. Die neue Implementierung in Python 3.2 kommt dagegen mit deutlich weniger aus. Wird dennoch die Liste explizit benötigt, kann man sie mit der Funktion *list()* erzeugen, wie das folgende Beispiel zeigt.

```
>>> a = range(2,12,2)
>>> a
range(2, 12, 2)
>>> list(a)
[2, 4, 6, 8, 10]
>>>
```

9.5 Dictionaries

Auch die Schlüsselwerte (*keys*) von Dictionaries sind vom Typ *Iterable*. Wegen dieser Änderung wurden einige Methoden zur Manipulation von Dictionaries entfernt und neue hinzugefügt. Insbesondere die Methode *has_key()*, mit der geprüft werden konnte, ob ein Schlüssel im Dictionary enthalten ist oder nicht, entfällt. Nachfolgend wird die Anwendung dieser Methode in Python 2.6 gezeigt. Wir verwenden dabei ein Beispiel aus Kapitel 3.4.

```
kfz = {"DO":"Dortmund","E":"Essen","W":"Wuppertal"}

if kfz.has_key("DO"):                              #1
   print "Dortmund ist im Dictionary enthalten!"
else:
   print "Dortmund ist nicht enthalten!"
```

Der Aufruf der Methode has_key("DO") ermöglicht es festzustellen, ob der Schlüssel "DO" im Dictionary enthalten ist (#1). In Python 3.2 existiert diese Methode nicht mehr. Das folgende Beispiel zeigt, dass die Schlüssel hier dem neuen Datentyp *Iterable* angehören. Mit dem in-Operator kann dann getestet werden, ob ein Schlüssel enthalten ist oder nicht.

```
kfz = {"DO":"Dortmund","E":"Essen","W":"Wuppertal"}

a = kfz.keys()
print(a)
print(type(a))                              #3

if "DO" in kfz.keys():                      #4
   print("Dortmund ist im Dictionary enthalten!")
else:
   print("Dortmund ist nicht enthalten!")
```

Die Ausgabe der Schlüssel mit *print()* zeigt (#3), dass die Schlüssel dem neuen Datentyp *class 'dict_keys'* angehören. Mit dem in-Operator (#4) wird dann getestet, ob "DO" als Schlüssel existiert.

9.6 Test auf Ungleichheit

Zum Test auf Ungleichheit gibt es in Python 2.6 zwei verschiedene Operatoren. Der folgende Dialog zeigt das.

```
>>> 3<>4
True
>>> 3!=4
True
```

Der Operator != wird mit der gleichen Bedeutung auch in den Sprachen C und C++ verwendet. Dagegen ist der Test mit <> aus der Programmiersprache Basic bekannt. Programmieranfänger bevorzugen oft, bedingt durch ihre Mathematikausbildung, die zweite Variante. Damit ist in Python 3.2 Schluss, wie die folgenden Ein- und Ausgaben zeigen.

```
>>> 3<>4
SyntaxError: invalid syntax
>>> 3!=4
True
```

Der Operator <> ist damit in der Version 3.2 nicht mehr vorgesehen.

Mit den Inhalten, die in den Kapiteln 9.2 bis 9.5 erläutert wurden, lassen sich alle Aufgaben dieses Buches nach Python 3.2 umstellen. Der Leser findet sie im Downloadbereich zu diesem Buch. Ausgenommen sind Aufgaben, welche die Erweiterungsmodule *Sympy* und *Matplotlib* voraussetzen. Aktuell sind diese Pakete noch nicht für die neue Python-Version verfügbar.

Natürlich gibt es noch weitere Neuerungen in Python 3.2, die meisten davon sind für Programmieranfänger jedoch nicht bedeutsam.

Aufgaben

Aufgabe 9.1
Schreiben Sie eine Python-Funktion *eingabe()*, die Eingaben des Benutzers als Ganzzahl (Typ *int*) zurückgibt. Eingaben, die *nicht* in eine Ganzzahl gewandelt werden können, sollen von dieser Funktion abgewiesen werden. Ein typischer Aufruf der Funktion könnten also so aussehen (die Benutzereingaben sind kursiv gesetzt):

```
>>> a = eingabe()
Bitte eine Ganzzahl eingeben! abc
Fehler!
Bitte eine Ganzzahl eingeben! 12.3
Fehler!
Bitte eine Ganzzahl eingeben! 34
>>> print(a)
34
>>> type(a)
<class 'int'>
```

Aufgabe 9.2
Erstellen Sie eine grafische Darstellung der so genannten *Astroide* (Sternlinie). In einer Parameterdarstellung können die Koordinaten x und y der Kurvenpunkte wie folgt berechnet werden:

$$\mathbf{x = a \cos^3(\phi)}$$
$$\mathbf{y = a \sin^3(\phi)}$$

mit $0<\phi<2\pi$. Der Parameter a ist der Radius des einhüllenden Kreises. Zeichnen Sie die Kurvenpunkte mit *VPython*. Dabei soll der Winkel f zwischen 0 und 2π mit der Schrittweite $\Delta\phi$ berechnet werden. Dieser Parameter sowie der Parameter a sollen vom Benutzer eingegeben werden können. Zur Berechnung der Funktionswerte soll *Numpy* verwendet werden.

Aufgabe 9.3
Schreiben Sie eine Eingabe-Funktion mit dem Namen *multi_input()*, die es dem Anwender ermöglicht, mehrere durch Kommata getrennte Ganz- oder Gleitpunktzahlen einzugeben. Die Funktion soll eine Liste dieser Zahlen zurückgeben, wobei alle Zahlen als Gleitpunktzahlen dargestellt sein sollen.

Aufgabe 9.4
Gegeben seien zwei Ortsvektoren $\underline{\mathbf{a}}=(x_1,y_1)$ und $\underline{\mathbf{b}}=(x_2,y_2)$. Wird der Differenzvektor $\underline{\mathbf{c}}=\underline{\mathbf{b}}-\underline{\mathbf{a}}$ zu dem Vektor $\underline{\mathbf{a}}$ addiert, so ist das Ergebnis $\underline{\mathbf{a}}+\underline{\mathbf{c}}=\underline{\mathbf{a}}+\underline{\mathbf{b}}-\underline{\mathbf{a}}=\underline{\mathbf{b}}$. Schreiben Sie ein Python-Programm, das die Komponenten von $\underline{\mathbf{a}}$ und $\underline{\mathbf{b}}$ einliest und anschließend die Vektoren als Pfeile darstellt. Hierzu kann man die VPython-Funktion *arrow()* verwenden. Der Vektor $\underline{\mathbf{a}}$ soll in blauer und der Vektor $\underline{\mathbf{b}}$ in roter Farbe dargestellt werden. Schließlich soll der Differenzvektor $\underline{\mathbf{c}}$ in gelber Farbe hinzugefügt werden. Hinweis: Zum Einlesen der Vektorkomponenten können Sie die Funktion *multi_input()* aus Aufgabe 3 verwenden.

Lösungen

Lösung 9.1

Bei der folgenden Lösung wird zunächst der Name der Funktion definiert (#1). Es gibt *keine* Übergabeparameter, deshalb bleibt die nachfolgende Klammer leer. Die Variable *text* erhält den Aufforderungstext zugewiesen (#2). Da dieser Text zweifach in der Funktion benötigt wird, ist eine Speicherung in einer Variablen sinnvoll.

```
def eingabe():                                   #1
    text = "Bitte eine Ganzzahl eingeben! "      #2
    while True:                                  #3
        j = input(text)                          #4
        if j.isdigit()== True:                   #5
            k = int(j)                           #6
            return k                             #7
        else:                                    #8
            print("Fehler!")                     #9
```

Anschließend wird eine Endlosschleife gestartet (#3). Innerhalb der Schleife wird mit der *input()*-Funktion zunächst der Aufforderungstext ausgegeben und anschließend die Eingabe des Benutzers ermittelt (#4). Da wir hier Python 3.2 verwenden, ist die Eingabe immer eine Zeichenkette. In der folgenden if-Anweisung (#5) wird geprüft, ob die Eingabe des Benutzers nur aus Ziffern besteht (siehe hierzu Kapitel 2.1.4). Nur in diesem Fall kann eine Umwandlung in eine Ganzzahl durchgeführt werden. Ist die Prüfung erfolgreich, wird die Zeichenkette in eine Ganzzahl gewandelt (#6) und anschließend die Endlosschleife abgebrochen, in dem die Funktion mit *return* beendet wird (#7). Dabei wird der Wert der Variablen k zurückgegeben. Wenn dagegen bei der Prüfung festgestellt wird, dass *keine* Umwandlung in eine Ganzzahl vorgenommen werden kann (#8), wird eine Fehlermeldung ausgegeben (#9). Die Schleife beginnt dann wieder von vorn und mit dem Aufruf von *input()* wird wieder eine Eingabe vom Benutzer angefordert.

Lösung 9.2

Bei der nachfolgenden Lösung werden zunächst die Erweiterungsmodule Numpy und VPython (visual) importiert. Dann werden die Benutzereingaben eingelesen und gleichzeitig in Gleitpunktzahlen gewandelt (#1,#2).

```
from numpy import *
from visual import *

df = float(input("Inkrement des Winkels: "))                #1
a = float(input("Radius des einhüllenden Kreises: "))       #2

phi = arange(0,2*pi,df)                                     #3
x = cos(phi)**3                                             #4
y = sin(phi)**3                                             #5
z = zip(list(x),list(y))                                    #6
u = list(z)                                                 #7

scene.autocenter = True                                     #8
punkte = points(pos=u,size=7)                               #9
```

Mit der Numpy-Funktion *arange()* wird ein Array von Winkelwerten erzeugt. Der erste Wert ist 0, alle folgenden Werte werden mit einem Inkrement von df berechnet (#3). Für die Berechnung der Punktkoordinaten x und y benötigen wir *keine* Schleife. Das Array *phi* kann direkt in die Rechenausdrücke (#4,#5) eingesetzt werden. Mithilfe der *zip()*-Funktion (siehe Kapitel 3.7) werden die Arrays x und y zu einer Liste zusammengeführt (#6). Vorher müssen die Arrays jedoch mit der Funktion *list()* in Listen umgewandelt werden. Das Ergebnis dieser Verbindung z muss wiederum in eine Liste umgewandelt werden, bevor die Punkte mit *points()* visualisiert werden können (#9). Vor der Darstellung im 3D-Raum wird dafür gesorgt, dass die Punkte vollständig im Ausgabefenster sichtbar sind (#8). Die Ergebnisgrafik für die Eingaben df=0.1 und a=1.0 zeigt die nachfolgende Abbildung.

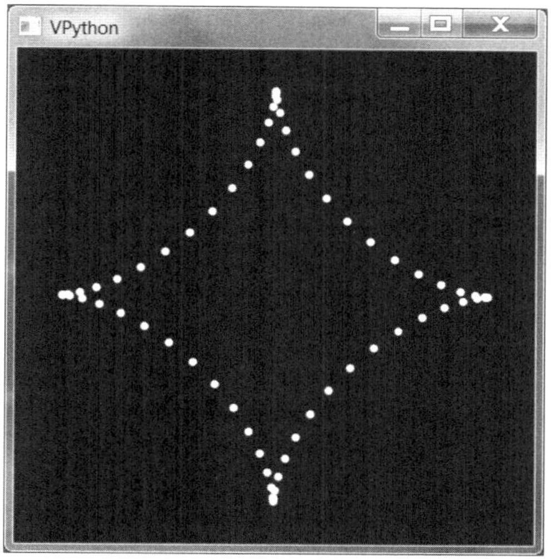

Lösung 9.3

Die nachfolgend beschriebene Funktion *multi_input()* weist den Aufforderungstext als Übergabeparameter auf (#1). Die Eingabe erfolgt mit der Funktion *input(),* die in Python 3.2 eine Zeichenkette einliest (#2).

```
def multi_input(text):                  #1
    s = input(text)                     #2
    lst1 = s.split(",")                 #3
    lst2 = [float(i) for i in lst1]     #4
    return lst2                         #5
```

Die eingegebene Zeichenkette wird mit der *split()*-Methode (siehe Kapitel 2.1.4) an den Kommata aufgetrennt und damit in eine Liste *lst1* von Teilstrings zerlegt (#3). Aus der so erhaltenen Liste wird mittels einer einfachen *List Comprehension* (siehe Kapitel 3.6) eine Liste *lst2* erzeugt. Dabei werden die Zeichenketten mit der Funktion *float()* in Gleitpunktzahlen umgewandelt (#4). Schließlich gibt die Funktion die Ergebnisliste mit *return* zurück (#5). Der folgende Shell-Dialog zeigt die Anwendung der Funktion.

```
>>> a = multi_input("Zahlen eingeben: ")
Zahlen eingeben: 12,34.5,45,100.23
>>> a
[12.0, 34.5, 45.0, 100.23]
```

Mit der Funktion *multi_input()* ist es möglich, mehrere Zahlen gleichzeitig einzugeben, z.B. um einen Vektor einzulesen.

Lösung 9.4
Die nachfolgend wiedergegebene Lösung ist nur lauffähig, wenn die Funktionsdefinition von *multi_input()* und die Import-Anweisung für *VPython* vorangestellt werden. Nach dem Einlesen der Komponenten der Vektoren **a** und **b** (#1,#2) werden die Komponenten des Vektors **c** berechnet (#3,#4). Anschließend wird die Szene automatisch skaliert und ein weißer Hintergrund erzeugt (#5,#6). In den nächsten beiden Schritten werden die Ortsvektoren **a** und **b** in blauer und roter Farbe gezeichnet (#7,#8). Schließlich wird der Vektor **c** erzeugt (#9). Hierbei muss beachtet werden, dass der Anfangspunkt des Vektors **c** im Endpunkt des Vektors **a** liegt (#9). Dies erreicht man mit dem Attribut *pos*, das als Defaultwert den Ursprungspunkt enthält.

```
a = multi_input("Erster Vektor: ")                #1
b = multi_input("Zweiter Vektor: ")               #2
u = b[0]-a[0]                                     #3
v = b[1]-a[1]                                     #4
scene.autoscale = True                            #5
scene.background = color.white                    #6
arrow(axis=(a[0],a[1]),color=color.blue)          #7
arrow(axis=(b[0],b[1]),color=color.red)           #8
arrow(pos=(a[0],a[1]),axis=(u,v),                 #9
    color=color.yellow)
```

Die graphische Ausgabe für die Vektoren **a**=(0,1) und **b**=(1,0) ist nachfolgend dargestellt.

Literaturverzeichnis

/1/ Theis, Thomas: Einstieg in Python: Ideal für Programmieranfänger geeignet, Galileo Computing, 2011

/2/ Barry, Paul: Python von Kopf bis Fuß, O'Reilly, 2011

/3/ Ernesti, Johannes; Kaiser, Peter: Python 3: Das umfassende Handbuch, Galileo Computing, 2012

/4/ Weigend, Michael: Objektorientierte Programmierung mit Python 3, mitp, 2010

/5/ Hajji, Farid: Das Python-Praxisbuch: Der große Profi-Leitfaden für Programmierer, Addison-Wesley, 2008

Sachwortverzeichnis

G

H

I

J

K

L

M

T

U

V

W

X

Y

Z